W0048838

Zum Buch

Wenngleich so ziemlich alle großen E-Gitarristen der sechziger Jahre zu Beginn ihrer Karriere Blues gespielt haben, machten doch nur einige von ihnen den Blues zur Grundlage und Inspirationsquelle ihrer Musik, die sie auf diesem Fundament dann zum Bluesrock weiterentwickelten. Mit Eric Clapton und Cream nahm die neue Richtung Mitte der sechziger Jahre ihren Anfang. Größen wie Mike Bloomfield, Rory Gallagher und Peter Green folgten. Obwohl diese Gitarristen auf eine begeisterte Fangemeinde verweisen können, sind Veröffentlichungen über ihre persönliche und musikalische Entwicklung – zumindest im deutschsprachigen Raum – rar. Das vorliegende Buch unternimmt es, diese Lücke zu füllen. Es stellt eine Reihe der bedeutendsten Gitarristen, die sich in ihrem Spiel stets dem Blues, der Wurzel des Rock, verpflichtet fühlten, in Wort und Bild vor, beschreibt wesentliche Stationen ihres Lebens und analysiert die Eigenheiten und Innovationen ihrer musikalischen Stile. Der Autor behandelt nicht nur allseits anerkannte und bewunderte Musiker wie Eric Clapton, sondern auch zu Unrecht in Vergessenheit geratene oder unterbewertete Gitarristen wie Roy Buchanan oder Kim Simmonds.

Zum Autor

Oliver Hüttenrauch begann aufgrund von persönlichen Gesprächen und Interviews mit Rory Gallagher, Pete Townshend und Albert Lee, sich intensiv mit der Rockmusik auseinanderzusetzen, und spezialisierte sich bald auf den Bereich der Gitarristen. Der 1966 geborene Autor absolvierte nach dem Abitur ein Volontariat beim Film und arbeitet zur Zeit an einer Dokumentation über den schwarzen Blues. Von Oliver Hüttenrauch ist bei Moewig bereits erschienen: *Jimi Hendrix & Co. – Die Könige des Griffbretts* (Moewig Band 3362).

Oliver
Hüttenrauch

ERIC CLAPTON & CO

Die großen Bluesrock-Gitarristen

MOEWIG Band Nr. 3445
Verlagsunion Erich Pabel-Arthur Moewig KG, Rastatt

Ich widme dieses Buch
Nik Cohn, Frederic Brown,
Tati und Hergé

Originalausgabe
© 1990 by Verlagsunion Erich Pabel-Arthur Moewig KG, Rastatt
Umschlagentwurf und -gestaltung: Werbeagentur Zeuner, Ettlingen
Umschlagfoto: dpa
Bearbeitung: Dr. Petra Gallmeister
Auslieferung in Österreich:
Pressegroßvertrieb Salzburg Gesellschaft m. b. H.,
Niederalm 300, A-5081 Anif
Printed in Germany 1990
Druck und Bindung: Ebner Ulm
ISBN 3-8118-3445-2

Inhalt

Vorwort   7

Mike Bloomfield: Der Einzigartige   8

Roy Buchanan: Der Trickreiche 26

Eric Clapton: Der „Göttliche" 36

Rory Gallagher: Der Konsequente 68

Peter Green: Der Gefühlvolle 81

Lonnie Mack: Der Vergessene 110

Harvey Mandel: Der Stille 118

Kim Simmonds: Der Unterbewertete 127

Mick Taylor: Der Magische 140

Stan Webb: Der Verkannte 166

Johnny Winter: Der Unbeirrbare 178

Last but not least 205

  Ry Cooder 206

  Lowell George 211

  Alvin Lee 214

Schlußbemerkung 216

Diskographien 217

Vorwort

Auch dieses Buch handelt, wie bereits das vorangegangene, „Jimi Hendrix & Co. – Die Könige des Griffbretts", von Sternen am Gitarristenhimmel. Wenngleich einige Gitarristen des früheren Bandes auch durchaus in diesem Buch auftauchen könnten, so ist die Zuordnung doch im wesentlichen nach der Frage erfolgt, welcher Musikrichtung der Gitarrist die wichtigsten Impulse gegeben hat. Natürlich sind Klassifizierungen problematisch, da große Gitarristen auch deshalb groß sind, weil sie eine Klasse für sich darstellen und in keine Schublade passen.

Wenngleich so ziemlich alle wichtigen Rockmusiker der zweiten Hälfte der 60er Jahre zu Beginn ihrer Karriere Blues gespielt haben, so haben doch nur einige den Blues zur Grundlage ihrer musikalischen Welt gewählt. Wer dem Bluesrock wesentliche Impulse von musikalischem Bestand geben konnte, hatte sich dem Blues und seiner Welt jedoch meist so mit Haut und Haaren verschrieben, daß die dem Bluesmusiker eigene Fähigkeit, seine Emotionen ohne Rückhalt zu artikulieren, auch im späteren musikalischen Schaffen, das meilenweit von traditionellen Bluesformen entfernt sein konnte, immer durchschien.

Insofern muß man den Bluesrock durch seine Musiker definieren, die aus dem tiefen Respekt vor dem Urvater des Rock, dem Blues, die anderen sie prägenden musikalischen Einflüsse mit dem Bluesfeeling fusionieren und zu einem ganz eigenen, persönlichen Ausdruck finden. Diese Stufe, die für einen Bluesrock-Musiker die höchste Auszeichnung darstellt, haben alle in diesem Buch genannten Gitarristen erreicht.

Mike Bloomfield: Der Einzigartige

Geb.: 28. Juli 1943 in Chicago/USA
Gest.: 15. Februar 1981 in San Francisco/USA

Wofür in England Eric Clapton stand, dafür stand in Amerika Mike Bloomfield. Er hatte nicht nur ebenso wie Clapton schon früh einen eigenen unverwechselbaren Stil, sondern war auch ebenso einflußreich, zum einen direkt, indem er z.B. maßgeblich an Bob Dylans Wechsel zur elektrifizierten Musik beteiligt war, und zum anderen indirekt als Inspirations- und Motivationskraft für werdende Gitarristen.

Michael Bernhard Bloomfield wurde 1943 als Sohn mittelständischer Eltern in Chicago, Illinois, geboren. Über seine Kindheit erzählte er später: „Schlecht in der Schule, schlecht im Sport und in allen Arten von Spielen. Und fett." Das war ganz sicher übertrieben, dennoch litt er zu dieser Zeit an seiner Rundlichkeit, blieb deshalb öfter zu Hause und hörte Radio. Seine Eltern mochten, wie für die 50er Jahre typisch, Cha-Cha- und Unterhaltungsmusik, während er auf seinem kleinen portablen AM Transistorradio alles, angefangen vom Rock'n'Roll Elvis Presleys, Chuck Berrys und Buddy Hollys bis zu dem Blues von Little Walter, Muddy Waters und Howlin Wolf, begierig verschlang. Bloomfield erinnerte sich: „Und da gab es eine große Gemeinsamkeit – die Gitarre. Wenn ich ein Bild von Elvis sah, hatte er eine Gitarre, und wenn ich Posters von den Chicagoer Bluessängern sah, die ich im Radio gehört hatte, war da auch immer eine Gitarre. Ich arbeitete in der Pfandleihe meines Großvaters, in der es auch Gitarren gab, also nahm ich, als ich etwa dreizehn Jahre alt war, eine kleine, drei Viertel große Harmony Akoustic Gitarre mit nach Hause. Und so kam es, daß ich Gitarre zu spielen begann."

Obwohl sein Vater nichts mit der Leidenschaft seines Sohnes für „diese" Musik und die Gitarre anfangen konnte und ihm später sogar öfter die Gitarre zerschlug, da Mike ihm zuwenig für die Schule lernte, ließ Mike sich vom Friseur seiner Mutter über ein Jahr lang die wichtigsten Basistechniken und Akkorde beibringen. Bloomfield fiel das Gitarrenspiel zunächst schwer, da er Linkshänder war, aber wie ein Rechtshänder lernte und sich deshalb besonders konzentrieren mußte. Paradoxerweise ermöglichte ihm diese Unterrichtsweise aber später, mit schnellen Läufen über das Griffbrett zu huschen, da seine flinkere linke Hand ja die Griffhand war. Bloomfield erzählte: „In den ersten zwei, drei Jahren spielte ich schlecht, aber als ich fünfzehneinhalb war, wurde ich gut. Ich war ein wirklich schneller, *bluesy* Rock'n'Roll-Gitarrist, aber ich spielte eigentlich nichts. Ich spielte alle diese Noten, aber ich plazierte sie überall falsch. Das brauchte noch Jahre, um es zu entwickeln."

Dennoch hatte er zu dieser Zeit bereits seine eigene Band, der auch der Harmonika-Spieler Jim Schwall angehörte und mit der er hauptsächlich im PG's Club 7 auftrat. Schule stand in dieser Zeit hintan, weshalb er, nachdem er von der öffentlichen Schule geflogen war, auf die Central Day YMCA High School wechseln mußte. Doch auch da galt sein Interesse nur der Musik. So spielte er z.B. in Clubs in der Nähe der Schule in der Band des Jerry Lee Lewis-Imitators Hayden Thompson. Wenig später stieg er, nachdem er in dieser Band elektrische Gitarre gespielt hatte, wieder auf akustische Gitarre um. Bloomfield erinnerte sich: „In dieser Zeit interessierte ich mich wirklich sehr stark für ethnische Folkmusik, Bluegrass und Travis picking. Mit achtzehn war ich dann so gut, wie keiner auf der Erde jemals war. Heute nenne ich es Piano-Gitarre. Die Gitarre wie ein Ragtime-Piano zu spielen."

In den Tagen auf der Highschool verbrachte er viel Zeit in den Southside Clubs von Chicago und lernte mit der Zeit „weiße" gleichgesinnte Bluesenthusiasten kennen, wie den besessenen Harmonikaspieler Paul Butterfield, Nick Gravenites, Elvin Bishop und Charlie Musselwhite, der Anfang der 60er Jahre aus Memphis, Tennessee, gekommen war, um sein Spiel in Chicago weiter zu verbessern.

Irgendwann war es dann soweit, daß Mike Bloomfield einen Club namens Fickle Pickle managen konnte. Dort hatte er sich u.a. als Hamburger-Brater mit der Zeit unentbehrlich gemacht. Für die Dienstagabende organisierte er entgegen dem vorherrschenden Geschmack, dem er mehr mit R&B-beeinflußten Musikern entgegengekommen wäre, vor allem Auftritte von vergessenen Bluesmusikern wie Kokomo Arnold, Washboard Sam, Jazz Gillum, Sonny Boy Williamson, Little Brother Montgomery, Tommy McLendon und Sleepy John Estes. Auch Muddy Waters und Big Joe Williams traten in diesem Club auf, wobei sich mit der Zeit einbürgerte, daß Big Joe Williams von Charlie Musselwhite auf der Harmonika und Mike Bloomfield am Piano begleitet wurde. Die früheste Aufnahme, die von Bloomfield existiert, stammt aus dieser Zeit und erschien 1980 auf der LP *Chicago Breakdown*, die Aufnahmen enthielt, die der Soziologielehrer und bluesbegeisterte Norman Dyron Anfang der sechziger Jahre z.T. im Fickle Pickle gemacht hatte. Auf dieser Aufnahme, dem *Michigan Water Blues*, begleitet Bloomfield den Pianospieler Little Brother Montgomery auf akustischer Gitarre.

1963 wurde dann ein sehr ereignisreiches Jahr für Bloomfield, da er nicht nur am 4. September Susan Smith heiratete, sondern auch seine erste Plattensession mit den Tennessee Jug Busters auf dem von dem Bluesenthusiasten Bob Koester geleiteten Plattenlabel Delmark veröffentlicht wurde. Da sowohl der Mandolinenspieler Yank Rachell als auch der Gitarrist Sleepy John Estes diesen Tennessee Jug Busters angehörten, wurde die LP *Mandolin Blues* unter Yank Rachells und die LP *Broke And Hungry* unter Sleepy John Estes' Namen veröffentlicht. Im gleichen Jahr verließ Joe Williams den regelmäßigen Auftrittsort Fickle Pickle, und Bloomfield und Musselwhite kamen auf die Idee, eine eigene Band zu gründen. Nacheinander traten ihr der Gitarrist Mike Johnson, der Schlagzeuger Norman Mayell, der Bassist Sid Warner und der Pianist Brian Friedman bei, und im Big John's Club fanden sie einen Auftrittsort.

Mitte 1964 wurde der legendäre Produzent John Hammond auf Mike Bloomfield aufmerksam und überredete ihn, einen Vertrag bei der Plattenfirma Columbia zu unterzeichnen. Als erstes Ergebnis dieses Vertrages fand im Dezember 1964 eine (Demo-) Session statt, die jedoch nicht, wie Bloomfield dachte, veröffentlicht wurde und der auch keine weitere Plattensession folgte. Wahrscheinlich lag dies an Bloomfields „schrecklichem Gesang" (Bloomfield über Bloomfield), über den Hammond später sagte:

„Er war kein Mick Jagger, aber er war die Hölle von einem Gitarristen." 1983 konnte man sich anhand des Titels *I've Got My Mojo Workin'* (auf *A Retrospective*) von der Richtigkeit dieser Stellungnahme überzeugen.

Anfang 1965 wurde die Paul Butterfield Blues Band bei der Plattenfirma Elektra unter Vertrag genommen, die damit ihre erste elektrische Band seit ihrem fünfzehnjährigen Bestehen besaß. Die Butterfield Blues Band bestand zu diesem Zeitpunkt aus Paul Butterfield (Harmonika), Elvin Bishop (Gitarre), Sam Lay (Drums) und Jerome Arnold (Baß). Der Pianist Mark Naftalin stieß erst später aufgrund der Empfehlungen von Mike Bloomfield zu ihnen. Doch noch war die Butterfield Blues Band für die ersten Aufnahmesessions nicht komplett, denn Butterfield wollte einen Song mit einer Slidegitarre aufnehmen, die Elvin Bishop jedoch damals noch nicht spielen konnte. Deshalb fiel seine Wahl, auch im Hinblick auf das bevorstehende Newport Festival, auf Mike Bloomfield, mit dem er trotz der gegenseitigen Antipathien schon gefeierte Auftritte absolviert hatte. Paul Rothchild, der die Aufnahmen produzieren sollte, war begeistert, und so entstanden nach und nach die ersten Sessions mit Mike Bloomfield als Slidegitarrist und Pianist, die allerdings erst im Juni 1966 auf dem Elektra-Sampler *What's Shakin'* veröffentlicht wurden. Als wahrscheinlich einzige halbwegs zeitparallele Veröffentlichung von Material aus diesen früheren Sessions dürfte eine Version des Gravenites-Titels *Born In Chicago* gelten, die auf dem Sampler *Folksong 65* erschien, einem Werbesampler von Elektra zum fünfzehnjährigen Bestehen der Firma.

Im gleichen Jahr wurde Bloomfield plötzlich von Bob Dylan angerufen, den er schon einmal kurz nach dem Erscheinen seiner Debüt-LP getroffen hatte. Mike Bloomfield erzählte: „Ich konnte mir nicht vorstellen, woher er meine Nummer hatte, aber er sagte: ‚Ich mache eine neue LP. Willst du darauf spielen?' Und ich sagte: ‚Sicher' – und flog nach New York. Ich hatte noch nicht einmal einen Gitarrenkoffer, nur eine Telecaster, die ich mir extra dafür gekauft hatte, und einen Schlafsack."

Als er dann in New York ankam, lernte er in Dylans Haus die Songs, wobei ihm Dylan einschärfte: „Ich will nichts von dem B.B. King-Scheiß hören."

Dann gingen sie beide ins Studio, wo bereits Sessionmusiker wie Al Kooper, der später noch eine wichtige Rolle in Bloomfields Musikerlaufbahn spielen sollte, warteten. Al Kooper erinnert sich: „Plötzlich rauschte Dylan durch die Tür, und in seinem Schlepptau hatte er diesen bizarr aussehenden Typen, der eine Fender-Telecaster ohne Koffer trug. Das war verrückt, denn der Winter ging zu Ende, und die Gitarre war ganz naß vom Regen und vom Schnee. Aber er schlurfte hinüber in die Ecke, nahm die Gitarre ab, steckte den Stecker des Kabels in den Verstärkereingang und begann die unglaublichste Gitarre zu spielen, die ich je gehört hatte. So passierte es, daß ich, der ich doch eigentlich als Gitarrist angeheuert worden war, Orgelspieler wurde." Obwohl das Album, das aus diesen Sessions resultierte, *Highway 61 Revisited*, zu einem Meilenstein der Rockgeschichte wurde, als es 1966 erschien, mochte Bloomfield die LP nicht sonderlich. Bloomfield meinte dazu: „Die Sessions waren mehr als chaotisch. Bob hatte nur vage Soundvorstellungen, und es gab keinen Spielplan. Ich denke, daß auf *Highway 51* (Sic) nichts irgendwie gut ist, außer vielleicht *Like A Rolling Stone* und *Desolation Row*."

Nach den Aufnahmen zu dieser LP kehrte Bloomfield nach Chicago zurück. Butterfield sah ihn sich noch einmal während eines Auftritts an und unterbreitete ihm dann das Angebot, festes Mitglied der Butterfield Blues Band zu werden. Bloomfield nahm an, und nach einigen Übungsgigs machte man sich auf den Weg nach Rhode Island zum Newport Folk Festival. Dort absolvierte die Paul Butterfield Blues Band, die erst kurz vorher offiziell ins Leben gerufen worden war, einen durch Nervosität geprägten Auftritt (ein Titel vom Festivalauftritt ist auf *A Retrospective* enthalten), der allerdings von Bob Dylans legendär gewordenem Auftritt mit der kompletten Butterfield Band (Butterfield selbst trat nicht groß in Erscheinung) als Backing Band überschattet wurde. Als Orgelspieler war extra noch Barry Goldberg nach Newport gekommen, dem Paul Rothchild jedoch sagte, daß gar kein Orgelspieler benötigt werde; doch Dylan sah das anders und bestand auf einem Tastenspieler, weshalb in letzter Minute noch Al Kooper zu ihnen stieß. Mit dem Equipment verhielt es sich nicht viel anders, denn es wurde auch erst wenige Minuten vor dem Auftritt fertig zusammengestellt. Dennoch wurde der Auftritt ein großer Erfolg, zumindest für Dylan, der damit seiner Legende einen weiteren fundamentalen Baustein hinzufügte: Denn er entsetzte tatsächlich, wie berechnet, die elitäre Folkclique in Newport aufs äußerste. Schon nach den ersten Titeln (*Maggie's Farm; Like A Rolling Stone; It Takes A Lot To Laugh, It Takes A Train To Cry*), die sie noch am Vorabend in einem riesigen Bürgerhaus in Newport einstudiert hatten, wurde das Publikum so lautstark, daß Dylan die Bühne verließ. Wenig später kehrte er zurück und stimmte zwei rein akustische Solo-Titel (*It's All Over Now, Baby Blue; Mr. Tambourine Man*) an. Die Sensation war perfekt, und mit den Pressemeldungen über einen „neuen" Dylan fanden auch seine Begleitband und Bloomfield stärkere Beachtung.

Das kam besonders ihrem Debütalbum zugute, das sie direkt nach dem Auftritt beim Newport Festival in den Mastertone Studios in New York zusammen mit Mark Naftalin einspielten. Danach mußte Bloomfield eine Entscheidung treffen, da ihm Dylan angeboten hatte, ihn auf seiner USA-Tournee, zusammen mit einigen Musikern der Studiosessions von *Highway 61 Revisited*, zu begleiten. Doch die Entscheidung fiel Bloomfield nicht schwer, und so sagte er zu Albert Grossman: „Mann, ich bin ein *Bluesman*, ich möchte mit Butterfield arbeiten, da ich bei Dylan keine eigene Identität hatte." Und zu Al Kooper, der Dylan auch auf der Tournee begleiten wollte, sagte er: „Ich kann nicht; ihr Typen werdet große Stars sein, im Fernsehen und im Film auftreten, und eure Fotos werden auf der Umschlagseite der ‚Times' erscheinen, aber ich kann's nicht machen, ich möchte bei Butterfield bleiben." – „Warum?" fragte Kooper. „Alles, was ich will, ist, den Blues zu spielen. Ich liebe den Blues."

So mußte sich Dylan nach einem anderen Gitarristen umsehen. Sein Manager, Albert Grossman, erzählte ihm von der ehemaligen Begleitgruppe Ronnie Hawkins, den Hawks. Dylan war begeistert, und so hieß der Ersatz für Bloomfield Robbie Robertson. Das muß auch die Querverbindung gewesen sein, die 1966 zur Besetzung der John Hammond LP *So Many Roads* geführt hatte, auf der neben Bloomfield am Piano und Charlie Musselwhite an der Harmonica noch die fast komplette Besetzung der Gruppe The Band mitwirkte. 1965 erschien dann das noch sehr puristisch gehaltene Debütalbum *The Paul Butterfield Blues Band*, das mit dem Titel *Screamin'* die erste auf Vinyl dokumentierte Eigenkomposition von Bloomfield enthielt. Von Bloomfields klaren Slidetönen, wie z.B. auf *Shake Your Money Maker*, bis zu den langen Soli, wie auf *Our Love Is Drifting*, ist schon auf diesem Album Bloomfields eigenständiger Stil eindrucksvoll dokumentiert. Mit dem Titel *Born In Chicago*, der von Nick Gravenites komponiert war, besaß die LP sogar einen sehr erfolgreichen Identifizierungssong.

In dieser Zeit tourte die Band bereits ausgiebig entlang der Ostküste, spielte auch in Detroit und natürlich in Chicago und wagte dann den Sprung an die Westküste. Dort wurde sie von dem aufkeimenden Interesse an unterschiedlichsten Musikrichtungen stark beeinflußt, was sich auf ihrem nächsten Album *East-West* (auf dem Billy Davenport den ausgestiegenen Sam Lay am Schlagzeug ersetzte) in bahnbrechender Weise artikulieren sollte. Zwar fand man auf der im August erschienenen LP auch kleinere kommerzielle Kompromisse, die auf die Plattenfirma zurückgingen, doch bei der Fülle von Revolutionärem fiel das überhaupt nicht ins Gewicht. Allein zwei Songs enthielten für die damalige Zeit und das Plattenkäuferpublikum ungewöhnlich lange Improvisationsteile, in denen Butterfield, Bloomfield, Bishop und Mark Naftalin zu Wort kamen.

Während *Aderly's Work Song* in einer zweiminütigen Fassung zur Blues-Jazz-Fusion geriet, ging man auf dem dreizehnminütigen Titelsong noch weiter und kombinierte Blues- und Rockelemente mit fernöstlichen Melodiestrukturen. Wie stark Bloomfields Anteil an diesem wahrscheinlich richtungweisendsten Song der LP war, schilderte Mark Naftalin: „Ich erinnere mich an einen Tag in Cambridge, an dem Michael etwas bekam, das man als Leary Acid bezeichnete. Er nahm das und verbrachte den ganzen Abend damit, indische Musik zu hören. Am nächsten Tag sagte er, ihm hätten sich die Geheimnisse dieser Musik offenbart. Die nächste Sache, in der wir uns spielend wiederfanden, war die Improvisationsform von dem, was später als *East-West* bekannt wurde.

Insgesamt ebnete dieses erfolgreiche Album vielen psychedeli-

14

schen Bands den Weg zu ihren ersten Plattenveröffentlichungen. Darüber hinaus ließen sich viele Gruppen wie Santana oder Quicksilver Messenger Service in ihrem Stil von der Konsequenz der Verschmelzung unterschiedlichster Musikrichtungen beeinflussen.

Doch *East-West* war auch das letzte Album der Butterfield Blues Band mit Mike Bloomfield, der die Band Ende 1966 nach einer lustlos absolvierten Englandtournee verließ. Diese Entscheidung hing im wesentlichen mit drei Faktoren zusammen: Zum einen fand sich Elvin Bishop nicht mit der Rolle des zweiten Gitarristen ab und belastete mit seinem Neid auf Bloomfields immer bessere Soli das Bandklima. Zum anderen wollte Butterfield das musikalische Konzept unter Hinzunahme einer Bläsersection stärker in Richtung Soul lenken. Vor allem lag es aber an Bloomfields Schlafproblemen, die sich auf den langen und strapaziösen Tourneen immer mehr verstärkten und ihm sehr zu schaffen machten. Und schließlich hatte Bloomfield sogar schon eine schwache Vorstellung von einer eigenen Band, die mit der Zeit immer konkretere Formen annahm.

Anfang 1967 war es dann soweit, daß er einem alten Freund, dem Organisten Barry Goldberg, seine Idee von einer eigenen Band mitteilte. Barry Goldberg erinnert sich: „Er sagte: ‚Ich habe die unglaubliche Vorstellung von einer All-American-Musik-Band, die jede denkbare Art von amerikanischer Musik mit amerikanischen Wurzeln spielt – vom Rock'n'Roll bis zum Blues, von Stax bis Spector. All die Elemente der amerikanischen Musik in einer Band.' Ich sagte: ‚Das klingt, als wenn ein Traum wahr wird.' So fragte er mich, ob ich ihm dabei helfen würde, und ich sagte: ‚Natürlich würde ich.'"

Da man in San Francisco nicht nur bessere Möglichkeiten hatte, geeignete Musiker zu finden, sondern dort auch am ehesten mit einem solchen Konzept Erfolg haben würde, zogen Bloomfield, seine Frau und Goldberg mit finanzieller Unterstützung von Albert Grossman in das in der Nähe von Frisco gelegene Musikerparadies Mill Valley. Mit der Zeit schafften sie es dort, den Studiobassisten Harvey Brooks, den Bloomfield von den Dylan-Sessions kannte (damals nannte er sich H. Goldstein), den achtzehnjährigen Schlagzeuger von Wilson Pickett, Buddy Miles, den Saxophonisten Peter Stazza und den Trompeter Marcus Doubleday für das Bandprojekt zu gewinnen. Als Sänger wollte Bloomfield unbedingt Mitch Ryder für seine Band erwärmen, den er bei den Sessions zu dessen LP *What Now My Love* schätzengelernt hatte. Doch da Mitch Ryder seine Detroit Wheels nicht verlassen wollte, entschied man sich für Nick Gravenites, und die Band Electric Flag war geboren. Electric Flag war damit vielleicht die erste Gruppe, die einen Bläsersatz integrierte, um ein größeres musikalisches Spektrum abzudecken. Bands wie Al Koopers Blood, Sweat & Tears und Chicago folgten diesem Beispiel etwas später sehr erfolgreich.

Die erste Veröffentlichung von Electric Flag war die Single *Groovin' Is Easy/Over Lovin' You*, mit der man jedoch keinen Charterfolg verbuchen konnte. Bloomfield erzählt: „Nick Gravenites schrieb *Groovin' Is Easy*, und wir arbeiteten alle Teile aus. Wir spielten es nicht mit der Band, ehe nicht alle Details ausgearbeitet waren, und dann sagte ich nur: ‚Okay, wir spielen das jetzt von Anfang bis zum Ende in einem durch', und der Song hat uns wahrlich umgehauen. Ganz plötzlich wußten wir, daß wir eine Bomben-Band hatten, und das war ein fantastisches Gefühl."

Auch das Publikum und die Presse vertraten diese Meinung, als die Band 1967 beim Monterey Festival ihren ersten offiziellen Auftritt hatte. Doch der selbstkritische Bloomfield war anderer Ansicht: „Wir spielten abscheulich, und das Publikum liebte uns … Wären wir als erste aufgetreten, wären wir bombig gewesen. Wir traten aber zuletzt auf."

Bloomfield sah das vielleicht so kritisch, weil er jemanden wiedergesehen hatte, der ihn schon begeistert hatte, als er sich noch Jimmy James nannte, nämlich Jimi Hendrix. Es gibt sogar Geschichten, die besagen, daß Bloomfield von Hendrix' Soundcollagen so entmutigt war, daß er die Gitarre für mehrere Wochen an den Nagel gehängt hätte.

Doch dazu hätte er gar keine Gelegenheit gehabt, denn ein gewisser Peter Fonda war von dem Auftritt der Electric Flag beim Monterey Festival so begeistert, daß er seinem Regisseur, der gerade mit ihm und Jack Nicholson einen Film über die Drogenszene drehte, vorschlug, er solle doch Electric Flag für den

Soundtrack verpflichten. Roger Corman, der Regisseur dieses Films namens „The Trip", war einverstanden, und so unterzeichneten Nick Gravenites und Bloomfield den Vertrag. Das Resultat entsprach genau den Anforderungen an einen Soundtrack, die Filmszenen zu untermalen und zu verstärken. Corman war deshalb zufrieden, aber aus dem gleichen Grund wirkte das Soundtrack-Album nicht wie eine eigenständige LP. Darüber hinaus kamen die Qualitäten von Electric Flag auf den selten die Zweieinhalb-Minuten-Grenze überschreitenden Songs nicht zum Tragen. Nur die beiden längsten Titel, *Fine Young Thing* (sieben Minuten) und *Gettin' Hard* (vier Minuten), demonstrierten zumindest Bloomfields außergewöhnliche Fähigkeit, bei einer minutenlangen Tour de Force auf der Gitarre nie im mindesten zu langweilen. Nick Gravenites' Gesang war nur auf einem Song, *Psyche Soap*, einer Parodie im Vaudeville-Stil, zu vernehmen. Immerhin hatte die Band im Schutz der Anonymität, die ein Soundtrack-Album bot, ihre Studioqualität weiter testen können.

Ironischerweise enthielt Electric Flags erstes Album also den Soundtrack zu einem Film, der um Drogen kreiste, und an Drogen sollte die Band später letztlich zerbrechen. Barry Goldberg, Peter Strazza und Marcus Doubleday hatten alle mehr oder weniger große Drogenprobleme, und auch Mike Bloomfield soll nach Aussage von Nick Gravenites seit seinen Teenagertagen gelegentlich Heroin genommen haben. Unter diesen Umständen ist es erstaunlich, daß die Band im Herbst 1967 dem mit Columbia geschlossenen Vertrag nachkam und ins Studio ging. Ende 1967 erschien das Ergebnis, *A Long Time Comin'*, das fünfunddreißig Wochen in den amerikanischen Charts notiert wurde und bis auf Platz 31 kletterte. Während das plattenkaufende Rockpublikum also sichtbar begeistert war, wurde das Album von den meisten Musikkritikern verrissen. Mitunter lag das daran, daß es von dem ursprünglichen Bandkonzept, das Mike Bloomfield auch auf den Covernotes erläuterte, auf dieser Platte nicht viel zu hören gab. So fehlten bei aller Vielfalt, die das Album bot, Musikrichtungen wie Country, Countryblues, Doo Woop oder Elemente dieser Musikrichtungen völlig. Das Schwergewicht lag auf einem recht zeittypischen Gemisch aus Soul, Rock und Blues, das sehr oft nur durch das filigrane Gitarrenspiel Bloomfields geadelt wurde. Im Grunde machte er damit auch genau die Art von Musik, die Butterfield zu dieser Zeit spielte, was im nachhinein vielleicht ein Licht darauf wirft, welche Gründe bei seiner Trennung von Butterfield im Vordergrund gestanden hatten.

Erst 1983 erschienen obskure Live-Aufnahmen von Electric Flag auf der LP *Groovin' Is Easy*, von denen besonders die beiden langsamen Bluestitel *I Was Robbed Last Night* und *My Baby Wants To Test Me* zeigen, warum Bloomfield zu dieser Zeit der wahrscheinlich populärste und einflußreichste Gitarrist Amerikas war. Sein Gitarrenspiel war fesselnd, charismatisch, virtuos und ganz und gar eigenständig.

Doch das Electric Flag-Unternehmen stand nicht nur wegen der Drogenprobleme der einzelnen Mitglieder auf wackligen Beinen. Es gab darüber hinaus starke Divergenzen zwischen Bloomfield und Buddy Miles, von denen Gravenites später erzählte: „Buddy zog sich alle möglichen Arten von abscheulichen Kleidungsstücken an, und wenn er dann auf die Bühne kam, war er Mr. Showbiz persönlich, gab sich theatralisch, stand auf und ermahnte das Publikum mitzuklatschen. Das machte Mike verrückt. Er haßte es. Er wollte das Feine und Harmonische in der Musik fühlen."

Bloomfield leitete zwar einerseits die Band, andererseits wollte er die Auffassungen und musikalischen Ansichten der anderen Mitglieder nicht ignorieren. Nach Meinung von Gravenites wollte er eine Band, die harmonisch zusammenarbeitete. Doch als Bloomfields letzte Hoffnung auf ein intaktes Bandleben geschwunden war, verließ er im Frühjahr kurz nach Barry Goldberg Electric Flag. Zwar erschien danach noch ein Electric-Flag-Album, doch auf dem hatte Buddy Miles die ursprüngliche Idee zugunsten von Soul und Rock aufgegeben.

Doch nicht nur Bloomfields musikalische Träume hatten sich in Rauch aufgelöst, auch seine Ehe war mittlerweile in die Brüche gegangen, und Bloomfield begann nun, immer öfter und immer mehr Heroin zu spritzen. Seine chronische Schlaflosigkeit trug sicher auch dazu bei, daß er immer anfällig für Drogen bleiben sollte. Zu einer der wenigen Sessionarbeiten, die er in dieser Zeit machte, gehört sein Mitwirken als einfühlsamer Pianist auf Moby

Grapes LP *Grape Jam* (auf dem dreizehnminütigen Titel *Marmalade*), die Al Kooper auf die Idee brachte, „etwas Ähnliches mit ein bißchen mehr Schliff zu machen" (Kooper).

Al Kooper kannte Bloomfield von der Zusammenarbeit mit Dylan, und so rief er ihn in seiner Funktion als Produzent und Mitglied der A & R-Mannschaft von Columbia an und fragte ihn, ob er Lust hätte, bei diesem Sessionprojekt mitzumachen. Bloomfield sagte zu, wünschte sich allerdings, daß die Aufnahmen in Kalifornien stattfänden. Columbia besaß in Los Angeles eine komfortable Villa, und nachdem man den Electric-Flag-Bassisten Harvey Brooks und den Mamas & Papas-Schlagzeuger Eddie Hoh als Begleitmusiker ausgewählt hatte, konnte das Projekt starten. Gleich am ersten Aufnahmeabend spielte man innerhalb von neun Stunden mit teilweiser Unterstützung von Barry Goldberg, der von dem Projekt gehört hatte und mit Linda Ronstadt gekommen war, die erste Seite der LP ein. Natürlich hatte man vorher keine großartigen Vorbereitungen bezüglich des musikalischen Konzepts und der Kompositionen getroffen, und so griff man auf Bewährtes zurück: zwei fantastische, langsame Bluesstücke, ein an *East-West* erinnerndes Improvisationsstück und zwei Fremdkompositionen von Curtis Mayfield und Jerry Ragavoy. Man hatte wirklich ganze Arbeit geleistet und ging beseelt ins Bett, um am nächsten Tag die zweite Seite einzuspielen. Doch Bloomfield konnte nicht einschlafen, führte das schließlich auf die fremde Umgebung zurück und flog noch am frühen Morgen nach San Francisco zurück, nachdem er Kooper in einem Brief erklärt hatte, warum er nicht mehr dableiben konnte. Als Ersatz konnte Kooper den damaligen Gitarristen von Buffalo Springfield, Stephen Stills, gewinnen, mit dem dann die zweite Seite von *Super Session* aufgenommen wurde. „Ich denke, daß es eine gute Idee von Kooper war, etwas super zu nennen, Super Stars, Super records", sagte Bloomfield später, „denn sie können mit nichts keine Platten verkaufen." Und das Album wurde verkauft! Kooper wäre schon froh gewesen, wenn das Album nur seine Produktionskosten eingespielt hätte, aber die LP, die Kooper in New York noch nachträglich mit Bläserarrangements aufbereitet hatte, brachte Bloomfield seine einzige goldene Schallplatte ein und wurde insgesamt ein dreiviertel Jahr in den

Charts notiert, wo sie zeitweise sogar bis auf Rang 12 kletterte.

Da es sicher auch Kooper klar gewesen sein dürfte, daß der einzige Kritikpunkt am *Super Session*-Album die fehlende Atmosphäre war, organisierte er, durch den enormen Erfolg dieses Albums beflügelt, alles für die Aufnahme eines ähnlich gearteten Live-Albums. Bloomfield sagte erneut zu, und so machte sich Al Kooper eine Woche vor den Konzertdaten mit dem Schlagzeuger Skip Prokop (früher bei The Paupers) nach Mill Vallex auf, um dort mit Bloomfield und seinem Freund und Nachbarn, dem Bassisten John Kahn, zu proben und zu arrangieren. Drei Tage vor dem Konzert begann wieder einmal Bloomfields chronische Schlaflosigkeit, und als er die Bühne des Fillmore West betrat, hatte er seit über siebzig Stunden kein Auge mehr zugetan. Das hatte nicht nur zur Folge, daß, wie Bloomfield später meinte, sein „Gitarrenspiel nicht sonderlich *hot* sei", sondern auch, daß er am Morgen des dritten Konzerttages ins Krankenhaus gebracht wurde, wo er mit Hilfe von Seconal in tiefen Schlaf fiel. Elvin Bishop, Carlos Santana und Steve Miller stiegen deshalb kurzfristig für ihn ein. Die *The Live Adventures Of Mike Bloomfield* genannte Doppel-LP, auf der Carlos Santana sein Plattendebüt gab und Steve Miller aus vertraglichen Gründen nicht erschien, sollte sich annähernd so gut verkaufen wie *Super Session*. Obwohl Bloomfield mit seinem Gitarrenspiel nicht zufrieden war, kann man sich nach Hören des Albums nur fragen, wie gut Bloomfield erst spielen muß, wenn er ausgeschlafen ist, denn auf langen Bluestiteln wie *I Wonder Who* und *Don't Throw Your Love On Me Strong* schafft er es meisterhaft, mit seinem Gitarrenspiel immer neue emotionale Höhepunkte zu schaffen und den Zuhörer durch die Intensität dessen, was darin zum Ausdruck kommt, fast wie einen Voyeur erscheinen zu lassen.

Eine Zeitlang tourte Al Kooper im Anschluß an die Live-LP mit Bloomfield durch Amerika, um die Popularität des *SuperSession*-Albums auszunutzen. Doch da Bloomfield in dieser Zeit sehr unzuverlässig war, dauerte diese Periode nicht lange. Die nun folgenden eineinhalb Jahre sollten zwar Bloomfields produktivste Plattenphase markieren, doch bereits in dieser Zeit war er so frustriert vom Musikbusineß und der Plattenindustrie, daß er sich immer öfter nach Mill Valley zurückzog, um dort im Teufelskreis von Schlaflosigkeit und Heroinsucht jegliche musikalischen Ambitionen zu verlieren. Ehe es jedoch soweit war, entstanden vielleicht seine besten Aufnahmen als Gitarrist. Außerdem coproduzierte er ein zweites Album für James Cotton (*Cotton In Your Ears*) und ein Album für Otis Rush (*Mourning In The Morning*), wobei er seine Heroen aus den Muscle Shoals Studios kennenlernte, wie z.B. Duane Allman, der ihm einige Tricks auf der Slidegitarre beibrachte. (Man höre nur den Titel *My Fault* auf Sam Lays LP *In Bluesland*.) Das Erlebnis war für ihn aber von der unglaublichen Tatsache geprägt, daß diese Musiker für wenig Geld „wie Sklaven für Rick Hall" (Gravenites) arbeiteten. So erzählte er ihnen von San Francisco, wo jeder „Acid nehmende Freak, der auf seiner Gitarre herumschrubbt, einen Viertel-Millionen-Dollar-Vertrag bekommt", und startete damit eine Minirevolution (Gravenites).

Danach spielte er auf Muddy Waters' Doppelalbum *Fathers And Sons* mit, das der Sohn von Leonhard Chess als erstes Projekt nach dessen Tod ins Leben gerufen hatte. Leider wurde dieses Album, auf dem auch Paul Butterfield, Buddy Miles, Sam Lay, Otis Spann und Donald „Duck" Dunn mitwirkten, und insbesondere die Live-LP sehr schlampig aufgenommen und abgemischt, so daß man vom wenigen „Bloomfield" noch weniger hört. Ganz anders verhält es sich dagegen mit Janis Joplins Album *I Got Dem Ol' Kozmic Blues Again, Mama!*, bei dem Bloomfield und Gravenites auch bei den Arrangements mitgeholfen hatten. Insgesamt spielte er auf vier Stücken (*Maybe; To Love Somebody; Work Me, Lord*), doch vor allem sein „schreiendes" Gitarrensolo und die Slideklänge auf *One Good Man* bleiben in Erinnerung.

Doch da Bloomfields Gitarrenarbeit besonders in langen Bluestiteln seine Gänsehaut hervorrufenden Klimabögen erzeugen konnte, ist seine genialste Gitarrenarbeit wahrscheinlich auf den folgenden Alben versammelt: Barry Goldberg and Friends: *Harvey Mandel – Mike Bloomfield*, Barry Goldberg and Friends: *Two Jews Blues* (mit dem zehnminütigen *Blues for Barry and ...* mit himmlischer Gitarre), *Live At Bill Graham's Fillmore West* (aufgenommen Januar 1969) und Nick Gravenites' *My Labours*, auf dem u.a. die restlichen fantastischen Live-Aufnahmen des Fillmore-Auftritts vom Januar 1969 zu finden sind.

Alle diese Aufnahmen entstanden im Jahr 1969, weshalb es nicht verwunderlich ist, daß seine erste, ebenfalls 1969 aufgenommene Solo-LP *It's Not Killing Me* an einem chaotischen Charakterzug Bloomfields krankte: Er war oft chaotisch, planlos, konfus, machte alles gleichzeitig und nichts perfekt, und dementsprechend ging es auf dem Album mit einer Aneinanderreihung von Exkursionen, angefangen beim Blues, über Country, bis hin zu Brassrock und R & B recht konzeptionslos zu. Der Titel der LP spielte darauf an, daß viele seiner Fans dachten, er sei an einer Überdosis Heroin gestorben, als er am dritten Tag der *Live Adventures*...-Aufnahmen nicht erschien. Obwohl auch in den nächsten Jahren seine fantastische Gitarrenarbeit auf Alben wie *Brand New* (von Woody Herman), *Casting Pearls* (Mill Valley Jam Session) und dem alles überragenden Soundtrack-Album *Steelyard Blues* zu hören war, verfiel er trotz der warnenden Beispiele von Jimi Hendrix und Janis Joplin (auf *Casting Pearls* hat er ihr ein Stück gewidmet), die ihm durchaus bewußt waren, immer stärker dem Heroin. „An der Nadel zu hängen, macht alles unwichtig, null und nichtig", erzählte Mike Bloomfield in einem Interview 1979, „und ich konnte nicht mehr Gitarre spielen."

Eines Tages kamen die beiden Gitarristen Terry Hagerty (von den Sons of Champlin) und Carlos Santana, um mit ihm zu jammern, und mußten entsetzt feststellen, daß er kaum in der Lage war, eine Gitarre zu halten. Diese Erfahrung und ein Anruf von B. B. King, der von seiner Mutter gehört hatte, wie es um Bloomfield stand, motivierten ihn dazu, wieder mit dem Gitarrespielen anzufangen. Da er in diesen frühen siebziger Jahren zu Arbeiten für die Plattenfirma Columbia verpflichtet war, produzierte er Alben von Southern und Melton Levy and the Day Brothers und ließ sich auch ohne großen Widerstand in ein neues Super-Session-Projekt namens *Triumvirate* (die anderen beiden waren Dr. John und John Hammond) pressen, das logischerweise zum künstlerischen Fiasko geriet. Daneben stellte er auch noch ein Solo-Album *Try Before You Buy It* fertig, das jedoch nicht erschien. Titel aus diesem stilistisch sehr unterschiedlichen Album kamen erst später auf den Alben *Between A Hard Place*

And The Ground, Livin' In The Fast Lane und *Retrospective* heraus.

Die nächsten beiden Plattenprojekte Bloomfields resultierten im wesentlichen aus der Finanznot Barry Goldbergs und Mike Bloomfields, der versäumt hatte, die Einkommensteuern für die Jahre 1968 bis 1972 zu zahlen, und nun dringend Geld brauchen konnte. Es handelte sich dabei um das Reunion-Album von Electric Flag, *The Band Kept Playing* (allerdings mit dem Drummer Roger Troy), und um das erste und einzige Album der Retorten-Supergroup KGB, die beide musikalisch enttäuschend ausfielen und nur durch Bloomfields nach wie vor aufregendes Gitarrenspiel geadelt wurden. Beide Alben hatten nicht den von den Plattenfirmen (Atlantic und MCA) erhofften Erfolg, was bei dem *KGB*-Album darauf zurückzuführen war, daß Bloomfield, der seine Gitarre sowieso nur im Overdubverfahren auf die fertigen Bänder gespielt hatte, noch vor der Veröffentlichung der Platte der „Los Angeles Times" ein Interview gab, in dem er klarstellte, daß das Ganze nicht seine Idee war, er nicht im geringsten an der Band interessiert war und das Ganze sowieso nur wegen des Geldes gemacht hatte ...

Und mit genau diesem Geld machte er ein fantastisches Album für das „Guitar Player Magazine" mit dem Titel *If You Love These Blues, Play'em As You Please*. Das Besondere an diesem Album war, daß Bloomfield, der bei über der Hälfte der Titel auch als Komponist genannt wurde, die unterschiedlichsten Bluesstile mit jeweils einem Titel demonstrierte. Auf dem letzten Titel des Albums bedankt er sich durch Nennung der Namen bei allen, die ihn beeinflußt haben (und das waren eine ganze Menge), was hier fast eher wie ein Abschiedsgruß wirkt denn wie eine huldigende Geste.

Leider erreichte das Album wegen vertriebstechnischer Probleme keinen großen Bekanntheitsgrad, was leider auch für die folgenden Alben zutraf. Sein Freund aus alten Chicagoer Zeiten, der Produzent Norman Dayron, vermittelte ihm nämlich einen Plattenvertrag mit dem kleinen kalifornischen Plattenlabel Takoma, das war künstlerische Freiheit garantierte, aber eben viel zu klein war, als daß die Platten große Verbreitung gefunden hätten. Als erstes erschien 1977 das ruhige, besinnliche, weitgehend mit akustischen Instrumenten eingespielte Album *Analine*, das in seiner Schlichtheit eine ungeheure Größe besitzt. Im gleichen Jahr wurde auch bei den wenigen Live-Auftritten, die Bloomfield machte, ein Live-Album mitgeschnitten, das erst 1977 als *I'm With You Always* herauskam und das zum größten Teil unprätentiöse akustische Gitarrenmusik vom Besten enthält. Ehe mit *Michael Bloomfield* eine weitere gelungene Platte auf dem Takoma Label erschien, hatte Norman Dayron für Bloomfield einen Vertrag über 40 000 Dollar mit TK Productions abgeschlossen, aus dem die LP *Count Talents And The Originals* resultierte, auf der man viele wunderschöne Slidepassagen und Eigenkompositionen von Bloomfield hören kann. Da er trotz des Geldes, das er für dieses Album bekam, immer noch größere finanzielle Sorgen hatte, machte er in dieser Zeit auch Soundtrack-Musik für Filme, angefangen bei Andy Warhols „Bad" (erschien später auf *Livin' In The Fast Lane*) bis zu Pornofilmen wie „Sodom und Gomorrha". Doch sein größtes Problem wurde in dieser Zeit etwas, was er nach Meinung von Gravenites vorher nie angerührt hatte: Alkohol. 1979 erschienen dann zwei vollkommen unterschiedliche Alben: Während die LP *Bloomfield Harris* eine interessante, weitgehend akustische Gitarrensession dieser beiden Musiker enthielt, versammelte das Album *Between A Hard Place And The Ground* Aufnahmen aus unterschiedlichsten Jahren. Vor allem zwei Live-Titel, *Big Chief From New Orleans* und *Kid Man Blues*, sowie die obskuren Live-Aufnahmen auf der LP *American Hero* dokumentierten erschütternd, welche Auswirkungen seine Sucht mittlerweile auf sein Können auf der Gitarre hatte. Doch noch im gleichen Jahr besuchte Bob Dylan Michael Bloomfield und lud ihn zu seinem Konzert in San Francisco ein. Bloomfield ging zusammen mit Norman Dayron zum Konzert; man redete über alte Zeiten, und zu guter Letzt stand Bloomfield auf der Bühne. „Es klang wie eine verdammt gute Platte, es war so perfekt", berichtete Norman Dayron von diesem Abend, „und sein Gitarrenspiel hatte alles von Michael Bloomfields unbändiger Energie. Er verfehlte keine einzige Note."

Wahrscheinlich war es dieser Abend, der Bloomfield veranlaßte, das Trinken aufzugeben und die lose Beziehung zu seiner alten Freundin Christy Savane, die er seit 1971 kannte, in eine feste

Beziehung zu verwandeln. Unter großen Anstrengungen und letztlich mit Erfolg ging er daran, von Drogen und vom Alkohol loszukommen. Er trainierte seinen Körper, wurde aktiver, stellte eine neue Platte zusammen (*Livin' In The Fast Lane*) und spielte mit viel Enthusiasmus eine neue gelungene Platte (*Cruisin' For A Bruisin'*) ein. Christy Savane berichtet: „Schließlich sagte ich Michael, daß ich ihn heiraten würde. Drei Tage später saß ich im Flugzeug nach Europa, wo ich als Tänzerin vertragliche Verpflichtungen zu erfüllen hatte. Als ich dort ankam, war er tot."

Wie und warum er starb – darüber kann man nur spekulieren. Tatsache war, daß man ihn am 15. Februar 1981 tot in seinem Auto fand und feststellte, daß er an einer Überdosis Kokain und Speed gestorben war. Stark beachtet wurde sein Tod von der Presse und den Medien jedoch nicht, da die wenigsten noch wußten, wer er war.

Bloomfield: Das war der Mann, der mit dem Rücken zum Publikum spielen mußte, weil in der ersten Reihe nur Gitarristen saßen, die jeden Lick kopieren wollten. Bloomfield: Das war der Mann, der seinen kreativen Reichtum aus der respektvollen Behandlung der Wurzeln der amerikanischen Musik schöpfte und im engen Rahmen des Blues mit einem eigenen unverkennbaren, charismatischen Gitarrenspiel zum Ausnahmegitarristen wurde. Bloomfield war derjenige, der meinte: „Die besten Gitarristen sind die, die menschliche Laute nachbilden." Und Bloomfield konnte mit seiner Gitarre wahrlich sprechen!

Roy Buchanan: Der Trickreiche

Geb.: 23. September 1944 in Arkansas/USA
Gest.: 15. August 1987 in Virginia/USA

Heutzutage ist Roy Buchanan wieder zum Insider-Tip verkümmert. Doch das war einmal ganz anders. Im Jahre 1971 sollte eine neunzigminütige Fernsehsendung mit dem Titel *The Best Unknown Guitarist In The World* ihn über Nacht zum neuen Stern am Gitarrenhimmel machen. In einer Ära, in der viele „alte" Gitarrenheroen in seelischen oder musikalischen Krisen steckten oder schon nicht mehr unter den Lebenden weilten, wurde Roy Buchanan als der richtige Mann zur richtigen Zeit empfunden.

Doch ehe diese richtige Zeit gekommen war, gab es für den Sohn eines (Pentecostal-)Geistlichen eine siebzehn Jahre währendde Zeitspanne, in der er nicht nur vieles über das Gitarrenspielen lernte, sondern durch Drogenkonsum auch eine Menge über sich selbst und seine Umwelt.

Im Alter von fünf Jahren begann er intensiv Musik zu hören, und schon ein Jahr später besaß er eine Gitarre, nachdem ihn sein Vater nach seinem Lieblingsinstrument gefragt hatte. Allerdings ruinierte sie sein Cousin innerhalb eines Monats, als er gerade drei Akkorde spielen konnte. Mit zehn Jahren bekam er seine nächste Gitarre, eine vierzehn Dollar teure Harmony F-Hole Gitarre, die er dann der Legende zufolge mit dreizehn Jahren für hundertzwanzig Dollar gegen eine neue 1953 Fender Telecaster ausgetauscht haben soll. Belegt ist aber nach seinen eigenen Aussagen, daß er seine legendäre 1953 Telecaster erst 1969 erworben hat, da zu dieser Zeit die Tonabnehmer der neuen Telecaster Gitarren „schrecklich" gewesen seien. Schon im Alter von neun Jahren hatte Roy Buchanan seine erste eigene Band, ein Trio, das sechs Monate lang als Hausband in einer Bar spielte. Außerdem nahm er eine Zeitlang Steelgitarren-Unterricht, wodurch sein Spiel stark geprägt werden sollte. Dann spielte er in vielen Bands, bis er Anfang der sechziger Jahre Bobby Greg kennenlernte, der zu dieser Zeit mit *The Jailman* einen Hit hatte. Bobby Greg nahm mit ihm in Philadelphia u.a. die Single *Potato Peeler* auf, die zu einem – wenn auch nur lokalen – Hit wurde. Auf dieser Aufnahme konnte man erstmals einen der typischen Roy Buchanan-Tricks hören, die später zu seinem Markenzeichen wurden. Doch der Trick auf dieser Aufnahme kam durch einen schlichten Spielfehler zustande. So konnte er, als eine Menge Gitarristen von ihm wissen wollten, wie er diesen Sound erzeugt hätte, die Fragenden nicht einmal zufriedenstellen, da er nur noch wußte, „daß ich in dem Moment des Spielens die hohen Töne im Hinterkopf hatte, die R & B-Saxophonisten wie Junior Walker oder Plas Johnson manchmal treffen". Um den Gitarristen eine Antwort geben zu können, mußte er erst seine eigenen Gitarrenpassagen auf Single hören, um hinter das Geheimnis seiner eigenen Klänge zu kommen.

Bald darauf arbeitete er in der Band des Rock-a-billy-Musikers Dale Hawkins, der heute vor allem durch seinen von Creedence Clearwater Revival zur Mammut-Version ausgebauten Hit *Susie Q* bekannt ist. Doch Buchanan spielte entgegen vieler Behauptungen nicht auf *Susie Q*. Der allererste Song, den Dale Hawkins mit Buchanan aufnahm, war die Willie-Dixon-Komposition *My Babe*, und vor allem auf dem Song *Lulu* ist der charakteristische Buchanan-Sound herauszuhören. Doch auch die Zeit mit Dale Hawkins dauerte nicht lange. Nachdem Buchanan einige Songs als Gitarrist von Freddy Cannon aufgenommen und auf unzähligen Sessions der Produzenten und Komponisten/Texter Jerry Leiber und Mike Stoller in Nashville gespielt hatte, stieß er zur Band des kanadischen Rock'n'Rollers Ronnie Hawkins, der 1959 mit seinem Titel *Mary Lou* in den unteren Charts vertreten war. Greil Markus schrieb in seinem Buch „Mystery Train" folgendes über ihn: „In den USA war er einer unter zu vielen, in Kanada, wo authentische amerikanische Rocker eine handfeste kommerzielle Rarität waren, konnte Hawkins sich als The King of Rock-a-billy bezeichnen und kam damit durch." Roy Buchanan verließ jedoch Hawkins' Begleitband, die Hawks, nach geraumer Zeit wieder. Vorher hatte er auf Wunsch von Ronnie Hawkins dem Bassisten Robbie Robertson einiges auf der Gitarre beigebracht, damit dieser zum Gitarristen der Hawks umfunktioniert werden konnte. Das Interessante an der Geschichte ist sicher die Tatsache, daß

aus den Hawks später The Band wurde, die ein Stück Rockgeschichte, u.a. als Begleitband von Bob Dylan, schrieb. Aufschlußreich ist in diesem Zusammenhang sicher auch die Antwort, die
Buchanan einem Redakteur des „Guitar Players" gegeben hat,
der nach der Parallelität gewisser Elemente in seinem und Robbie
Robertsons Sound fragte: „Ich habe ein paar Sachen von Robbie
mit The Band gehört, und da und dort klingt der Sound ähnlich,
aber er ist in den allgemeinen Sound eingegangen. Da gibt es
keinen spezifischen Lick, bei dem ich den Nagel auf den Kopf
treffe, wenn ich sage That's mine."

Mitte der 60er Jahre stellten sich bei Buchanan Drogenprobleme ein, da er Aufputschmittel einnahm, um mit dem harten
Auftrittsalltag fertig zu werden. Allerdings konnte er diese
Schwierigkeiten nach einer harten Zeit meistern. In der Zwischenzeit gab er u.a. zu Hause oder in zwei Musikläden bis zu
sechzig Studenten Gitarrenunterricht.

1969 war dann das Jahr, in dem er zum ersten Mal in die
Schlagzeilen geriet: Die Rolling Stones suchten Ersatz für den
ausgestiegenen Brian Jones und meinten, ihn in Roy Buchanan
gefunden zu haben. Doch der lehnte aus folgenden Gründen ab,
wie er in einem Interview des Magazins „Rolling Stone" 1972
erklärte: „Ich hatte die Rolling Stones bisher nicht getroffen, doch
sie hatten über den einen oder anderen Weg von mir gehört. Sie
erwähnten meinem damaligen Manager Charlie Daniels gegenüber, daß sie mich während ihrer letzten Tour hier [USA-Tournee
1969] dabeihaben wollten. Der Hauptgrund, weshalb ich entschied, nicht mit ihnen auf Tour zu gehen, war neben der
Tatsache, daß ich nicht reisen wollte, daß ich das Songmaterial
nicht kannte und mir auch nicht vorstellen konnte, diesen Job
richtig zu machen. Dazusitzen und alle diese Songs zu lernen,
hätte eine ganze Menge Zeit beansprucht. Ich glaube, ich bin
faul."

Diese Äußerung muß sich allerdings nur auf die Zusammenarbeit mit den Rolling Stones bezogen haben, denn wenig später
arbeitete Buchanan an seinem ersten Soloalbum. Der bis 1975
währende Plattenvertrag mit Polydor kam u.a. auch durch eine
Reihe äußerst positiver Erwähnungen von Musikern wie z.B. Eric
Clapton, Merle Haggard, Henry Vestine, Kim Simmonds und

natürlich Robbie Robertson zustande, die alle ihre tiefe Hochachtung für eines ihrer Idole bekundeten. Da sein erstes Album zunächst seiner Meinung nach mehr nach Cream, Jimi Hendrix und den Beatles klang als nach Roy Buchanan, nahm er es nochmals vollkommen neu auf. Deshalb erschien es nicht wie vorgesehen zu Beginn des Jahres 1971, sondern erst 1972. Was er wollte, war „ein bißchen Jazz, ein bißchen Country und ein bißchen Blues". Tatsächlich wurde schon *Roy Buchanan* ein sehr eigenständiges und abwechslungsreiches Album, das durch sein Gitarrenspiel und seinen Sound einen eindrucksvollen roten Faden aufwies. Das gleiche gilt auch für das 1973 erschienene *Second Album*, das mit *Thank You Lord* erstmals einen akustischen Song enthielt, der zusammen mit dem Titel *Treat Her Right* die Ausnahme gegenüber den nicht instrumentalen Songs bildet. Zu bemerken ist vielleicht noch, daß *Sweet Dreams* in Buchanans Version vom ersten Album relativ populär in Amerika wurde, während seine Plattenverkäufe nicht wie erwartet ausfielen, sondern eher schleppend waren.

Dies änderte sich auch angesichts des fantastischen dritten Albums *That's What I Am Here For* nicht, das gekonnt Buchanans drei musikalische Vorlieben Blues, Country, Jazz auf einem kräftigen Rockfundament zusammenschmolz.

Äußerst gelungene Eigenkompositionen, die zudem noch mit dem brillantesten Gitarrenspiel, das Buchanan zu bieten hatte, weiter aufgewertet wurden, ließen unzweifelhaft eines seiner besten Alben entstehen. Auch durch die mehr als gelungene Neuinterpretation des Songs *Hey Joe*, den er Jimi Hendrix widmete, gehört dieses Album für den Autor zu einem der besten späten gitarrenbetonten Bluesrock-Alben. Die fehlende Resonanz bei den Plattenkäufern lag einfach daran, daß die Plattenfirma Polydor nicht in der Lage war, ein publicity-wirksames Werbekonzept zu finden, das zu der scheuen Person Buchanans paßte. In Europa trugen schon der eigentümlich auszusprechende Name sowie seine Tournee-Abstinenz dazu bei, ihn zum Insider-Tip verkümmern zu lassen.

Das 1974 erschienene Album *Rescue Me* läßt dann den 1976 erfolgten Wechsel zur Plattenfirma Atlantic zumindest musikalisch plausibel erscheinen. Nicht nur Bill Sheffields Stimme, sondern vor allem die Bläsergruppe erzeugte die Atmosphäre eines soulorientierten Albums. Bevor dieser Firmenwechsel jedoch vollzogen war, erschien ein am 27. November 1974 in der Town Hall von New York City aufgenommenes Live-Album mit dem Titel *Live Stock*. Auf ihm kann man nachprüfen, daß Roy Buchanan sein gesamtes Repertoire an Gitarrenkniffen auch live mit seiner Telecaster, die ihm den Beinamen „Master of the Telecaster" eingebracht hatte, zu vollführen vermochte. Am eindrucksvollsten gelang ihm dies wahrscheinlich auf dem sieben-minütigen *I'm Evil*. Dieses Stück nimmt einem ob der rasanten, trickreichen, „teuflischen" Läufe schlicht den Atem.

Erst vier Jahre später erschien sein nächstes Live-Album, ein in Japan aufgezeichnetes Konzert, das seine letzte Live-Aufnahme geblieben ist. Obwohl dieses Album *Live In Japan* nur in Japan erschien und dadurch schwer erhältlich ist, sollte man allein schon wegen der guten Cover-Versionen von *Soul Dressing* und *Hey Joe* die Augen offenhalten, um an die LP zu kommen.

Die nun folgenden LPs erschienen in Amerika bei Atlantic, während sie in allen übrigen Ländern von Polydor vertrieben wurden.

Doch das erste Atlantic-Album, *A Street Called Straight*, ist eine Enttäuschung, die vor allem aus dem übertriebenen Einsatz von Arp Synthesizer und Chor herrührt. Aber auch das Songma-terial enttäuscht: Mindestens vier Songs sind auf hektischen Funkrhythmen aufgebaut, die mit allzu gimmickreichen Soloein-lagen verziert sind, und auch die Cover-Version des Hendrix-Stücks *If Six Was Nine* sowie die Neuauflage des von der ersten LP stammenden, beschleunigten *The Messiah Will Come Again* können kaum überzeugen. Dennoch enthält auch diese LP eine kleine Perle in Form des ironischen biographischen Stücks *Caruso*, in dem Buchanan resignierend singt: „I don't claim to be Caruso and I'm not number one." (Ich behaupte nicht, Caruso zu sein, und ich bin nicht die Nummer 1.) In der Tat besaß Buchanan nur eine angenehme Sprechstimme, die er allerdings folgerichtig auch nur bei ruhigen Songs einsetzte. Dieses Mißverhältnis zwischen der Qualität des Gitarrenspiels und seinen gesanglichen Fähigkeiten verbindet ihn mit seinem Freund Jeff Beck, dem er auf dieser LP den Song *My Friend Jeff* gewidmet hat. Dies geschah ein Jahr, nachdem Jeff Beck ihm auf der LP *Blow By Blow* den mit „buchananesken" Gitarrensoli veredelten Titel *Cause We've Ended As Lovers* gewidmet hatte.

Aus dieser Freundschaft entstand sicher auch der Kontakt zu mehr dem Jazzrock nahestehenden Musikern wie Jan Hammer und Stanley Clarke, die bei Buchanans nächster LP *Loading Zone* mitmischten. Doch der interessanteste Gastmusiker war ganz sicher der legendäre ehemalige Gitarrist von Brooker T. and the MG, Steve Cropper, der sich mit Buchanan in zwei Songs (*Ramon's Blues, Green Onions*) spannungsgeladene Gitarrenduelle lieferte. Trotz all dieser Zutaten und dem lustigen Rock-a-billy-Instrumental *Adventures Of Brer Rabbit And Tar Baby* konnte auch diese LP nicht rundum überzeugen – vielleicht wegen des zu glatten Produktionssounds.

Auf dem nächsten Album, *You're Not Alone*, gibt bereits das Cover einen ironischen Kommentar zu dem ab, was dem „Master of the Telecaster" passiert war. Buchanan beschrieb sein Erlebnis wie folgt: „Ich war in einem Musikgeschäft, um mir ein paar neue Gitarrensaiten zu kaufen, als ich auf einmal diese gutaussehende, vergoldete, zum dreißigjährigen Geschäftsjubiläum herausgegebene Gibson Les Paul sah. Ich war natürlich sofort Feuer und Flamme. So ging ich nach Hause, holte Geld und kaufte sie aus dem Ständer weg. Ich liebe sie, da sie sich von Grund auf von der Telecaster unterscheidet – sie hat einen wunderbar voluminösen, fetten Klang." Tatsächlich hatte er schon häufiger, vor allem Mitte der 50er Jahre, auf Les Paul- und Stratocaster-Modellen gespielt, um dann immer wieder zur Telecaster zurückzukommen. „Ich würde nie eine Telecaster spielen, da die anderen Gitarrenmodelle leichter zu handhaben sind als eine Telecaster, wenn sie nicht diesen einer Steelgitarre ähnelnden Sound hätte. Zusammen mit meinem Spiel war es dann auch dieser Klang, der verschiedene Countrybands dazu veranlaßte, mich zu holen, wenn sie keinen Steelgitarrenspieler kriegen konnten", kommentierte Buchanan.

Trotz oder vielleicht gerade wegen des vielfachen Einsatzes der Les-Paul-Gitarre auf dem Album *You're Not Alone* gibt es besonders in *Fly...Night Bird* und in dem Neil-Young-Song *Down By The River* erfrischende, sich langsam steigernde Gitarrenpassagen. In dem auf einen Höhepunkt hin angelegten Aufbau der Gitarrensoli spürt man noch deutlich den Einfluß der sich steigernden schwarzen Kirchenpredigten, die Buchanan schon früh in seiner Kindheit kennengelernt hatte.

Doch nach dieser interessanten, teilweise stark mit sphärischen Synthesizerklängen angereicherten LP, die dem Album einen bei Buchanan ungewohnten, aber reizvollen Charakter verleihen, erblickte die nächste LP das Licht der nach wie vor uninteressierten breiten Öffentlichkeit erst im Jahre 1980 auf Buchanans neuem Label Waterhouse. Das ungewöhnlich schöne Cover der LP *My Babe* zeigt Buchanan, wie er mit einer Fender Telecaster diniert (!), und die Platte bietet bis auf die durchschnittliche Stimme des Sängers und Keyboarders Paul Jakobs den von Buchanan gewohnten Standard. Bemerkenswert sind wieder einmal ein (Gitarren-)trickreicher Blues, die Verarbeitung zeitgenössischer Funkrhythmen und der sparsame, für Buchanan untypische Einsatz eines Effektgeräts, eines Wah-Wah-Pedals, bei zwei Titeln. Auf der Rückseite des LP-Covers, auf der man Buchanan nach dem offensichtlich eingenommenen Diner mit seiner Telecaster in der Hand entschwinden sieht, wird Buchanan als ein „exklusiver Fender-Gitarren-Künstler" bezeichnet. Dies läßt die Vermutung zu, daß die Firma Fender wohl aufgrund seiner letzten Liaison mit einer Gibson die einmalige Verbindung zwischen Buchanans Meisterschaft und Fender-Telecaster-Gitarren finanziell stützen wollte. Für Buchanan bedeutete das vielleicht einfach schnell verdientes Geld, da sein lukrativer Vertrag mit Polydor nun der Vergangenheit angehörte.

Nach dieser LP dauerte es fünf Jahre, bis eine neue Platte, *When A Guitar Plays The Blues*, auf Alligator erschien. Von seiner neuen, auf Blueskünstler spezialisierten Plattenfirma versprach er sich das, was er auch tatsächlich erhielt – völlige künstlerische Freiheit. Die Suche nach einer Plattenfirma, die dies garantieren konnte, war für ihn um so wichtiger, als er bei Atlantic zum „Pop Star" (Buchanan) gemacht werden sollte, von dem eigene Ideen nicht erwünscht waren. So bezeichnete Buchanan das erste Album auf Alligator, das in zwei Tagen aufgenommen worden war, als das erste reine Buchanan-Album. Er hatte nicht nur alle Songs selber ausgesucht und arrangiert, sondern auch erstmals alle Abmischungen überwacht und dies natürlich auch stolz auf dem Cover vermerkt. Tatsächlich muß er aber so zufrieden mit der endgültigen Platte gewesen sein, daß er sie sogar einem seiner größten Vorbilder, dem späten Jimmy Nolen, widmete. Nolen hatte in den späten 50er Jahren in Johnny Otis' R & B-Show gespielt und war später sechzehn Jahre Gitarrist in der Band von Soulstar James Brown. 1955 hatte Buchanan ihn zum ersten Mal zusammen mit der Johnny Otis-Show in einem kleinen Club in Los Angeles gesehen, und Nolen hatte ihn mit seinem leisen, aber superben Spiel „zu Boden geschlagen" (Buchanan). Einen vergleichbaren Eindruck hinterließen bei Buchanan allenfalls der Jazz-Gitarrist Barney Kessel und – in der gekonnten Schlichtheit des Spiels – natürlich B. B. King.

Nicht genau zu bestimmen ist allerdings, warum die LP bei aller vorhandenen Qualität äußerst unangenehm auffällt. Entweder liegt es am sterilen Gesamtklang oder an dem durch den erstmaligen Gebrauch eines Delays erzeugten, nicht mehr so direkten Sound seiner neuen 1983 Telecaster, die er seit 1984 anstelle der 53er-Fender Telecaster benutzte. Nach Buchanans Aussagen war der Grund für den Austausch die verbesserte Qualität neuerer Telecaster-Gitarren, die Vergrößerung der Bundstäbchen sowie die Einführung der von ihm geschätzten, aus Ahorn gefertigten Griffleisten. Doch im Jahre 1985 konnte man sich – was in unseren Breiten selten ist – auch selber im Fernsehen von dem neuartigen Sound der Telecaster überzeugen, als Buchanan im Rahmen der letzten „kleinen" Rockpalast-Veranstaltungen in der Markthalle in Hamburg auftrat. Mit seiner wegen der besseren Saitenkontrolle hochgebundenen Telecaster spielte er zusammen mit relativ jungen und auf ihren Instrumenten unerfahrenen Begleitmusikern ein knapp einstündiges Set.

Zwei Jahre später gab es dann die wahrscheinlich erste kleine Europatournee in Triobesetzung, die jedoch von der Musikkritik völlig unbemerkt blieb. Die plötzlich nicht nur in Amerika verstärkte Tournee-Tätigkeit muß man dabei dem motivierenden neuen Management von Teddy Slatus zuschreiben, der auch Mick Taylor und Johnny Winter betreut.

1986 erschien dann in poppiger Aufmachung Buchanans zweite LP auf Alligator, *Dancing On The Edge*. Schon bald nach

Erscheinen wurde die LP mit einem Sticker verschönert, der darüber Auskunft gab, daß der Sänger Delbert McClinton als Special guest mit von der Partie sei und die LP den Hit *You Can't Judge A Book By The Cover* enthalte. Leider muß man sagen, daß der Inhalt der LP der Aufmachung entsprach. Der unangenehme Sound des gesamten Albums sowie der Gitarre und der wenig einfühlsame Gesang von (hoffentlich nur) Special guest Delbert McClinton machen die LP nicht gerade zum Ohrenschmaus.

Doch schon Buchanans nächste LP *Hot Wires* entschädigte für vieles. Da gab es überschäumende Spielfreude (*Country Boogie*), ein witziges Zwischenton-Instrumental (*High Wire*), endlich mal wieder etwas relaxt Jazziges (*Ain't No Business*), einen einfallsreichen Blues (*The Blues Lover*) und vieles mehr, was diese LP zu einer seiner besten seit *Rescue Me* macht, und das obwohl der Sound der LP zwar besser als bei den vorhergegangenen Alligator-LPs, aber immer noch nicht optimal war.

Wenn heutzutage Buchanans fehlender Ruhm vielfach auf sein mangelndes Bühnencharisma zurückgeführt wird, so ist dies sicher richtiger, als den Grund in seinem angeblich zu technischen Gitarrenspiel mit mangelndem Feeling zu sehen. (Man denke in diesem Zusammenhang nur an den über alles gelobten Techniker Van Halen.) Tatsächlich überschreitet er sehr oft die Grenze dessen, was man noch als Gespür für die Kraft der Einzelnote bezeichnen könnte, und schwelgt im trickreichen Fundus seiner Gitarrenkünste. Doch letzten Endes ist er sich dieser imaginären Linie bewußt, so daß man ihn eher als einen intuitiven, spontanen Techniker bezeichnen könnte, der nur im puristischen Gemisch von Blues, Country und Jazz seine Erfüllung findet.

Als ich dies kurz nach Erscheinen seiner LP *Hot Wires* schrieb, deutete nichts darauf hin, was bereits wenige Wochen später traurige Realität sein sollte: Roy Buchanan ist tot.

In der Nacht vom 14. zum 15. August 1987 hat sich Buchanan in der Ausnüchterungszelle der Fairfax County Haftanstalt in Virginia erhängt. Im Zusammenhang mit der Inhaftierung und den Umständen seines Todes gibt es einige unerklärliche Details. So ist dem offiziellen Polizeibericht zu entnehmen, daß man Buchanan gemäß den Sicherheitsvorschriften den Gürtel und die Schnürsenkel abgenommen hatte. Allerdings beschwören seine nächsten Freunde und Verwandten, daß Buchanan nie einen Gürtel oder Schuhe zum Schnüren getragen habe.

Wie dem auch sei: Buchanan hinterließ sieben Kinder und fünf Enkelkinder, eine Ehefrau und einen immensen Schuldenberg, den sein Manager Teddy Slatus mit Hilfe eines Hilfsfonds verringern helfen will: Estate of Roy Buchanan c/o Slatus Management; 805 Third Avenue Suite 308, New York, NY 10022.

Wenngleich es durch seinen Tod nicht mehr zu der geplanten Instrumental-LP kommen sollte, so konnte Roy doch noch kurz vor seinem Tod das Ergebnis der Bemühungen des exquisiten Gitarrenbauers Roger Fritz in den Händen halten: die Roy-Buchanan-Bluesmaster, die für 1325 Dollar von besagtem Erbauer handgefertigt und verkauft wird. Zu welchen gitarristischen Glanztaten ihn diese, natürlich Telecaster-förmige, Gitarre befähigte, belegt das kurz vor seinem Tod entstandene dreißigminütige Video „Roy Buchanan Custom Made", auf dem er allein vom Erbauer der Gitarre und seinem Assistenten mit Keyboard und Marracas begleitet wird. Noch ein letztes Mal kann man sich davon faszinieren lassen, wie leicht und virtuos dem „Master of the Telecaster" wilde Läufe und dichtes Akkordspiel nur so aus den Fingern zu fließen scheinen.

Annähernd dreißig Jahre waren zwischen seinen ersten Aufnahmen, die die posthum erschienene LP *The Early Years* dokumentiert, und dieser Video-Aufnahme-Session vergangen. Dreißig Jahre, in denen Roy Buchanans Fähigkeiten eigentlich immer nur von Insidern gebührend gewürdigt wurden. Für seine Fans überall auf der Welt ist der Traum ausgeträumt, daß Roy Buchanan noch zu Lebzeiten die Ehre zuteil wird, auch von der breiten Masse der Rockhörer einen festen Platz im Olymp der Größten der großen Gitarrenkünstler zugewiesen zu bekommen. Nun, er wird es nicht mehr erleben, doch daß es eines Tages soweit sein wird, steht außer Frage. Qualität setzt sich durch; die Zeit wird es beweisen.

Bruce Iglauer erzählte gern von einem Musiker, der Roy Buchanan irritiert fragte, wie er mit so viel Feuer spielen könne, wo er doch so still sei. Buchanan antwortete darauf: „Because I'm screaming inside."

Eric Clapton: Der „Göttliche"

Geb.: 30. März 1945 in Ripley/Großbritannien

Seit fast einem Vierteljahrhundert ist Eric Clapton ein nicht wegzudenkender Bestandteil der Musikszene. Man weiß eigentlich gar nicht, wo man anfangen soll, wenn man über ihn schreiben will. Soll man nackte Tatsachen sprechen lassen oder Anekdoten wiedergeben, soll man mit den persönlichen Höhen und Tiefen beginnen oder mit der Legende? Eines dürfte jedoch klar sein: Bei dem Einfluß, den Clapton als Gitarrist ausgeübt hat, sollte man nicht anfangen, denn dann wüßte man wieder nicht, wo man anfangen sollte. Von…über…bis… – nein, es sind einfach zu viele Gitarristen, die durch ihn die Liebe zur Gitarre entdeckt haben, denen er den Weg geebnet hat oder die durch ihn die ihnen gebührende Anerkennung gefunden haben. Das Beste ist wahrscheinlich das Nächstliegende: Man beginnt mit dem Anfang!

Eric Patrick Clapton wurde am 30. März 1945 im Hause seiner Großeltern in Ripley, Surrey, geboren. Er war der uneheliche Sohn von Patricia Molly Clapton und dem kanadischen Offizier Edward Fryer, der in England stationiert war. Nach dem Krieg kehrte Edward Fryer zu seiner Ehefrau nach Kanada zurück und verschwand damit für immer aus Eric Claptons Leben. Da seine Mutter etwas später den kanadischen Soldaten Frank McDonald heiratete und mit ihm zunächst in die Bundesrepublik und später nach Kanada ging, wurde Eric von seinen Großeltern aufgezogen. Als Patricia zwölf Jahre später zurückkam, mußte Eric vorgeben, sie seien Geschwister.

In der Schule war Clapton alles andere als gut, hatte also die besten Voraussetzungen, Einmaliges zu leisten und berühmt zu werden. Er gehörte zur Gruppe der dürren, unsportlichen Ausgestoßenen, die aber als erste Buddy-Holly-Platten entdeckten. Das einzige Talent, das man in der Schule erkennen und fördern konnte, war seine künstlerische Begabung, und Clapton wechselte deshalb mit vierzehn Jahren auf die Hollyfield Road

School, Surbiton, die die Juniorenabteilung des Kingston Art College barg. Bereits zu seinem dreizehnten Geburtstag hatte Eric eine akustische Hofner Gitarre für vierzehn Pfund bekommen, die ihn von da an überallhin begleitete. Autodidaktisch brachte er sich die ersten wichtigen Griffe auf der Gitarre bei, indem er zu Platten spielte.

Um Grafikdesign zu studieren, ging er im Alter von sechzehn Jahren auf das Kingston Art College, von dem er jedoch bald wieder gegangen wurde. Eric Clapton sagte über sein Studium: „Ich spielte die meiste Zeit Platten und betrank mich um die Mittagessenszeit im Pub. Die Wirkung, die ich auf die anderen Studenten hatte, war unerwünscht."

In den folgenden Monaten nahm er Gelegenheitsjobs an, und über Weihnachten 1961 arbeitete er zeitweise als Briefträger. Was er in diesen Tagen in seiner Freizeit machte, erzählte Clapton so: „Ich konnte von Bo Diddley und Chuck Berry nicht genug bekommen. Mit der Zeit entdeckte ich immer mehr Blueskünstler wie Blind Lemon Jefferson, Son House und Skop James, weil man die Platten recht leicht bekam. Einer der ersten Songs, die ich spielen konnte, war *Walk Down The Lonesome Road* von Big Bill Broonzy: Wunderbar. Dann fing ich an, Robert Johnson und Blind Boy Fuller zu hören. Damals war ich der totale Purist und lehnte alles ab, was nach Big-Busineß-Musik klang."

Im Januar 1963 stieß Eric, der mittlerweile stolzer Besitzer einer hundert Pfund teuren elektrischen Kay-Gitarre war, zu der R & B-Gruppe Roosters. Vermittelt hatte den Kontakt die Freundin des Roosters-Mitglieds Tom McGuiness, die am Kingston Art College studierte. Die Gründungsmitglieder Paul Jones und Brian Jones hatten die Band zu diesem Zeitpunkt allerdings bereits verlassen. Als Clapton mit exakt achtzehn Jahren, nachdem er gelegentlich mit ihnen gespielt hatte, festes Mitglied bei den Roosters wurde, tauschte Tom McGuiness die Gitarre gegen den Baß ein. Der Pianist Ben Palmer, der auch zu den Roosters gehörte, erinnerte sich später an Claptons knapp sechs Monate dauernde Zeit bei der Band: „Ich bemerkte sofort, daß sich Eric, wenn du ihm ein Solo gabst, nicht darum kümmerte, wie lang du ihn spielen lassen wolltest. Er spielte weiter und weiter ..., bis man ihn irgendwann stoppen mußte, damit der Sänger wieder einfallen konnte. Er hatte ein Gefühl für Dynamik, das für jemanden in seinem Alter ganz erstaunlich war."

Nach der freundschaftlichen Auflösung der Roosters gab es im September 1963 für Clapton und Tom McGuiness ein kurzes „Mersey-Beat"-Intermezzo bei der Band Casey Jones & the Engineers. Dann stieg Clapton als Ersatz für den nach Meinung der Band ungenügenden Top Topham im Oktober 1963 bei den Yardbirds ein. In den achtzehn Monaten bei den Yardbirds verschaffte sich Clapton nicht nur eine gewisse Reputation als Ausnahmegitarrist, sondern erhielt darüber hinaus auch seinen Spitznamen Slowhand.

Clapton fing damals gerade an, mit sehr dünnen Saiten die charakteristische Technik des Bluesgitarrenspiels, das Saitenziehen, in sein stark vom Rock'n'Roll gefärbtes Spiel einzuarbeiten. Um dies bewerkstelligen zu können, benutzte er sehr dünne Saiten, die ihm bisweilen bis zu zweimal pro Nummer rissen. In der Zeit, in der Clapton dann neue Saiten aufzog, klatschte das Publikum langsam in die Hände (Slowhand clap), was den Manager Giorgio Gomelsky dazu animierte, ihn in Anspielung auf seine (für ihn) zu schnellen Gitarrenläufe humorvoll eines Tages als Eric „Slowhand" Clapton anzukündigen. Doch daß Clapton auf der Bühne so stark beachtet wurde, lag auch daran, daß er sich damals sehr konservativ und distinguiert modisch kleidete. Er wollte damit unterstreichen, daß er sich, einem Jazzmusiker nicht unähnlich, aufgrund seines Purismus als Bluesmusiker als Angehöriger einer Elite fühlte.

Im großen und ganzen war es diese Einstellung, die Clapton dazu veranlaßte, sich von den Yardbirds zu trennen. Denn nachdem man Ende 1963 noch den Harmonicaspieler Sonny Boy Williamson begleitet hatte, zeigten die Yardbirds, abgesehen von Clapton, immer mehr Interesse an einer Pop-Hitsingle, die sie dann mit *For Your Love* auch aufnahmen. Als Gomelsky auch noch zu seiner Arbeitserleichterung die Position des Bassisten Paul Samwell-Smith (Clapton: „Er liebte die Shadows – ich nicht!") innerhalb der Band stärkte, stieg Clapton nach drei Singles und einer LP, *Five Live Yardbirds*, bei ihnen aus.

Nach der Trennung von den Yardbirds im März 1965 folgte Clapton einer Einladung seines Freundes Ben Palmer nach

Oxford, um dort der Legende nach Tag und Nacht sein Gitarrenspiel zu verbessern. Clapton widersprach dieser Version jedoch später: „Es ist nicht wahr, wenn behauptet wird, ich hätte mich dort eingesperrt, um zu üben. Ich erfreute mich in dieser Zeit nur daran, mal keine Verpflichtungen zu haben."

Witzigerweise gibt es aber auch anderslautende Statements von Clapton, in denen er die Geschichte bestätigte. Angesichts seiner gesteigerten Spielqualitäten bei John Mayall könnte die Legende also auch zutreffend sein. Wahr ist dagegen die Geschichte, daß Clapton, nachdem er im April 1965 ein Mitglied van Mayalls Bluesbreakers geworden war, oft stundenlang im Zimmer von John Mayall zu Platten aus dessen riesiger Bluessammlung spielte. Aus dieser Plattensammlung suchten Clapton und Mayall auch die Stücke aus, die man bei den immer enthusiastischer gefeierten Live-Auftritten spielte. Doch die anfängliche Harmonie zwischen Mayall und Clapton wurde bald durch Claptons Unzufriedenheit („Ich war damals ein ziemlich launischer und arroganter Typ") u.a. mit Mayalls Gesang belastet, was dazu führte, daß Clapton die Bluesbreakers im August 1965 nach den Aufnahmen für die Single *I'm Your Witchdoctor/Telephone Blues* verließ. In einer Weinlaune war ihm die Idee gekommen, zusammen mit seinen Musikerfreunden Bernie Greenwood (Saxophon), Jake Milton (Drums), Bob Ray (Baß), John Beiley (Vocals) und Ben Palmer (Piano) eine Tournee um die ganze Welt zu unternehmen; doch schon in Griechenland mußte der kühne Plan einer Welttournee begraben werden.

So kehrte Clapton im November 1965 zu John Mayall's Bluesbreakers zurück, zu denen zu diesem Zeitpunkt bereits der Bassist Jack Bruce gehörte. In dieser Periode entstanden die Live-Aufnahmen, die eine Seite der 1977 erschienenen LP *Primal Solos* füllen. Der Höhepunkt dieser Aufnahmen ist sicher Claptons virtuoses, aggressives Gitarrenspiel auf seinem Blues *Have You Ever Loved A Woman*. Zusammen mit der späteren Purdah-Single *Purdah* sind dies die frühesten Aufnahmen, auf denen Clapton bereits unverkennbar Clapton ist. Zu diesem Zeitpunkt hatte er bereits die Einflüsse aller von ihm geschätzten Gitarristen in seinem Stil zu einem harmonischen Ausdruck zusammenfließen lassen.

Anfang Dezember 1965 wechselte Jack Bruce dann aus finanziellen Gründen zu Manfred Mann und wurde durch John McVie ersetzt, womit die alte Clapton/Bluesbreakers-Besetzung (Hughie Flint/Drums) wieder komplett ist. In dieser Phase begann Clapton, mit seinen singenden langen Soli, die aus einer anderen Welt zu stammen schienen, die Aufmerksamkeit des Publikums immer mehr zu fesseln.

Clapton Is God war plötzlich auf vielen Häuserwänden und in U-Bahnstationen zu lesen. Auch auf Konzerten von John Mayall's Bluesbreakers vernahm man plötzlich den Ruf „Clapton is God" und „Give God a solo". Wie sich das auf den erst einundzwanzigjährigen Clapton auswirkte, kann man sich unschwer vorstellen. Die verschiedenen Phasen, die er in der Folgezeit durchlebte, reichten von Arroganz bis zu Haß gegenüber dem leichtfertigen Publikum und waren allesamt vom Clapton-is-God-Syndrom geprägt.

Die Frage, wie es überhaupt dazu kam, daß ihn die Fans derart glorifizierend titulierten, kann leider nicht definitiv beantwortet werden. Die lustigste Antwort war einmal in einem im „Guitar Player" abgedruckten Leserbrief zu finden, in dem der Briefschreiber angab, er wäre es gewesen, der den Spruch *Clapton Is God* zum erstenmal an eine Häuserwand geschrieben hätte; er hätte jedoch aus Hast ein „o" beim letzten Wort vergessen.

Im Februar 1966 fragte der englische Produzent Mike Vernon bei John Mayall und Eric Clapton an, ob sie Lust hätten, für sein Independant Label Purdah eine Single aufzunehmen. So entstanden in den Wessex Studios in Soho die beiden mit einem Mikro aufgenommenen Titel *Lonely Years* und *Bernard Jenkins*, letzterer die erste Clapton-Komposition auf Vinyl. Obwohl oder gerade weil Mike Vernon diese beiden Titel nur mit einem einzigen Mikro aufgenommen hatte, war John Mayall begeistert und gewann Vernon für die Produktion seiner nächsten LP.

Diese LP, *John Mayall's Bluesbreakers with Eric Clapton*, wurde zu einem Meilenstein der Bluesgeschichte. Inwieweit der Titel durch Claptons Bedürfnis oder durch John Mayalls Verkaufsüberlegungen bestimmt wurde, bleibt unklar; Tatsache ist jedoch, daß John Mayall später nie wieder seinen Namen mit dem Namen eines Gitarristen auf dem Cover geteilt hat. „Das Album wurde an einem Wochenende aufgenommen. Wir machten einfach unseren Club-Gig im Studio", sagte Clapton später über die Arbeit an diesem Album. „Ich glaube nicht, daß wir mehr als einen Take von jedem Stück gemacht haben."

Diese Arbeitsweise garantierte die für ein Bluesalbum unverzichtbare Spontaneität, und dank der den Hörer verzaubernden Brillanz von Claptons Gitarrenspiel entstand eines der einflußreichsten und gelungensten Bluesalben aller Zeiten. Selbst Clapton sagte ein paar Jahre später zu Mike Bloomfield, daß er wahrscheinlich nie wieder die Klasse des Gitarrensolos auf dem langsamen Blues *Have You Heard* erreichen würde. Doch die Platte war voll solcher Einmaligkeiten; da gab es zwei rasante Gitarreninstrumentals (*Hideaway, Steppin' Out*), Claptons Gesangsdebüt auf der beeindruckenden Interpretation des Robert-Johnson-Klassikers *Ramblin' On My Mind* und vieles mehr. Neben der Vituosität, mit der Clapton seine Gefühlsausbrüche über das Griffbrett ausdrückte, war es besonders der unnachahmliche Gitarrensound, der eine Unmenge Gitarristen beeindruckte und in ihrem eigenen Sound beeinflußte.

Clapton hatte mit einem vollaufgedrehten 50-Watt-Marshall-Verstärker und seiner in der Bluesbreakers-Zeit zum Markenzeichen gewordenen Gibson Les Paul den ersten definitiven Rock-Gitarrensound kreiert. Obwohl dieses Album den Marshall-Verstärker-Sound überaus populär machte, weiß die Firma Marshall heute selber nicht mehr, welchen exakten Verstärkertyp Clapton auf dieser Session benutzte, da er seinen 50-Watt-2x12-Marshall-Combo-Verstärker in Jim Marshalls Musikgeschäft in Ealing erstanden hatte, in dem auch Prototypen verkauft werden.

Im März 1966 entstanden neben den Aufnahmen für die Bluesbreakers-LP (die wegen des abgebildeten Comics auch *Beano*-Album genannt wird) auch Aufnahmen einer Studioband namens Eric Clapton & The Powerhouse, der folgende Musiker angehörten: Steve Winwood (Vocals), Jack Bruce (Baß), Peter York (Drums), Ben Palmer (Piano) und Paul Jones (Harfe). Drei Titel dieser Session, *I Want To Know, Crossroads* und *Steppin' Out*, erschienen im Juni 1966, also zwei Monate vor dem Bluesbreakers-Album, auf dem V.A. Elektra-Sampler *What's*

Shakin'. In Amerika hörte Mike Bloomfield, der zusammen mit der Butterfield Blues Band auf diesem Album auch vertreten war, dadurch zum ersten Mal etwas von seinem englischen Seelenverwandten Eric Clapton. Den wiederum zog es inzwischen nach Amerika, der Heimat des Blues. Eric Clapton: „Nichts an meiner Musik ist typisch englisch, die Wurzeln meiner Musik liegen in Chicago. Ich verkörpere ohnehin nur das, was in Chicago vorgeht, und da man hier auch Schwierigkeiten hat, amerikanische Platten zu bekommen, ist es eh' der beste Weg, nach Amerika zu gehen."

Claptons Tage bei den Bluesbreakers waren mittlerweile gezählt. Eines Abends saß der Schlagzeuger der Band von Graham Bond, Ginger Baker, während eines Gigs der Bluesbreakers im Publikum. Nach dem Auftritt ging Ginger Baker zu Clapton hinter die Bühne und fragte ihn, ob er Lust hätte, mit ihm eine eigene Band zu gründen. Da Clapton John Mayalls theatralisches Bühnengebaren mittlerweile nicht mehr ertragen konnte und selber schon über die Gründung einer eigenen Band nachgedacht hatte, sagte er zu und schlug seinen zeitweiligen Bluesbreakers-Partner Jack Bruce als Bassisten vor. Clapton wußte nicht, daß Jack Bruce die Graham-Bond-Organisation wegen Handgreiflichkeiten mit Ginger Baker verlassen hatte.

Da jedoch alle drei in ihren jeweiligen Gruppen nicht sonderlich zufrieden waren, traf man sich nach einer gemeinsamen Besprechung im Haus von Baker, um dort zum erstenmal zusammen zu spielen. Wenngleich man nicht genau wußte, welche Art von Musik man machen wollte – schließlich waren Ginger Baker und Jack Bruce mehr jazzorientierte Musiker, während Clapton der Bluespurist war –, war den beteiligten Musikern nach dieser Jam Session klar, daß sie fortan zusammenbleiben wollten. Mit „Cream" hatte Clapton auch schon einen Selbstsicherheit verratenden Namen parat, und nur wenige Tage später hatte die Band in dem geschäftstüchtigen Robert Stigwood einen Manager gefunden. Als dementiert wurde, Mitglieder von den Bluesbreakers und Graham Bond hätten eine eigene Band gegründet, setzte er dem mutig entgegen: „Sie werden Cream genannt und durch meine Agentur und mein Management vertreten. Sie werden für mein Reaction Label aufnehmen und in der nächsten

Woche Titel für ihre erste Single einspielen. Sie werden ihren Debüt-Gig beim National Jazz and Blues Festival in Windsor im Juli geben, wenn ihre Single erscheint."

Dieser Debütauftritt wurde ein großer Erfolg, dem allerdings erst im Oktober 1966 die erste, recht unspektakuläre Single *Wrapping Paper/Cat's Squirrel* folgte. Dieser Single, die laut Jack Bruce verhindern sollte, daß Cream musikalisch in eine Schublade gesteckt werde, folgte im Dezember 1966 die Single *I Feel Free/N.S.U.*, deren Erfolg (Platz 11 der englischen Charts) wahrscheinlich damit zusammenhing, daß sie dem, was Cream seinerzeit musikalisch in den unzähligen Auftritten machte, schon näherkam als ihre Vorgängerin.

Im gleichen Monat erschien auch die erste Cream-LP, *Fresh Cream*, die zum ersten Meilenstein dessen wird, was etwas später die Bezeichnung Bluesrock erhält. Wie revolutionär Claptons aggressives, von einem kraftvollen Vibrato gefärbtes Gitarrenspiel war, das wie die „Sahne" auf dem grummelnden Baß und dem polternden Schlagzeug saß, zeigt allein schon die Tatsache, daß es kaum Rockgitarristen gibt, die nicht ins Schwärmen geraten, wenn man sie nach diesem Album fragt. Besonders der machtvolle, sustainreiche Klang, den Clapton mit seinem 100-Watt-Marshall-Verstärker und seiner Gibson Les Paul erzielt hatte und der auf den Titeln *Spoonful, Sweet Wine* und *I'm So Glad* seine volle Wirkung entfalten konnte, veranlaßte viele Gitarristen dazu, mit neuen Gitarrensounds zu experimentieren.

Doch Clapton selbst war mit dem Endprodukt nicht vollständig zufrieden, was man, zumindest was die schlampige, schwachbrüstige (Stereo-)Produktion von Robert Stigwood anging, leicht nachvollziehen kann. So wurde die nächst LP, *Disraeli Gears* (ein Wortspiel, das von Clapton stammte), mit Hilfe des Toningenieurs Tom Dowd produziert, der später zu Claptons Lieblingsproduzenten avancierte. 1967 sagte Eric Clapton über Dowd: „Für mich ist er einer der besten Toningenieure in Amerika". Und 1985 hieß es: „Tom Dowd ist immer der Nummer-eins-Mann für mich."

Als Produzent der fünftägigen (!) Aufnahmesession für das zweite Album *Disraeli Gears* fungierte Felix Panalardi, der diese

Funktion auch bei den weiteren Alben ausüben sollte. Dieses Album, das Clapton als Mischung aus dem, was die Band auf der Bühne und im Studio machte, charakterisierte, spiegelte viel von dem in psychedelischer Aufbruchstimmung befindlichen Amerika wieder.

Das ist kein Wunder, denn Cream spielte dieses Album im Anschluß an ein zehntägiges Engagement im New Yorker RKO Theater (mit fünf Auftritten pro Tag!) im April 1967 in den New Yorker Atlantic Studios ein.

Das Album enthält eine Unmenge von revolutionären Neuheiten. Zum einen hatte Clapton die Möglichkeiten der 8-Spur-Bandmaschinen des Atlantic Studios mit Gitarren-Overdubs äußerst effektvoll genutzt, und zum anderen besaß fast jeder Titel einen anderen Gitarrensound. Das lag daran, daß Clapton seine von einem holländischen Künstlerteam namens The Fool bemalte 61 Gibson SG, die seine ihm gestohlene Les Paul ersetzt hatte, auch im Studio in seine mittlerweile zu Türmen angewachsenen Marshall-Verstärker einstöpselte. Tom Dowd beschrieb kurz und knapp, was das hieß: „Die Marshalls hörten sich meistens wie voll aufgedreht an. Sie nahmen mit einer ohrenbetäubenden Lautstärke auf."

Wirkte auf *Fresh Cream* vor allem die Länge der Gitarrensoli bahnbrechend, so waren auf *Disraeli Gears* insbesondere die unterschiedlichen Gitarrensounds revolutionär, die mal mit Wah-Wah-Pedal (*Tales Of Brave Ulysses, World Of Pain*), meistens aber mit extremen Verstärkereinstellungen erzielt wurden. Die große Gemeinsamkeit, die diese exorbitanten Gitarrensounds verband, lag darin, daß sie allesamt vokale Qualitäten hatten und dadurch maximal exotisch, aber nie künstlich und steril wirkten. Clapton war nicht nur in der Lage, diese meist seltsam wabbernden Gitarrensounds zum optimalen Gelingen der Songs einzusetzen, sondern ließ sich durch diese Sounds auch in seinem Gitarrenspiel inspirieren.

Es gab zwei Gründe dafür, daß Clapton auf *Disraeli Gears* überhaupt so ausgiebig wie nie wieder mit verschiedenen Gitarrensounds experimentierte: Zum einen hatte er das New Yorker Gitarrengeschäft Manny's entdeckt, zum anderen traf er dort Jimi Hendrix wieder, mit dem er schon mal im Oktober 1966 in

England gejamt hatte, der ihn zu vielen Experimenten animierte und mit ihm auch etliche Effektgeräte austauschte.

Hendrix' Einfluß wirkte sich auch auf das äußere Erscheinungsbild von Clapton aus: Lockenmähne, mit psychedelischen Mustern bedruckte Kleidungsstücke sowie eine Vielzahl von Ringen und Ketten unterstützten auch äußerlich den Gitarrengott-Status, dessen negative Seiten Clapton jedoch immer mehr zu schaffen machten.

Kurz nachdem die LP *Disraeli Gears* im November 1967 erschienen war, erklomm sie den Rang 4 der amerikanischen Charts. Dieser Erfolg lag nicht nur an den fabulösen Sounds, sondern auch an der durchgehend hervorragenden Qualität der Kompositionen, wobei die Cream-Komposition *Sunshine Of Your Love* und der Clapton-Titel *Tales Of Brave Ulysses* noch über dieses hohe Maß hinausragen.

Noch ehe die LP erschien, begann die dichte Folge der Livetermine, die Cream aufgrund des fleißigen Managements der Robert Stigwood Organisation mittlerweile zu erfüllen hatte. So spielte man am 13. August 1967 erneut beim National Jazz und Blues Festival in Windsor und trat einige Tage später eine ausgedehnte Amerika-Tournee an.

Diese Tournee begann an der Westküste Amerikas. Und dort begann auch das, womit sich Cream unsterblich in die Annalen der Rockgeschichte eingeschrieben hat: Improvisationen, wie sie in diesem Umfang im Rock revolutionär waren. Wie es dazu kam, erzählt Jack Bruce: „Wir hatten, bevor wir nach San Francisco aufbrachen, nur drei-, vier- oder fünfminütige Versionen unserer Songs gespielt. Wir waren sehr, sehr nervös, als wir dort spielten, weil das für uns wirklich eine große Sache war, und außerdem war es das erste Mal, daß wir vor vollem Haus spielten. Aber all diese Menschen waren tatsächlich gekommen, um uns zu sehen, und es war zum ersten Mal, daß wir unser eigenes Publikum in dieser Größenordnung hatten. Und sie schrien Sachen wie ‚Spielt einfach irgendwas…nur spielt…wir lieben euch!' und ähnliches. Die ganze Geschichte endete damit, daß wir diese unglaublich langen Improvisations-Sachen spielten. Ich nehme an, daß wir dafür bekannt wurden, und so fing das an, und es war die beste Zeit für die Gruppe."

Nach der Tournee, die vom 28. Februar bis zum 15. Juni 1968 dauerte, ging die Band wieder in die großen Atlantic Studios, um dort die Studio-LP für das Doppelalbum *Wheels Of Fire* aufzunehmen. Die zweite Platte des Doppelalbums war ein Live-Mitschnitt der Amerika-Tournee, und als *Wheels of Fire* im August 1968 erschien, stand fest, welche musikalische Bandbreite Cream überzeugend abdecken konnte. Auf kraftstrotzenden Rocknummern (*White Room, Deserted Cities Of The Heart*), düsteren Bluesrock-Cover-Versionen (*Sitting On Top Of The World, Born Under A Bad Sign*) und progressiven psychedelischen Kabinettstückchen (*As You Said, Passing Your Time*) hatte jedes Cream-Mitglied – wenngleich auch Jack Bruce nach Meinung Claptons die bestimmende Kraft im Studio war – seine musikalischen Vorlieben so einfließen lassen, daß eine der vielseitigsten LPs eines Trios entstanden war. Dennoch waren nicht nur die Instrumente der Cream-Mitglieder auf diesem Album zu vernehmen, sondern auch Cello-, Geigen- und Trompetenklänge, für die Felix Papallardi zuständig war.

Der wahrscheinlich aufregendste und untypischste Gitarrensound Claptons ist auf dem Titel *Deserted Cities Of The Heart* zu vernehmen. Clapton spielt und klingt auf diesem Titel so nach Cipollina, daß man allein daran merkt, wie stark Clapton in dieser Zeit von der Musik San Franciscos geprägt war. Ob die Live-LP von *Wheels Of Fire* tatsächlich wie angegeben vollständig im Fillmore West aufgezeichnet wurde, muß angesichts Tom Dowds Aussage, daß sowohl im Fillmore als auch im Winterland für diese Liveplatte aufgezeichnet wurde, bezweifelt werden. Auf jeden Fall war diese Live-LP maßgeblich dafür verantwortlich, daß sich die Doppel-LP an die Spitze der amerikanischen Charts setzte. Denn ein großer Teil des Rockpublikums kannte die umjubelten phonstarken Improvisations-Qualitäten von Cream nur vom Hörensagen. So kam das Doppelalbum mit seiner Live-LP genau zur richtigen Zeit. Anders läßt es sich auch nicht erklären, daß der so wenig repräsentative Querschnitt aus dem Live-Programm von Cream so viel Anklang fand.

Ginger Bakers über zehnminütiges Schlagzeugsolo in *Toad* war zwar seinerzeit bahnbrechend und führte dazu, daß bis heute fast jede Gruppe ein obligates Schlagzeugsolo bei Live-Auftritten präsentiert, doch die volle Wirkung konnte dieses überlange Drumsolo zweifelsohne nur innerhalb eines kompletten Konzerts erreichen, wo es auch visuell wirkte. Auch die gar nicht so virtuosen und ziemlich langweiligen Mundharmonika-Exkursionen von Jack Bruce in *Traintime* waren nicht dazu angetan, den Spannungsbogen der zweiten Seite der LP zu erhalten. Den unverfälschtesten Eindruck von dem, was hauptsächlich die Faszination von Cream auf der Bühne ausmachte, nämlich kraftstrotzende kollektive Improvisationen, gab wahrscheinlich noch das sechzehnminütige *Spoonful* wieder, während das eigentlich fantastische, von Clapton gesungene *Crossroads* um rund die Hälfte geschnitten war und dadurch einen Teil seiner Dramaturgie verloren hatte.

Bereits etwa drei Monate vor dem Erscheinen von *Wheels Of Fire* war eine interessante Single von Cream herausgekommen, *Anyone For Tennis*. Dieser untypische, nette, von Clapton gesungene Titel war die Filmmelodie zu „The Savage Seven", auf dessen Soundtrackalbum mit *Desert Ride* noch ein weiterer angeblicher Cream-Song zu finden ist. Dieses unoriginelle Instrumental entbehrte jedoch jeglicher noch so entfernter Cream-Attribute, weshalb man davon ausgehen kann, daß es auf dem Soundtrackalbum nur als Creamsong ausgegeben wurde, um den Anreiz zum Kauf des Albums zu erhöhen. Sowenig der Titel nach Cream klang, so stark klang er nach der auf diesem Album vertretenen Formation Barbara Kelly & The Morning Good. Der Titel *Anyone For Tennis* wartete jedoch mit einem äußerst interessanten Detail auf , das darin bestand, daß man zum ersten Mal Slideklänge von Eric Clapton vernahm.

Doch wie sah es Mitte des Jahres 1968 eigentlich mit Cream aus? Kurz gesagt: Nicht gut, denn schon im April hatte die Band für zehn Tage ihre Amerikatournee unterbrochen, da sich Ginger Baker und Jack Bruce auch auf der Bühne immer schlimmer in die Haare gerieten. So verließ Jack Bruce etwa einmal mitten während eines Wembley-Konzerts die Bühne. Eric Clapton sagte dazu: „Es gab bei Cream einen fortwährenden Kampf zwischen Ginger und Jack: Sie liebten zwar das Spiel des anderen, aber sie konnten die Ansichten des anderen nicht aushalten. Ich war der ständige Vermittler, und diese Rolle ermüdete mich mit der

Zeit." Das traurige Fazit dieser internen Spannungen wurde am 15. Juni kurz nach der Beendigung der Amerika-Tournee von Cream bekanntgegeben: Cream wird sich nach einer Abschiedstournee durch Amerika und England trennen.

Clapton stand voll und ganz hinter dieser Entscheidung, da er nicht nur des Streits müde war, sondern auch eine andere Art Musik machen wollte: „Ich hörte die Bänder von *Music From Big Pink* der Gruppe The Band und dachte: ‚Gut ... das ist das, was ich spielen will: Keine ausgedehnten Improvisationen und Maestro Bullshit, sondern allein gute funky Songs.‘ Dann bezeichnete mich der ‚Rolling Stone‘ als ‚Meister des Cliché‘, was mich richtig hart getroffen hat. An diesem Punkt beschloß ich, Cream zu verlassen."

Clapton, der sich nach eigenen Aussagen schon „am liebsten eingesperrt hätte", weil er mal in einer Aufzählung von Gitarristen, die nur mit drei Fingern der Griffhand Gitarre spielen, auftauchte, muß dieser Artikel John Landaus im „Rolling Stone" zweifelsohne sehr getroffen haben. Die besondere Ironie dieser Geschichte lag darin, daß Cream mit den ausgedehnten Improvisationen ja erst als „Resultat auf die Zeit in San Francisco begonnen hatte" (Jack Bruce). Und nun war es ausgerechnet ein Musikjournalist des „Rolling Stone", der Clapton das ankreidete, was ganz zwangsläufig das Resultat von langen Improvisationen darstellen mußte, nämlich „die Gefahr, daß man sich wiederholt" (Eric Clapton).

Zudem hielt Clapton die Jimi Hendrix Experience für die bessere Trioformation und plante deshalb, zusammen mit seinem Freund Steve Winwood, den er seit den Tagen mit der Spencer Davis Group kannte und bewunderte, eine völlig andersartige Band als Cream zu gründen. Vorher jedoch absolvierte Cream die Farewell-Tournee, deren letztes Konzert in der Royal Albert Hall – innerhalb von zwei Stunden restlos ausverkauft – zu einem wirr geschnittenen, ganz und gar schrecklichen Konzertfilm verarbeitet wurde. Dennoch gab der chaotische, entsetzlich gemischte Soundtrack etwas von der Gewalt der Phonstärken von Cream wieder, die Clapton dazu veranlaßt hatte, seit der ersten Amerika-Tournee besonders geformte Ohrstöpsel zu tragen, um nicht taub zu werden.

„Der Abschied von Cream war ein trauriger Tag in der Geschichte des Rock'n'Roll", sagte Jimi Hendrix am 26. November 1968, dem Tag des letzten Cream-Konzerts, im Fernsehen.

Wie recht er doch hatte. Cream hatte im Studio und insbesondere live auf der Bühne bestehende Rock-Klischees gesprengt, hatte den Boden sowohl für unzählige Hardrock-Bands geebnet wie für einen neuen Typ Rockgruppe, der von der instrumentalen Virtuosität der einzelnen Mitglieder geprägt wird. Zudem machte Cream zusammen mit anderen Gruppen zum ersten Mal klar, daß man LPs nicht mit potentiellem Hitsingles-Material füllen mußte, um Erfolg zu haben. ,

Für die treuen Fans, die Cream allein auf der letzten Amerika-Tournee einen Reingewinn von 650 000 Dollar beschert hatten, plante die Band noch ein Abschiedsgeschenk in Form einer Live-LP. Doch da die Plattenfirma Atlantic behauptete, das vorhandene Live-Material reiche nicht für die Fertigstellung einer LP, ging man im Dezember 1968 noch ein letztes Mal gemeinsam ins Studio, um in fünf Tagen die Titel *Doing That Scrapyard Thing, What A Bringdown* (mit Wah-Wah-Slide-Gitarre!) und das fabulöse *Badge* (mit George Harrison an der Rhythmus-Gitarre) einzuspielen. Atlantics seltsame Behauptung, man hätte nicht genug Live-Aufnahmen – schließlich hatten Cream nach Tom Downs Angaben zwei und nach Bruces Angaben zehn Tage lang die Konzerte im Fillmore und Winterland mitgeschnitten –, war so quasi der Auslöser für die, laut Clapton, „besten Studioaufnahmen von Cream". Doch vor allem die Live-Aufnahmen hatten es in sich: Die Leidenschaft und Intensität von Claptons Spiel auf *Sittin' on Top Of The World*, die geballte Energie, die die gewaltige Rock'n'Roll-Maschine Cream in *I'm So Glad* ausstieß, all dies war einzigartig und muß den Cream-Fans nun, da das alles der Vergangenheit angehörte, noch nachträglich die Tränen in die Augen getrieben haben.

Wenigstens erschienen 1970 und 1972 noch die Alben *Live Cream* und *Live Cream Volume II*, über die man eigentlich nur zu sagen braucht, daß sie in jede gutsortierte Plattensammlung gehören.

Leider stellen diese fantastischen, exorbitanten Live-Alben bis heute die einzigen reinen Live-Alben von Cream dar. Das ist um so bedauernswerter, wenn man bedenkt, daß damit alle veröffentlichten Live-Aufnahmen aus dem letzten Jahr des Bestehens von Cream stammen und deshalb keine Möglichkeit bieten, die einzelnen Phasen, die Cream durchlaufen hat, zu vergleichen.

Doch zurück zu Eric Clapton, der zusammen mit seinem Freund Steve Winwood, seinem Cream-Gefährten Ginger Baker und dem Bassisten Ric Grech eine neue Gruppe gründete, deren Name drei Monate nach der Gründung im Mai 1969 exklusiv im „Melody Maker" enthüllt wurde: Blind Faith. Steve Winwood erklärte: „Eric nannte die Band ‚Blindes Vertrauen', weil wir genau dieses Gefühl für unser Projekt hegten." Im gleichen Monat beendete Blind Faith auch die Aufnahmen für ihre erste (und einzige) LP und gab am 7. Juni ihr Live-Debüt vor rund 150000 Menschen im Hydepark. Dieser fünfundsechzigminütige Auftritt wurde auch gefilmt, doch die Aufnahmen wurden nie veröffentlicht, was angesichts der Nervosität und Lustlosigkeit, mit der die Band dieses Free Concert bestritt, nicht sehr zu bedauern ist. Danach folgten eine kleine Skandinavien-Tournee und eine große Amerika-Tournee, die mit einem Auftritt beim Newport Folk Festival am 2. Juni begann.

Die nun folgende Tournee und ihre Dimensionen – der zweite Auftritt fand im Madison Square Garden statt – sowie die Tatsache, daß ihr Album vor dem Erscheinen rund eine halbe Million Mal vorbestellt war, machten dem meist lustlos spielenden Clapton klar, daß aus seiner nach musikalischen Gesichtspunkten zusammengestellten Band eine Supergroup geworden war. Doch Clapton hatte mittlerweile einfach genug davon, im Scheinwerferlicht zu stehen. Fast schien es, daß er auf der Blind Faith-Tournee absichtlich unter seinem Niveau spielte, um seinen „Clapton Is God"-Status zu erschüttern. Doch vielen Konzertbesuchern kam es anscheinend gar nicht mehr so auf die Musik an. Eric Clapton schildert die Konzertstimmung wie folgt: „Überall wo wir spielten, gab es Gewalt. Als ich mit Cream unterwegs war, war das noch bei weitem nicht so ausgeprägt. Nun kamen die Jugendlichen zu dem Konzert nur noch mit einem Gedanken: Schlägereien und sich mit den Polizisten anlegen."

Im August 1969 kam dann das gleichnamige Debütwerk von Blind Faith heraus und zeigte – im Gegensatz zur Tournee, die der

„Melody Maker" in die Worte „Stevie Winwood plus Backing Band" kleidete –, was für eine homogene künstlerische Clique Blind Faith ursprünglich gewesen war. Clapton selber mochte von diesem progressiven Album besonders die Titel *Sea Of Joy* und *Do What You Like*. Der letzte Song konnte seine Ähnlichkeit mit *What A Bringdown* (von *Good Bye Cream*) nicht verleugnen. Das Album enthielt mit *Can't Find My Way Home* außerdem einen Titel, der in den 70er Jahren zu Claptons Live-Repertoire gehörte und seinen musikalischen und privaten Werdegang in dem nun folgenden Jahrzehnt sehr treffend charakterisierte.

Der Titel *Presence Of The Lord* dokumentierte dagegen, daß Clapton während der Blind-Faith-Tournee zum Christentum bekehrt worden war. Eric Clapton sagte in einem Interview mit dem „Rolling Stone" aus dem Jahre 1975: „Zwei Typen kamen in meinen Ankleideraum. Sie waren nur zwei Christen und fragten: ‚Können wir mit dir beten?' Ich meinte: ‚Was soll man dazu sagen?' Und so knieten wir nieder und beteten, und es war wirklich wie das erleuchtende Licht, und ich sagte: ‚Was ist passiert? Ich fühle mich viel besser!' Und dann sagte ich zu ihnen: ‚Ich will euch dieses Poster zeigen, das ich von Jimi Hendrix bekommen habe.' Ich rollte es auseinander, und es zeigte ein Bild von Christus, das ich vorher noch nie in meinem Leben gesehen hatte. Es verschlug uns drei den Atem. Von da an wurde ich ein frommer Christ."

Sein neu gefundener Glaube sollte für lange Zeit in seinem Leben den einzigen Haltepunkt darstellen, denn die (nie offiziell ausgesprochene) Trennung von Blind Faith bildete nur den Anfang einer langen beschwerlichen Suche nach dem musikalischen und privaten Glück.

Schon als Steve Winwood unbedingt Ginger Baker für Blind Faith haben wollte, hatte Clapton geahnt, daß man ihre Band, in der zwei ehemaligen Cream-Mitglieder spielten, für einen „Sohn von Cream" halten würde und daß Blind Faith deshalb musikalisch nie das erreichen würde, was er sich von der neuen Gruppe erhofft hatte. So war er bereits während der Blind-Faith-Tournee auf der Suche nach einer Band, in der er untertauchen konnte und nur als Musiker zählte. Diese Band fand er in Delaney and Bonnie, die als Vorgruppe von Blind Faith auftraten und mit denen er als einer ihrer Freunde, als Delaney & Bonnie and Friends, von Ende 1969 bis Anfang 1970 ausgiebig tourte. Zum Entsetzen seiner Fans stand Clapton bei dieser Tournee nicht als Gitarrenvirtuose im Vordergrund, wie das am 7. Dezember in Croydon aufgenommene Live-Album *On Tour* schlagend beweist.

Auch Claptons mit der fast kompletten Delaney-und-Bonnie-Bramlett-Clique eingespieltes erstes Solo-Album – schlicht *Eric Clapton* betitelt – war deutlich von seiner Abneigung geprägt, als Gitarrengott verehrt anstatt als Musiker fair beurteilt zu werden. So gab er kurz vor der Veröffentlichung der LP der Album-Mischung den Vorzug, auf der ohnehin die bereits dezimierte Anzahl der Soli noch geringer war.

Die durch die Vielzahl der mitwirkenden Musiker im Sound überlastete LP enthält mit den – wie die meisten Titel – vom Gespann Bramlett/Clapton komponierten Titeln *Bottle Of Red Wine* und *Let It Rain* sowie der Leon-Russell-Komposition *Blues Power*, zu der Clapton den ausdrucksstarken Text schrieb, erstklassige Songs. Auch die Coverversion des J. J. Cale-Titels *After Midnight* zählt zu den herausragenden Songs. Auf diesem Titel gilt es darüber hinaus ein kurzes Solo, das Claptons Stärke zeigt, mit wenig Noten und dafür um so mehr Feeling ein kleines minikompositorisches Meisterwerk zu schaffen. Diese „Kunst"-Fertigkeit hatte man zwar schon früher, in *Outside Woman Blues* (auf *Disraeli Gears*) oder ganz besonders in *Badge* (auf *Good-Bye Cream*), bewundern können, doch erst auf den folgenden Solo-Alben sollte dieses Talent, kurze und prägnante Soli zu spielen, die „es auf den Punkt bringen", zum prägenden Element werden. Das Erstaunlichste an dieser LP war aber ganz sicher Claptons neuer höhenbetonter, aggressiver Gitarrensound, der damit zusammenhing, daß er seine Liebe zur Fender Stratocaster entdeckt hatte.

Doch es gab mittlerweile noch eine andere Liebe in seinem Leben: Er hatte sich in Pattie Harrison verliebt. Seit er ihr im November 1968 zum ersten Mal begegnet war, hatte seine Zuneigung zu der Frau seines (auch heute noch) besten Freundes George Harrison immer mehr zugenommen. Diese unerwiderte Liebe verleitete ihn zu einer zweimonatigen Affäre mit Patties achtzehnjähriger Schwester und löste eines der grandiosesten Alben der Rockgeschichte aus, das Doppelalbum *Layla And Other Assorted Songs*. Dieses Album war das einzige Studioalbum der Band Derek and the Dominos, die Clapton mit den ehemaligen Delaney & Bonnie and Friends-Mitgliedern Carl Radle (Baß), Jim Gordon (Drums) und Bobby Whitlock (Keyboards) im Mai 1970 gegründet hatte. Die Wahl des Bandnamens entsprach wieder einmal Claptons Bestreben, nur durch seine Qualität als Musiker und nicht durch seine Vorschußlorbeeren ernstgenommen zu werden.

Nach einer erfolgreichen ersten Tournee durch England im August 1970 flogen Derek and the Dominos zurück nach Miami, um dort das besagte Studioalbum aufzunehmen, das zu einer emotionalen Katharsis geriet.

Clapton ließ nicht nur seine Gitarre seinen Liebesschmerz zum Ausdruck bringen, sondern setzte darüberhinaus seinen Gesang als emotionales Ventil ein. Zudem war während der Sessions der Slidegitarrist Duane Allman zu ihnen gestoßen, der Clapton zu seiner vielleicht schönsten Gitarrenarbeit inspirierte, wie umgekehrt auch Clapton ihn. Wenn man die mit einem unvorstellbar intensiven emotionalen Spiel aufgeladenen langsamen Bluestitel *Key To The Highway* und *Have You Ever Loved A Woman*? sowie die fantastischen Clapton/Whitlock-Kompositionen *Anyday, Tell The Truth* und *Why Does Love Got To Be So Sad* hört, versteht man, warum der Produzent Tom Dowd nach Beendigung der Arbeiten an dem Album sagte: „Das ist das beste gottverdammte Album, das ich in zehn Jahren aufgenommen habe."

Und dann gab es da auch noch das zuerst „unscheinbare Liedchen" (Clapton) *Layla*, das während der Aufnahmesession „plötzlich von der zarten, lieblichen Ballade zum treibenden Rock'n'Roll wurde" (Tom Dowd). Dave Marsh bezeichnete Claptons Lieblingssong *Layla* als Claptons eigenen perfekten Blues ohne Rückgriff auf die traditionelle Bluesform. Der von Jim Gordon komponierte Klavierteil, der die Ruhe nach dem Sturm von Leidenschaft, Begierde und Schmerz widerspiegelte, wurde erst sieben Wochen später aufgenommen. Dave Marsh hatte recht, wenn er in diesem Song, „der sieben Minuten Agonie zum

Vorschein brachte", den kraftvollsten und schönsten Song der 70er Jahre sah.

Schmerz kam auch in der symphonischen Version von *Little Wing* zum Ausdruck, aber hier galt er dem Verlust des Freundes und genialen Musikers Jimi Hendrix.

Mit Hendrix verband Clapton mittlerweile auch das Heroin. Nach der ersehnten Affäre mit Pattie Harrison, die schon bald damit endete, daß sie zu ihrem Mann zurückkehrte, wurde er immer stärker heroinabhängig. Die Qualen einer unglücklichen Liebe hatten es begünstigt, daß das Gift mehr und mehr Besitz von ihm ergreifen konnte.

Pete Townshend zufolge begann er schon damals, über seine Freundin Alice Ormsby Gore seine Gitarren zu verkaufen, um sich die von Woche zu Woche erhöhenden Heroindosen leisten zu können, die ebenfalls seine Freundin besorgte. Claptons Abneigung gegen Injektionsnadeln dämmte einige Zeit die Gefahr einer tödlichen Überdosis ein, denn sie bewirkte, daß er das Heroin inhalierte. Das führte natürlich dazu, daß er größere Mengen von höherer Qualität brauchte und sich finanziell immer mehr ruinierte.

Sniffin' things that ain't no good for me – The sun is got to shine on my guitar someday, singt er selber sehr treffend auf dem Titel *Got To Get Better In A Little While.* Dieser Song füllte zusammen mit acht weiteren Live-Aufnahmen, die im Oktober 1970 im Fillmore East mitgeschnitten worden waren, die im März 1973 erschienene LP *Derek And The Dominos In Concert.* Obwohl die Aufnahmen schrecklich abgemischt worden sind (Keyboard, ein Kanal/Gitarre, anderer Kanal), präsentieren sie den Mann, der von sich mit Recht behaupten kann, daß er mit seinem Instrument verwachsen ist. In sengenden Wah-Wah-Soli (*Got To Get Better In A Little While, Roll It Over, Presence Of The Lord*) sowie nicht zu übertreffenden minutenlangen Gitarrensoli, die einem mit ihrem emotionalen Feuer kalte Schauer der Verzückung den Rücken herunterlaufen lassen (*Let It Rain, Why Does Love Got To Be So Sad, Blues Power*), verschmilzt Clapton mit seiner Gitarre. Dieses Album ist geradezu ein Festschmaus für diejenigen, denen die ausgedehnten Gitarrenexkursionen von Clapton bei Cream zuwenig Gefühl transportierten, denen aber auch der nicht so hoch energetische Clapton der 70er Jahre nicht viel sagen konnte.

Clapton bietet auf diesem Live-Album all das, was man sich in dieser Kombination noch nicht einmal in den kühnsten Träumen von einem Gitarristen zu wünschen wagt: eine schier berstende Emotionalität, Schnelligkeit voller Raffinesse, fantasievolle Läufe, rhythmisches Flair, sich ideal ergänzendes Zusammenspiel zwischen Gesang und Gitarrenspiel und, und, und...

Und dann gibt es auf diesem Album noch den Titel *Have You Ever Loved A Woman*, dessen Intensität mit Worten kaum zu fassen ist. „Wenn deine Hände genau das interpretieren können, was in deinem Herzen und deinem Hirn vorgeht, dann entstehen diese magischen Minuten. Dann schaut man sich selbst auf die Finger und ist erstaunt, was da eigentlich passiert." (Eric Clapton) „Diese magischen Minuten" addieren sich auf diesem Album zu gut einer Stunde!

Bereits acht Monate nach dem Auftritt im Fillmore East gab es Derek and the Dominos nicht mehr. Mitten in den Aufnahmen zu ihrer zweiten LP hatten sich die aufgestauten Frustrationen der Bandmitglieder entladen. „Das Geld stieg ihnen zu Kopf, und das machte alles kaputt. Es war die altbekannte Geschichte", meinte Eric Clapton dazu. Doch auch andere Dinge spielten eine nicht zu vernachlässigende Rolle: Clapton war kaum noch zu einem klaren Gedanken fähig. Bei ihm drehte sich alles um Heroin.

In den rund zwei Jahren zwischen dem letzten Gig von Derek and the Dominos (6. Dezember 1970) und dem von Pete Townshend organisierten „Comeback"-Konzert im Rainbow Theatre (13. Januar 1973) betrat Clapton nur zweimal die Konzertbühne. Zum einen spielte er am 1. August 1971 zwei Sets in dem von George Harrison initiierten Benefizkonzert für Bangladesch, bei denen er, wie er sagte, nur versuchte, im Rhythmus zu bleiben, und zum anderen war er am 4. Dezember 1971 in einer Jam mit Leon Russell bei dessen Konzert im Rainbow Theatre zu hören.

Die restliche Zeit verbrachte Clapton abgekapselt von der Außenwelt in seinem Haus. Er bastelte an Auto- und Flugzeugmodellen, saß stundenlang vor dem Fernseher und bespielte Tonbänder mit seinem akustischen Gitarrenspiel. Aber was seinen Alltag vor allem prägte, war seine hochgradige Heroinsucht.

Um Claptons Namen im Gespräch zu halten, brachte seine Plattenfirma in der Zeit das fabulöse *Live Cream Volume II*-Album sowie den Doppel-LP-Sampler *History Of Eric Clapton* (mit zwei unveröffentlichten *Tell The Truth*-Versionen) heraus.

Am 13. Januar fanden dann zwei triumphale Rainbow-Konzerte statt, bei denen Clapton von Pete Townshend, Ron Wood und Jim Capaldi (Gitarren), Jim Karstein (Drums) sowie Rick Grech (Baß), Stevie Winwood (Keyboards) und Rebop (Percussion) unterstützt wurde. Ausschnitte aus den beiden umjubelten Sets wurden im September des gleichen Jahres auf der LP *Eric Clapton's Rainbow Concert* veröffentlicht, die allerdings durch die blamable Produktion des eigentlich patenten Gly Johns nur einen Bruchteil der Stimmung des grandiosen Abends vermittelte. Doch wenngleich Clapton von der Welle der Sympathie, die ihm das Publikum an diesem Tage entgegenbrachte, wie erschlagen war, so hieß das leider nicht, daß er deswegen seine Drogensucht überwunden hätte. Erst mit Hilfe von Dr. Meg Patterson und ihrer den Entzugsschmerz lindernden Elektro-Akupunktur kam Clapton vom Heroin los.

Im April 1974 verkündete Robert Stigwood seine Rückkehr als aktiver Musiker. Noch im gleichen Monat flog Clapton nach Miami, um dort zum ersten Mal seine neuen Bandmusiker zu treffen, die bis zum August 1978 auch seine Live-Band bildeten: Carl Radle (Baß), Jamie Oldaker (Drums), Dick Sims (Keyboards), George Terry (Gitarre) und Yvonne Elliman (Vocals). Sie blieb aufgrund ihrer angestrebten Solokarriere nur bis zum Juni 1977 bei der Band.

Zusammen nahm man im Mai 1974 rund dreißig Stücke auf, aus denen die im August veröffentlichte Comeback-LP *461 Ocean Boulevard* zusammengestellt wurde. Clapton hielt diese LP im nachhinein „nicht für so weltbewegend". Dennoch besaß sie mit ihren damals noch unbekannten Reggae-Rhythmen (*I Shot The Sheriff*) und treibenden Rocknummern (*Steady Rollin' Man, Motherless Children*) sowie den Laid-Back-gefärbten, melancholischen Titeln (*Please Be With Me, Let It Grow*) ein großes stilistisches Spektrum, das auch die nachfolgenden Soloalben auszeichnen sollte. Clapton war nicht länger der Rock- und Bluespurist, der er einmal gewesen war. Doch die wesentliche Änderung lag darin, daß Clapton seiner Gitarre eine untergeordnete Rolle zuwies; dies sollte zum bestimmenden Moment von Claptons Plattenwerken der siebziger Jahre werden.

Darüber hinaus erschien auf jeder Studio-LP der siebziger Jahre konsequent nur ein traditioneller Blues. Gehörte der fantastische Blues *I Can't Hold Out* mit seiner langaushaltenden Slidegitarre noch mit zu den herausragenden Songs der *461 Ocean Boulevard*-LP, so stand der Slide/Wah-Wah-Blues *Sky Is Crying* in seiner hohen Qualität auf der zweiten Solo-LP, *There's One In Every Crowd*, ziemlich allein auf weiter Flur. Aber vielleicht war die enttäuschende Qualität dieser LP nur die Folge einer von Robert Stigwood organisierten strapaziösen Mammut-Tournee durch Amerika.

Auf dieser Tournee entstanden auch die ersten vier Titel der Live-LP *E. C. Was Here*, für deren Veröffentlichung sich Clapton nur durch den wirklich atemberaubenden Blues *Have You Ever Loved A Woman* erwärmen konnte. Es stimmt schon nachdenklich, daß der nach wenigen Minuten ausgeblendete *Drifting Blues* erst über zehn Jahre später in voller Länge (11 Minuten!) – sozusagen als Anreiz zum Kauf – auf der CD-Veröffentlichung zu finden ist.

Wenngleich auf dieser LP nichts davon zu hören war – diese Tournee war zur ersten und leider nicht letzten Tournee geworden, auf der Clapton ein neues Problem namens Alkohol hatte. Doch es gab auch Erfreuliches; denn zwei langersehnte Träume wurden wahr. Er fand sein Glück mit „Pattie" und „Blackie". „Blackie" war der Kosename einer schwarzen Fender Stratocaster, die aus den einzelnen Komponenten dreier von ihm bevorzugter Stratocaster Gitarren entstanden war und die für Clapton „wie ein Sprung in einen Pool mit warmem Wasser war".

„Pattie" war natürlich Pattie Harrison. Sie hatte Clapton schon in seiner Drogenphase öfter zu Hause angerufen, am Apparat war jedoch stets Alice Ormsby Gore, die wortlos auflegte. Nun, nach rund drei Jahren, setzte man die Liebesromanze wieder fort. Clapton mußte aus steuerlichen Gründen Ende des Jahres 1974

England verlassen, und so reisten er und Pattie auf die Bahamas, wo sie eine „Art Flitterwochen" (Clapton) verlebten.

1975 fand im Beisein von Pattie eine entscheidende Unterredung zwischen Clapton und George Harrison statt. George Harrison sagte: „Gut, ich nehme an, daß es besser wäre, mich von ihr scheiden zu lassen." Eric Clapton erwiderte: „Gut, wenn du dich von ihr scheiden läßt, bedeutet das, daß ich sie heiraten werde." Clapton beschrieb diesen Dialog als „eine Woody Allen-Situation"; sie führte dazu, daß die Ehe von George und Pattie am 10. Juni 1977 geschieden wurde und daß Pattie Boyd und Eric Clapton am 27. März 1979 in Tucson, Arizona, heirateten. Daß zwischen der Scheidung und der Hochzeit relativ viel Zeit verging, lag unter anderem daran, daß Clapton immer größere Alkoholmengen konsumierte, was sich zunehmend auf ihre Beziehung auswirkte.

Unter dem Alkohol litt aber auch die Qualität der Studio-LP. Clapton selber sah die siebziger Jahre später sehr kritisch; so sagte er z.B. in einem Interview aus dem Jahr 1987: „Ich glaube nicht, daß ich *Layla* jemals übertroffen habe. Während der siebziger Jahre geriet ich in eine Art Talsohle … Ich glaube, daß ich mich vor langer Zeit verkauft hatte. Ich machte eine Art Handel mit mir selbst, um weiterzukommen, um Leuten zu gefallen, nur um das Leben leichtzumachen. Es stört mich ein bißchen, mich dies sagen zu hören, aber ich muß das zugeben …"

Tatsächlich sprachen die Alben der siebziger Jahre eine eindeutige Sprache: Kein Album konnte wirklich hundertprozentig überzeugen. Von Clapton erhoffte man sich halt Kompromißlosigkeit. Doch sein durch den Alkoholgenuß noch instabiler gewordener Charakter und die in dem Zitat genannten Kompromisse ließen ein gleichbleibendes Qualitätsniveau nicht mehr zu. Meist standen musikalische Banalitäten, Kommerzielles ohne rechtes Feuer sowie Songmaterial, das Eigenständigkeit vermissen ließ, in einem tiefen Kontrast zu Erstklassigem, das in seiner emotionalen Tiefe eines Claptons würdig war.

Clapton war durchaus zu größeren Leistungen fähig, als auf den Alben *There's One In Every Crowd* (1975), *No Reason To Cry* (1976), *Slowhand* (1977) und *Backless* (1978) zum Ausdruck kam. All diese Alben spiegeln sehr deutlich wider, daß Clapton, der durch das Trinken noch labiler geworden war, nicht wußte, was er eigentlich wollte. Er schien kein Ziel vor Augen zu haben. Clapton suchte eine neue musikalische Identität, von der er nur wußte, daß sie nichts mit der Rolle des *Guitar-Hero* zu tun haben sollte.

Während so auf *No Reason To Cry* musikalische Nichtigkeiten wie *Carnival* im starken Kontrast zu so Exquisitem wie dem Blues *Double Trouble* (von Otis Rush) und der Clapton/Rick Danko-Komposition *All Our Past Times* standen, stellte die LP *Slowhand* in ihrer von J. J. Cales Laid-Back-Musik geprägten Linie, die sich schon mit den Titeln *Better Make It Through Today* (auf *There's One In Every Crowd*) und dem fantastischen *County Jail* (auf *No Reason To Cry*) eindrucksvoll angedeutet hatte, einen Schritt nach vorn dar. Clapton behauptete übrigens von *No Reason To Cry*, daß die besten Titel der Sessions, meist Instrumentals, auf dem Album gar nicht enthalten wären. Doch mit dem „nervös gesungenen" (Clapton) Album *Slowhand* war er allein schon wegen des Titels *Wonderful Tonight* zufrieden, den er innerhalb von fünf bis zehn Minuten komponiert hatte, bevor er mit Pattie auf eine Party ging.

Während die mitunter schönste Gitarrenarbeit auf *No Reason To Cry* von Robbie Robertson (auf *Sign Language*) und Jesse Ed Davis (Slide auf *Hello Old Friend*) stammte, war Clapton auf dem melodiebetonten Album *Slowhand* mal mit relaxten, kurzen, aber gehaltvollen Soli (*Lay Down Sally, Next Time You See Her*) oder aber auch temporeich in ausgedehnten Soli (*The Core*) in seiner Eigenschaft als verzaubernder Gitarrist zu hören. Zudem hatte seine Gesangstimme mittlerweile die Ausdrucksfähigkeit seines Gitarrenspiels angenommen.

Dem nachfolgenden Album *Backless* fehlte deutlich der Biß, die zupackende, den Hörer in ihren Bann schlagende Kraft, die nur auf den beiden Coverversionen *Tulsa Time* (von Don Williams) und dem mit Slide-Wah-Wah-Gitarre in Szene gesetzten *I'll Make Love To You Anytime* (von J. J. Cale) zu spüren war. Auch die Titel *Watch Out For Lucy* und der Blues *Early In The Morning* hatten vor allem durch das präzise, schlichte, aber wirkungsvolle Schlagzeugspiel von Jamie Oldaker ihre unbestreitbaren Qualitäten. In dem ebenfalls auf dieser LP zu findenden

Titel *Golden Ring* hatte Clapton seine Gefühle über George Harrisons erneute Heirat verarbeitet.

Einen Tag, nachdem Clapton seinerseits Pattie geheiratet hatte, begann eine ausgedehnte Amerika-Tournee, auf der Muddy Waters, wie schon auf der Europa-Tournee im November/Dezember 1978 – die zum ersten Mal ohne George Terry und Marcy Levy, die im August 1974 zur Band gestoßen war, durchgeführt wurde –, als Verbeugung vor Clapton den Supporting Act bestritt. Neu in der Band war zu diesem Zeitpunkt der Gitarrist Albert Lee, den Clapton bei den Arbeiten an Marc Bennos LP *Lost In Austin* kennengelernt hatte und auf Anraten seines neuen Managers Roger Forrester zur Verdichtung des Live-Sounds in die Band geholt hatte. Eric Clapton kommentierte: „Und es war wie ein Knall – eine leuchtende Glühbirne –, und ich fragte mich, warum habe ich nicht daran gedacht?"

Lag es an Albert Lee, an Muddy Waters, an seiner Heirat oder an allem zusammen? Auf jeden Fall tat Clapton etwas Entscheidendes: Er wechselte seine Band komplett gegen eine rein englische Truppe aus, der Henri Spinetti (Drums), Dave Markee (Baß) und Chris Stainton (Keyboards) angehörten, und schuf sich damit das Feuer, das seinen zu erkalten drohenden Kessel unter Dampf setzte. Das geschah im September 1979, und schon drei Monate später, am 3./4. Dezember, entstand während der Japan-Tournee im Budokap in Tokio das fantastische Live-Doppelalbum *Just One Night*. Das Album wurde begeistert als Dokument „eines dieser magischen Abende" gefeiert, was es allerdings nicht war. Doch die Tatsache, daß dies den wenigsten Rockjournalisten auffiel, zeigt schon, wie überzeugend das Doppelalbum war. Um Mißverständnissen vorzubeugen: Der Einwand bezieht sich nur darauf, daß es noch bessere Konzerte auf dieser Tournee gab. Anlaß zur Kritik lieferte dagegen der angestrebte soundtechnische Perfektionismus, der dazu geführt hatte, das Album in Japan mit seinem in puncto Applaus allzu disziplinierten Publikum aufzunehmen. Als Resultat ließ das Album die prickelnde Live-Atmosphäre etwas vermissen.

Doch man spürte deutlich Claptons Spielfreude angesichts einer kraftvollen neuen Band. Der einzigartige Sound seiner Blackie wird von seinem gefühlvollen Spiel in jeder Nuance ausgekostet, und das Zusammenspiel zwischen ihm und Lee ist ebenso präzise wie effizient und verwandelt sich auf Titeln wie *Cocaine* und *Further On Up The Road* in hinreißende Gitarrendialoge. Jede Seite der Doppel-LP enthielt einen langen Bluestitel (*Early In The Morning, Worried Live Blues, Double Trouble, Ramblin' On My Mind*), außerdem gab es meisterhafte Wah-Wah-Soli (auf *After Midnight, Blues Power, Cocaine*) und vieles mehr.

Doch es sollte noch besser kommen, als im April Gary Brooker zur Clapton-Band stieß und man gemeinsam ins Studio ging, um die im Februar 1981 erschienene Platte *Another Ticket* aufzunehmen. Diese LP wurde zum Besten, was Clapton seit *Layla* veröffentlicht hatte. Mit diesem Album erreichte er, wonach er so lange gesucht hatte: Er hatte seine eigene musikalische Identität gefunden. Die Einflüsse von J. J. Cale, Bob Dylan, die früher manchmal so stark waren, daß man dachte, man höre deren Platten, verwoben sich sinnvoll mit seiner eigenen musikalischen Vergangenheit und ergaben zusammen ein „Clapton"-Album. Ein Gesang, der Gänsehaut hervorruft, fesselnde Gitarrenpassagen und Claptons voll und ganz überzeugende Kompositionen (*Something Special, I Can't Stand It, Hold Me Lord* und *Rita Mae*) bilden die Grundbausteine für das Meisterwerk *Another Ticket*. Diese Platte vereint Clapton nach sechs Jahren wieder mit seinem „Nummer-eins-Mann", Tom Down. Außerdem enthält die LP mit dem Muddy-Waters-Blues *Blow By Blow* ein wunderschönes musikalisches Dankeschön für die Tourneen mit ihm. Und dann gibt es noch den grandiosen Clapton/Booker-Titel *Catch Me If You Can*, den man – wie eigentlich die ganze LP – nicht oft genug hören kann.

Im März lief eine Amerika-Tournee mit sechsundfünfzig Konzerten an, die jedoch nach nur zehn Konzerten abgesagt werden mußte, da Clapton wegen eines lebensbedrohenden „orangengroßen" Magengeschwürs ins Krankenhaus eingeliefert wurde. Dieses Geschwür war eine Folge seines exzessiven Trinkens (Clapton: „Wenn ich etwas mache, dann mache ich es auch richtig") und seiner ungesunden Ernährungsweise. In diesem Zusammenhang soll nicht unerwähnt bleiben, was Albert Lee in einem Interview aus dem Jahr 1986 über die Auswirkung von

Alkohol auf Claptons Gitarrenspiel sagte: „Wenn Eric betrunken war, spielte er an einem Abend absolut fantastisch, am nächsten dafür schrecklich – nun, vielleicht nicht schrecklich, aber ohne große Überzeugungskraft. Nüchtern erreicht er weder so große Höhen noch so große Tiefen."

Erst im September stand Clapton zum ersten Mal wieder auf der Bühne, um für Wohltätigkeitskonzerte von Amnesty International zusammen mit seinem Yardbirds-Nachfolger Jeff Beck zu spielen. Aus diesen Konzerten wurde später das Album *The Musik – The Secret Policeman's Other Ball* zusammengestellt, auf dem Clapton und Beck auf den solistisch großartig in Szene gesetzten Titeln *Crossroads* und *Further Up On The Road* sowie auf *Cause We Ended As Lovers* and *I Shall Be Released* zu hören sind. Nach diesen Konzerten folgten bis zum Ende des Jahres Tourneen durch Skandinavien und Japan.

Erst im folgenden Jahr, 1982, gönnte er sich, bis auf eine Amerika-Tournee und die Aufnahmen zu seiner neuen LP, die Ruhe, die der Arzt ihm verschrieben hatte. Die im Februar 1983 erschienene LP *Money And Cigarettes*, die erneut von Tom Down produziert wurde, präsentiert neben dem Gastgitarristen Ry Cooder mit Roger Hawkins (Drums) und Donald „Duck" Dunn (Baß) eine neue Rhythmusgruppe, die zusammen mit Chris Stainton seine neue Live-Backing-Band bildete.

Erstaunlicherweise wurde diese LP trotz dreier Gitarristen keine Gitarren-„Schlacht"-LP, sondern ein relaxtes Rock'n'Roll-Album. Dennoch gibt es mit dem grandiosen Gitarrendialog zwischen Clapton und Albert Lee auf dem fantastischen Clapton-Titel *The Shape You're In* und der (Albert) King ähnlichen Gitarrenarbeit auf *Crosscut Saw* kleine Perlen der Gitarrenkunst. Darüber hinaus bietet die LP eine Menge delikater, subtiler Gitarrenarbeit, deren Raffinement sich erst nach mehrfachem Hören erschließt.

Die LP steckte in einem wunderschönen Cover, das eine Gitarre in Dali-Manier und einen rauchenden Clapton zeigte. Sie hieß übrigens *Money And Cigarettes*, weil Clapton von der Zigarettenfirma Philip Morris Geld dafür bekommen hatte, auf dem Coverfoto eine Philip Morris zu rauchen. Auch die auf die LP folgende Tour wurde von Philip Morris gesponsert.

Ende 1983 nahm Clapton an den Royal-Albert-Hall-Konzerten und der anschließenden Tournee teil. Er gehörte neben Jimmy Page und Jeff Beck zur Besetzung der ARMS Benefiz-Konzerte, und Mitte 1984 begleitete er Roger Waters auf seiner *Pros And Cons Of Hitchhiking*-Tournee. Mit dieser Tournee, an der Clapton teilnahm, weil er auf der gleichnamigen LP mitgespielt hatte, erfüllte er sich den Wunsch, endlich einmal nicht ständig im Rampenlicht zu stehen „und in den Gitarrenpassagen voller Frische zu spielen" (Clapton).

Im Oktober hörte Albert Lee bei der Clapton-Band auf, womit eine für Clapton ungemein stimulierende Zusammenarbeit zunächst einmal ein Ende fand. Für kurze Zeit kam deshalb Peter Robinson (Keyboards) zur Clapton-Band, der mittlerweile auch wieder Jamie Oldaker und Marcy Levy, die 1978 ausgestiegen waren, sowie Shaun Murphy angehörten. Im Februar 1985 wurde Robinson dann durch den neuen Session-Gitarristen Tim Renwick ersetzt.

Im gleichen Monat erschien auch die neue, deutlich von Claptons Produzenten und Freund Phil Collins geprägte LP *Behind The Sun*.

Eric Clapton erklärt: „Phil Collins wollte, daß ich weiter Bluesrock mache, aber umgeben von synthetischen Sounds." Dieser offenkundige Widerspruch führte zu einem stark kommerziellen Album, auf dem man den Blues mit der Lupe suchen mußte und das bei der Plattenfirma Warner Brothers dennoch auf Widerstand stieß: „Sie waren nicht voll überzeugt, daß das Album kommerziell genug war." (Clapton)

Ist das eigentlich schon kaum zu begreifen, so versteht man erst recht nicht, warum sich Clapton der Direktive der Plattenfirma beugte und zusammen mit „sehr schnell arbeitenden" (Clapton) Session-Musikern unter der Produktionsregie von Ted Templeman und Lenny Waronker vier neue hitverdächtigere Titel aufnahm, von denen drei auf *Behind The Sun* erschienen (*Forever Man, See What Love Can Do, Something Happening*). Daß es eine Plattenfirma überhaupt wagte, einen Mann wie Clapton ins Studio zu schicken, um mehr hitverdächtiges Material zu bekommen, ist schon schlimm genug, aber daß er das auch tat, warf ein bezeichnendes Licht auf das nur noch vom eiskalten Business bestimmte Verhältnis zwischen Plattenfirmen und „ihren" Künstlern.

Eric Clapton sagte zu diesem Verhältnis: „Da gab es eine Begebenheit, die mir zu denken gab. Als nämlich meine amerikanische Plattenfirma Warner Brothers den Vertrag mit Van Morrison nicht mehr verlängerte. Wenn sie Van feuern, dann können sie auch mich feuern, dachte ich mir. Das brachte mich auf den Boden der Realität zurück. Das war so etwas wie der Hauch der Sterblichkeit, der mir ins Gesicht wehte. Es ist nicht so sehr meine Karriere, über die sich Plattenfirmen Sorgen machen, sondern ihre eigene."

Einer der Titel, der durch die neuproduzierten Songs von der LP verdrängt und auf eine Maxi Single verbannt worden war, war der traumhafte akustische Blues *Too Bad*, den Clapton vor den Bossen von Warner mit den folgenden Worten verteidigte: „Ich denke aber, daß dies eine Seite an mir ist, die viele gern hören."

Wie recht er damit doch hat! Als 1986 seine zweite von Phil Collins produzierte LP herauskam, mußte man sich allerdings fragen, ob Clapton selber noch gern seine Blues-Musik hört. Denn war bereits *Behind The Sun* durch den Einsatz von einem Rolland Gitarrensynthesizer (auf *Never Make You Cry*) – den er auch zum Komponieren eingesetzt hatte – und einen durch Digital Delay veränderten Gitarrensound (auf *Same Old Blues*) sowie den insgesamt schrecklichen Produktionsklang zum Techno-Produkt verkommen, so quollen aus jeder Rille von *August* die Kommerzialisierung und der Pop. Einen Blues, selbst einen so glattfrisierten wie *Same Old Blues* (von *Behind The Sun*), suchte man vergebens. Doch auch der Gitarrensound hatte sich gegenüber der Vorgängerplatte noch einmal geändert, was daran lag, daß Clapton mittlerweile eine Stratocaster-Gitarre spielte, die er zusammen mit Fender-Fachleuten entwickelt hatte. Als originale Clapton Strat wurde sie sogar ins Fender-Programm aufgenommen (Preis: zwischen 1000 und 1500 Dollar).

Nachdem Clapton am 13. Juli 1985 bei seinem Auftritt während des Live Aid Festivals noch einmal den wunderschönen Klang seiner Blackie einem Millionenpublikum vorgeführt hatte, bereiste er Anfang 1987 mit den beiden Strat-Prototypen im Koffer die

Bundesrepublik Deutschland. Seine Backing-Band bestand bei dieser Tournee bis auf Phil Collins, der durch Steve Ferrone ersetzt worden war, aus denselben Musikern wie bei der Aufnahme der LP *August*. Clapton zeigte auf dieser Tournee ohne Rhythmusgitarrist, daß seine Faszination als Gitarrist nach wie vor ungebrochen war, wenngleich seine Mitmusiker keinen Zweifel daran aufkommen ließen, daß Clapton der einzige auf der Bühne war, der sich voll und ganz seinem Instrument hingab.

Doch noch etwas anderes entließ den Konzertbesucher mit zwiespältigen Gefühlen. Nach den Auftakt-Titeln der Konzerte, *Crossroads, White Room* und *I Shot The Sheriff*, wurde man durch die Live-Interpretationen der *August*-Songs schmerzlich daran erinnert, daß Clapton mit seinen letzten Alben, auf denen allein seine gesanglichen Qualitäten herausragten, tief in die Pop-Regionen eingetaucht war.

Eric Clapton bleibt dennoch, trotz seiner musikalischen Irrwege bis hinein in die abstoßenden Regionen des Hitparaden-Pop, ein „wahrhaftiger" Bluesmusiker. Dieser Widerspruch liegt in der Person Eric Claptons begründet, der von sich selber einmal behauptete: „Das einzige, was sich nicht ändern wird, ist, daß ich mich ständig verändern werde ... Ich bin ein paradoxer Charakter. Das einzige, was an mir berechenbar ist, das ist meine Unberechenbarkeit. Und daß ich immer Gitarre spielen werde."

Insofern ist seine musikalische Wechselhaftigkeit mit einer breiten Spanne vom reinen Blues bis hin zum Pop nur die ungekünstelte „wahrhaftige" Transponierung und der Ausdruck eines instabilen widersprüchlichen Charakters. Als tief in die Geheimnisse seiner Gefühlswelt und Seele hinabtauchender Bluesmusiker weiß Clapton selber am besten, wie stark er mit seinen allzu menschlichen Schwächen im Kontrast zu den „göttlichen" Attributen steht, die ihm seine Anhänger verliehen haben.

Die Kraft, an den hohen Ansprüchen des Publikums nicht zu zerbrechen, wozu er durch seine charakterliche Instabilität prädestiniert war, schöpfte er dabei vor allem aus der Liebe zu seiner Gitarre, die für ihn eine Art seelischer Krückstock geworden ist. „Ohne die Gitarre fühle ich mich nackt und unvollständig. Ich wollte das eine ganze Weile nicht wahrhaben, aber es ist so." (Clapton)

In seiner Stärke, Schwächen der eigenen Person anzuerkennen, die er sich mit der Zeit angeeignet hat, liegt vielleicht der Grund für ein neues Selbstverständnis. So sagte Eric Clapton 1985: „Ich denke, ich fühle mich heute stark genug, ein Interview zu geben und mich in einem Jahr dafür nicht zu schämen." Am aufschlußreichsten ist sicher der Auszug aus einem Interview, das er kurz nach der Veröffentlichung seiner LP *August* gab. Eric Clapton sagte damals: „Mein neues Album heißt nicht nur *August*, weil wir es eben in diesem Monat beendet haben, sondern weil ich glaube, daß ich im August, im Herbst meines Lebens stehe. Der Sommer ist vorbei, der Winter meldet sich an. Eine sehr schöne, befriedigende Zeit, eine Zeit der Reife." Für die Richtigkeit dieser Aussage spricht auch, daß er in einem Interview davon sprach, daß er erst Mitte der achtziger Jahre die Bedeutung von Cream begriffen hätte und sogar so weit abgeklärt sei, sich mit dem Gedanken einer kurzzeitigen Cream-Reunion anzufreunden.

In den letzten zwei Jahren hat Clapton bewiesen, welch schöpferische Kraft er aus dem stabilisierenden Zustand der Reife bezieht. Die 1988 erschienene dreiundsiebzig Titel umfassende LP-Kassette *Crossroads*, die sechzehn vorher unveröffentlichte Titel enthält, wobei besonders *Sleeping In The Ground, Snake Lake Blues* und *Got To Get Better In A Little While* die Klasse der unveröffentlichten Songs belegen, beleuchtet noch einmal schlaglichtartig die Stationen einer fünfundzwanzigjährigen Suche nach dem eigenen individuellen musikalischen Weg. Doch Clapton zeigte auch wieder rastlos, wo es langgeht (weshalb er auch nicht bei der Entstehung von *Crossroads* dabei war): Unzählige einfühlsame Session-Aufnahmen, u.a. für Buckwheat Zydeco, Carol King, Jack Bruce und Jim Capaldi (und eine Neuaufnahme von *Knockin' On Heavens Door* mit Randy Crawford), ein furioser Auftritt zusammen mit Mark Knopfler beim global ausgestrahlten Konzert für Nelson Mandela, zwei Soundtracks zu den Filmen „Leathal Weapon" und „Homeboy", für den er zwölf Eigenkompositionen beisteuerte und sich wieder mal an die Dobro begab, und last but not least das grandiose Studioalbum *Journeyman*, das die lange Wartezeit mehr als wettmachte. Ein

Album, das trotz der Legion bekannter Rockgrößen wie Chaka Khan, Phil Collins, Robert Cray, George Harrison (in Form eines Songs: *Run So Far*), Gary Burton, Linda Womack wie aus einem Guß scheint. Ein in sich geschlossenes stimmiges Album, das einen glanzvollen Markstein für einen neuen Abschnitt in Claptons kreativem Schaffen bildet.

Eric Clapton äußerte im Januar 1990 gegenüber „Hifi Vision": „Man muß sich irgendwann entscheiden, was man vom Leben erwarten kann und was man von ihm will. Ich habe ein paarmal versucht, alles mögliche zu sein, bloß nicht ich selbst. Mich hat nie etwas mehr befriedigt, als vor Publikum zu spielen, und genau das weiß ich jetzt. Endlich bin ich aufgewacht."

Rory Gallagher: Der Konsequente

Geboren: 2. März 1948 in Ballyshannon/Irland

Die Überschriften der Artikel über Rory Gallagher beschäftigen sich meistens mit drei Themen, die es halbwegs ausgleichen sollen, daß er kein Image besitzt, das für die sensationshungrige Musikpresse vermarktbar wäre: Sie befassen sich mit seiner irischen Herkunft – er ist in Cork aufgewachsen –, seiner Neigung, fast ausschließlich karierte Baumwollhemden zu tragen, und vor allem mit der Tatsache, daß er immer noch seine mittlerweile fast vollständig von der Sunburst-Lackierung befreite Fender Stratocaster von 1961 gebraucht, die er seit seinem fünfzehnten Lebensjahr besitzt.

Diese drei Dinge werden so sehr betont, weil es über die Person Rory Gallagher selbst wenig zu berichten gibt, abgesehen davon, daß er einer der nettesten, sympathischsten und zuvorkommendsten Menschen ist, die man in diesem unsympathischen Busineß antreffen kann – davon konnte sich auch der Autor mehrere Male überzeugen.

Die innere Ausgeglichenheit Rory Gallaghers liegt sicher auch daran, daß er seit nunmehr über zwanzig Jahren die für ihn so typische Mischung aus Blues und Rock weiterentwickelt, vor allen Dingen ehrliche Musik ohne große Kompromisse gemacht hat und dabei zu einer Bühnenpersönlichkeit geworden ist, die es sich leisten kann, auf jegliche oberflächliche Bühneninszenierungen zu verzichten.

Doch angefangen hat alles mit einer Plastikgitarre, die Rory zum sechsten Geburtstag von seinen Eltern geschenkt bekam. Schon sechs Jahre später besaß er seine erste Fender Stratocaster, und spätestens im Alter von fünfzehn Jahren stand für ihn fest, daß er es seinen Idolen Lonnie Donegan und, allen voran, Elvis Presley, Buddy Holly, Eddie Cochran und Jerry Lee Lewis sowie den Bluesmusikern Muddy Waters und Johnny Lee Hooker gleichtun wollte.

Nach Beendigung der Schule kam er zuerst einmal notgedrungen für zweieinhalb Jahre in der reinen Tanzband The Fontana Showband unter, die sich später in The Impact umbenannte. Nach der Auflösung der Gruppe machte er sich zusammen mit dem Bassisten und dem Drummer auf den Weg nach Hamburg, wo die drei allerdings nur aufgrund ihrer Zusicherung, mit einem Organisten aufzutreten, unter Vertrag genommen wurden. Da sie es aber nicht schafften, einen Organisten für ihre Band zu bekommen, ließen sie sich eine ganze Menge Ausreden einfallen, die sie dem Besitzer des Clubs auftischten, aber irgandwann einmal war das Spiel durchschaut, und es ging wieder zurück nach Irland, wo sich die Gruppe schließlich auflöste.

Doch Rory wußte nun, was er wollte, und gründete zusammen mit den lokalen Berühmtheiten Eric Kitteringham am Baß und Norman Damery von The Axels am Schlagzeug die erste Formation der Gruppe Taste. Die Band erlangte rasch lokale Berühmtheit und siedelte schließlich von Cork nach Belfast um. Kurz danach sah sie der Plattenproduzent Mervyn Solomon im Maritime Club und organisierte spontan eine Session in den Emerald Studios, um ein Demo-Band aufzunehmen. Teile dieser im Juli 1967 eingespielten Session erschienen 1972 auf diversen Labels als LP. Ärgerlicherweise wurde einige Zeit nach der Einspielung ein Master Tape mit weiteren Aufnahmen gelöscht. Trotz der fast nur auf einen Kanal „verbannten" Gitarre Rorys spürt man doch deutlich die Spielfreude und Kraft der Gruppe, die sicher dafür verantwortlich waren, daß die Band schon bald an einem Tag in der Woche im damals bereits berühmten Marquee Club in London auftreten durfte. Nachdem sie also den Sprung von Irland nach England geschafft hatte, führte der nächste Schritt nach Nordamerika, wo die Gruppe vor allem auf dem Newport Jazz-Festival auftrat.

Doch die Tourneen erzielten nicht den gewünschten Erfolg, sie bewirkten vielmehr, daß sich die Band nach über zweijährigem Bestehen im August 1968 auflöste. Nach den Gründen für diese Trennung befragt, sagte Rory in einem späteren Interview: „Wir mußten (auf Tourneen) oft im Bus schlafen, und es war eine harte Schinderei in den Clubs, aber trotzdem hat es großen Spaß gemacht. Plötzlich lösten wir uns auf. Eric wollte eine eigene

Band gründen und Norman eine Weile von der Straße runter. Also haben wir Schluß gemacht."

Doch schon Mitte 1969 meldete sich Gallagher mit einer neuen Taste-Formation zurück, die neben ihm aus dem Schlagzeuger John Wilson (geb. 3. 12. 47), der davor bei Them gespielt hatte, und Richard McCracken (geb. 26. 6. 48) am Baß bestand. Diese Band ließ bis zu ihrer Auflösung im Jahre 1970 die Herzen aller Bluesrock-Freunde höher schlagen. Beide Mitstreiter stammten wie Rory aus Irland, doch ihr erstes Konzert fand in Falkkirk in Schottland statt. Wie das erste Taste-Trio wurde die Band rasch bekannt, und ihr Erfolg war sogar ungleich größer als bei der alten Formation. Schon bald hatte die Gruppe einen Vertrag mit der Plattenfirma Polydor, die das Rennen machte, in der Tasche.

Die bereits am 25. Oktober 1968 live im Marquee aufgenommene LP *In Concert-Taste Featuring Rory Gallagher* kam zu Rorys Verärgerung erst viele Jahre später heraus, während die beiden Taste-Live-Platten, die vorher erschienen waren, ihm nicht gefallen hatten. Die LP dokumentiert schlagkräftig die enorme Energie und das brillante Zusammenspiel, mit denen das Trio in ganz Europa Fans gewann. Das solistische Können jedes einzelnen Mitglieds und die Vielzahl an musikalischen Einflüssen wie Jazz und Folk, die auf einem kraftvollen Bluesrock-Fundament vereint wurden, gaben Anlaß zu ständigen Vergleichen mit Cream. Doch ihre erste LP, schlicht *Taste* genannt, klang wesentlich erdiger und unverkrampfter als der, allerdings zwei Jahre früher erschienene, Cream-Erstling. Dennoch verkaufte sich erst die wesentlich experimentierfreudigere zweite LP, *On The Boards*, die Anfang 1970 erschien, über Erwarten gut. Sie wurde zudem von der Presse begeistert aufgenommen.

Auch bei Live-Auftritten setzte Taste sich durch. Während der USA-Tour von Blind Faith trat die Band neben Free und Delaney and Bonnie als Vorgruppe mit so großem Erfolg auf, daß sie nach ihrer Rückkehr nach London von drei Tournee-Angeboten aus den USA überrascht wurde. So war die Gruppe bereits im Frühsommer zum zweitenmal in Amerika auf Tournee, obwohl sie kurz vorher noch den Raub ihrer gesamten Verstärkeranlage inklusive Rorys altem Lieblingsverstärker Vox 90 im Werte von über 25 000 DM zu beklagen gehabt hatte. Seit dieser Zeit ist es für Rory nicht mehr ungewöhnlich, drei Viertel des Jahres auf Tournee zu sein. Beim Isle of Wight-Festival im August 1970 schien Taste kurz vor dem absoluten Starruhm zu stehen. Die Gruppe absolvierte einen triumphalen Auftritt und mußte bei einem Festival, auf dem u.a. die Doors, Jimi Hendrix, Free und Ten Years After auftraten, drei Zugaben bewilligen. Doch nach einer kurzen Europa-Tournee verkündeten die Mitglieder im Oktober das Ende von Taste.

John Wilson gab später in der Presse einige Kommentare zu Rorys angeblichen Allüren ab, seine Mitmusiker als Angestellte zu behandeln und sich immer mehr in den Vordergrund zu drängen. Tatsache ist, daß Rory bei den letzten Taste-Auftritten rund die Hälfte mehr Gage bekam als John Wilson und Richard McCracken, der im übrigen nie mehr ein Wort über die Trennung verloren hat. Tatsache ist aber auch, daß den Taste-Mitgliedern durch die Trennung über 35 000 Pfund an Gagen für schon geplante Konzerte verlorengingen. Sie bekamen mittlerweile teilweise mehr als 25 000 DM pro Auftritt, was vor allem auf den Eifer ihres Managers Eddie Kennedy zurückging. Kennedy war auch dafür verantwortlich, daß nach der Auflösung die beiden von Rory abgelehnten Live-LP's erschienen. Doch lassen wir zum Thema Trennung Rory selbst zu Wort kommen: „Das Auseinandergehen der Taste hatte rein musikalische Gründe. Richard McCracken und John Wilson wollten ihren musikalischen Vorstellungen folgen – und ich meinen eigenen. Richard und John kamen nie mit einem eigenen Song, und so dachte ich, daß sie mit dem, was ich schrieb, zufrieden sein würden. Doch später zeigten sich die beiden dann unglücklich darüber, und so bin ich gegangen. Ich habe Taste nicht aufgelöst. Richard und John sind weiter zusammen und haben sogar immer noch dasselbe Management. Nur ich bin nicht mehr dabei."

Leider verstärkt auch diese Stellungnahme den Eindruck, daß die musikalische Individualität der einzelnen Mitglieder, die die einmalige Wirkung von Taste ausmachte, auch für den Split verantwortlich war. Folgerichtig gründeten John Wilson und Richard McCracken ihre eigene Gruppe mit Namen Stud, die es immerhin auf zwei Studio-LP's und eine Live-LP brachte. Sie spielten aber eine eher Jazz-Rock zu nennende Musik, von der nicht nur Gallagher meinte, daß sie nichts mehr mit seiner Musik gemeinsam hätte. Zu Gallaghers obigen Ausführungen sollte noch kurz angemerkt werden, daß sich John Wilson, ehe er mit Richard McCracken Stud gründete, bei der Gruppe Cochise und dann bei Quiver ans Schlagzeug gesetzt hatte.

Während Rory am 8. März 1971 in Leeds seine neue Band vorstellte, mit der er anschließend auf England-Tournee ging, kamen im Frühjahr und folgenden Winter ohne sein Wissen die beiden Taste-Live-LP's heraus. Das erste Album, aufgenommen im September 1970 in Montreux, wurde zur bestverkauften LP von Taste und erreichte sogar eine Chart-Notierung. Das zweite Live-Album dokumentiert darüber hinaus einen Ausschnitt aus dem wahrhaft fantastischen Isle-of-Wight-Festival, bei dem besonders der brillant improvisierte Call- and Response-Teil zwischen Schlagzeug, Baß und Gitarre in *Catfish* herausragt. Da Rory mit diesen Aufnahmen so unzufrieden war, muß man sich fragen, wieviel besser Taste sonst gespielt haben mag. Beide LP's präsentieren jeweils nur einen unveröffentlichten Titel, das Montreux-Album *Gamblin' Blues* und die Isle-of-Wight-LP *Sinner Boy*. *Sugar Mama* und *Catfish* kommen auf mehreren LP's vor, was den Vorteil hat, daß man hören kann, wie Taste den gleichen Song immer wieder neu interpretierte und auch in unterschiedlicher Länge brachte. Rory verdiente an diesen LP's, die sich von allen Taste-Aufnahmen am besten verkauften, keinen Pfennig; auch sein gerichtliches Vorgehen blieb ohne Erfolg.

All die bösen Vorwürfe der Musikkritiker zum Split der Gruppe Taste, die vor allem um die Person Gallaghers kreisten, waren in dem Moment vergessen, in dem er mit dem ehemaligen Deep Joy-Bassisten Gerry McAvoy und Wilgar Campbell (Drums) auf ausgedehnte Tourneen ging. Im Herbst 1971 stand dann wieder eine USA-Tournee auf dem Programm, die, zusammen mit der einfach *Rory Gallagher* betitelten LP im Schlepptau, gemessen an den noch kleinen Auftrittsorten ein großer Erfolg wurde. So spielte er u.a. in so legendären Clubs wie dem Whiskey-A-Go-Go oder auch teilweise im Vorprogramm von Frank Zappa. Da Rorys erste Solo-LP zunächst als Doppel-LP geplant war, erschien sie als 45-Minuten-Album, und der „Melody Maker" stellte enthusiastisch fest: „So gut war Gallagher noch nie." Einen Teil der Songs hatte Rory bereits für das dritte Studioalbum der Taste geschrieben, z.B. *Sinner Boy* und *Hands Up*. Noch einmal hört man Rory auf *Can't Believe It's True* auf einem Instrument, das zu den schwierigsten überhaupt gehört: dem Saxophon. Er hatte es bereits bei dem Titelsong der Taste-LP *On The Boards* als Solist meisterhaft gespielt. Auch wenn es um das Saxophonspiel geht, sind Rorys Maßstäbe sehr hoch, denn er orientiert sich z.B. an A.C. Reed, und sein eigenes Spiel kommt ihm im Vergleich zu Musikern dieses Kalibers noch zu rudimentär vor. Daher kann man auf späteren Aufnahmen nur noch sehr selten Saxophonspiel von Rory vernehmen.

Nach dem Erfolg seiner mit Hilfe von Eddie Offord produzierten ersten Solo-LP erschien bereits im November die an fünf Tagen eingespielte zweite Solo-LP *Deuce*, nach der sich auch der Schweizer Fanclub auf Wunsch von Rory nennen wird. Diese zweite LP verkaufte sich innerhalb kürzester Zeit mit 35 000 Exemplaren so gut, daß der Plattenumsatz der Taste-LPs erstmals eingeholt wurde. Mittlerweile merkte man auch dem Gitarrenspiel gerade in den subtilen Nuancen an, daß sich Gallagher zu einem der fantasievollsten Bluesmusiker entwickelt hatte. Das Slidespiel wirkt z.B. auf *Sinner Boy* und *Whole Lot Of People* wesentlich ausgefeilter als noch auf *Eat My Words (On The Boards)*, doch vor allem werden die später als typischer Gallagher-Sound bekannten Flagolett-Töne immer mehr zum Bestandteil seiner Soli, z.B. auf *Can't Believe It's True* und *There's A Light*. Erstaunlicherweise kann er diese Töne trotz seines Daumennagels erzeugen, den er im Alter von neun Jahren in einer Autotür gequetscht hatte und der nicht mehr richtig nachgewachsen war.

Dann, am 1. Januar 1972, gab es ein Konzert in der Ulster Hall, das viele Kritiker davon überzeugen konnte, daß auch Rory Gallagher, der von der politischen Überzeugungskraft von Songtexten nie viel gehalten hat, seinen ganz persönlichen Standpunkt zu den irischen Problemen einnimmt. Nachdem am Vorabend zwölf Bomben in Belfast explodiert waren, vertrat Gallagher die Auffassung: „Ich meine, es war unsere Pflicht, dort zu spielen." Dies wiegt um so schwerer, als Rory als Südire keineswegs gegen

Anschläge gefeit war. Roy Hollingworth schrieb über dieses Konzert, bei dem er selbst anwesend war, in der Dezember-Ausgabe des „Melody Maker" u.a. folgendes: „Wißt ihr, Gallagher hat ohne viel Aufhebens das einzige getan, was ein Rockmusiker für Belfast tun konnte. Er hat an diesem gottverdammten Platz gespielt (...), und für zwei Stunden zählte nichts anderes mehr in dieser blutigen Welt. Ich werde das nie vergessen." Im Gegensatz zu Rory haben andere Musiker an diesem Tag und an den folgenden Abenden Konzerte abgesagt. Auch für Rory wäre das kein Problem gewesen, aber er tat es nicht, sondern gab den zweitausend jungen Menschen das, worauf sie sich seit Wochen gefreut hatten.

Die menschliche Wärme und Glaubwürdigkeit, die Rory Gallagher verströmt, hat sehr viel damit zu tun, daß er eine ergebene Anhängerschaft gewonnen hat, die ihm als musikalischem Außenseiter im harten, erfolgsorientierten Musikgeschäft die Möglichkeit bietet, seine Musik weiterzuentwickeln.

Gerade in den 70er Jahren, die von Supergruppen wie Led Zeppelin und Pink Floyd geprägt waren, war die ehrliche Kommunikation zwischen Künstlern und Publikum, so wie sie Rory Gallagher in seinen bis zu hundertfünfzig Konzerten im Jahr vollzieht, Mangelware und erfrischend zugleich. Ein Teil dieser enormen Wechselwirkung zwischen Rory und seinem Publikum ist auf der fantastischen LP *Rory Gallagher/Live in Concert* dokumentiert, die während der Europa-Tournee von Februar bis März aufgenommen worden war. Auf dieser spannungsreichen und dichten LP, die zu den besten mit klassischer Triobesetzung eingespielten Live-Platten gehört, vernimmt man die gesamte Bandbreite seiner (Gitarren-)Virtuosität. Das gilt sowohl für sein Spiel auf akustischer Gitarre (*Pistol Slapper Blues*) oder elektrischer 61 Strat als auch für seine immer wieder verblüffenden Neuinterpretationen alter Bluesstücke wie *Bullfrog Blues* (das ihn zuerst in einer Version von Canned Heat begeisterte; er spielte es jedoch erst nach, als er die Original-Country-Blues-Version kannte), *Messin' With The Kid* oder *I Could've Had Religion*.

Im Juni 1972 wurde vor einer rekordverdächtigen USA-Tournee der tourneemüde Willgar Campbell durch den ehemaligen Killing-Floor-Schlagzeuger Rod de'Ath abgelöst. Er machte

Rory während der Tour auf seinen ehemaligen Mitstreiter Lou Martin (Piano) aufmerksam, den Rory daraufhin sofort in seine Band aufnahm. Das erste Studioalbum, betitelt *Blueprint*, das Rory mit dieser Band aufnahm, hat trotz der stimmigen Atmosphäre eindeutig Längen, die sicher auf die fehlende Studioroutine dieser Besetzung zurückzuführen sind. Diese Längen sind jedoch schon auf der folgenden LP *Tatoo*, die rechtzeitig zum Tourneebeginn in England auf den Markt kam, gänzlich verschwunden. Doch in der Zwischenzeit fand noch eine Amerika-Tournee im Vorprogramm der Faces statt, von der Rory sicher das Konzert im Madison Square Garden in Erinnerung geblieben sein wird, bei dem sein Verstärker unter dem Applaus des an Showeffekte gewöhnten Publikums zu brennen begann.

1972 und 1973 gab es für Rory zwei sehr interessante Sessions mit den legendären amerikanischen Musikern Muddy Waters und Jerry Lee Lewis. Die erste Session zählt allerdings nicht unbedingt zu den Sternstunden der beiden Musiker, wobei vielleicht der mangelnde solistische Glanz und die anscheinend fehlende Spielfreude von dem starken gegenseitigen Respekt herrühren. Rorys Klasse kommt auf dieser LP aber ganz sicher in dem Solo in *I'm Ready* zur Geltung.

Die andere LP von Jerry Lee Lewis bot zwei Platten besten Rock'n'Rolls, wobei einer der nach Rorys Meinung interessantesten Songs, nämlich *Satisfaction* von den Rolling Stones, auf dem Originalalbum wegfiel. Rory erzählte über die Aufnahmesession zu diesem Song folgendes: „Jerry Lee sollte *Satisfaction* aufnehmen, doch er sagte, daß er diesen Song noch nie gehört hätte. Ich sollte ihm dann den Song beibringen. Er hatte Schwierigkeiten damit, bekam nicht das richtige Gefühl dafür und konnte es auch nicht verstehen, daß jemand solche Texte schreiben konnte. Das verstand ich nicht, denn er war ein ausgesprochen guter Musiker. Endlich beherrschte er den Song dann einigermaßen, und man nahm ihn auf. Aber es war köstlich, der beste Teil des Tages." Inzwischen sind dieser und fünf weitere Songs auf dem von Bear Family wiederveröffentlichten Doppelalbum (zuvor als Einzelalben erschienen) enthalten, auf dessen Cover steht, daß man, um *Satisfaction* halbwegs zu einem kompletten Song zusammenzukommen, mehrere Takes aneinanderschneiden mußte. Wahrscheinlich stand dieser Aufwand seinerzeit einer Veröffentlichung im Wege. Neben Rory spielten noch eine ganze Menge prominenter englischer Musiker und Gitarristen wie z.B. Alvin Lee, Albert Lee, Peter Frampton und viele andere mit. Rory selbst ist nur auf fünf Songs des Original-Albums zu hören. Später sagte er über die Sessions mit Jerry Lee Lewis: „Er ist wirklich so, wie man sich erzählt – ein Killer. Man wußte nie, wann man lachen durfte und wann nicht. Er ist ein echt wilder Kerl."

Durch Gallaghers unablässiges Touren rund um die Welt wuchs die Anzahl seiner vielen von der Musikpresse vergebenen Preise, und 1974 erschien ein Doppel-Live-Album, das 1974 während einer Tournee durch Irland aufgenommen worden war und deshalb *Irish Tour 74* heißt. Zu diesem Album wurde auch ein neunzigminütiger Dokumentarfilm von Tony Palmer über die Tournee quer durch Irland in die Kinos gebracht, der allerdings, aus welchen Gründen auch immer, bald darauf schon wieder in den Archiven verschwand. Dennoch gibt es jetzt die berechtigte Hoffnung, daß dieser Film bald auf Video ausgewertet wird. Doch bleiben wir im Jahr 1974, in dem Rory zum erstenmal als Headliner eine Amerika-Tournee mit viel Erfolg bestreiten konnte. Im Vorprogramm war übrigens Status Quo. Ende des Jahres gab es dann, wie so häufig, Konzerte in Irland und auch einige in England.

1975 wurde ein Jahr der Gerüchte, die nicht zum Verstummen kamen. Mick Taylor hatte die Rolling Stones verlassen, und die englische Musikpresse kannte angeblich bereits seinen Nachfolger: Rory Gallagher. Richtig an dieser Meldung war nur, daß die Rolling Stones, auch im Hinblick auf das Presseecho, eine ganze Menge namhafter Gitarristen in ein Studio in Rotterdam einluden. Unter ihnen befand sich neben Jeff Beck, Wayne Perkins, Robert Johnson und vielen anderen auch Rory Gallagher. Doch Rory war wenig angetan von der Arbeitsweise der Stones, die einen Song den ganzen langen Tag hindurch probten, und so blieb zu guter Letzt für ihn nur das Vergnügen, mit Keith Richards gejammt zu haben.

Das Jahr 1975 brachte auch noch einen Wechsel der Schallplattenfirma. Rory wollte den Vertrag mit Polydor nicht mehr verlängern, sondern unterschrieb bei Chrysalis, die ihm die richtigen Konditionen bot. Bald sollte sich dann zeigen, daß Chrysalis mit dem Vertrag nicht falsch gelegen hatte, denn Rory wurde ihr zweiterfolgreichster Interpret.

1975 bot noch eine weitere Sensation, denn Rory führte live das aus, was er seit 1972 als Album geplant, aber bis heute nicht verwirklicht hat – ein rein akustisches Set (mit Dobro Martin und Man Dave). Dieser Auftritt, der am 4. Juli 1975 während des Eröffnungsabends des Montreux Jazzfestivals rund eine Stunde währte, löste zusammen mit der bis 5.30 Uhr dauernden Jam Session mit John Martyn, Larry Coryell, Philip Catherine Begeisterungsstürme bei Publikum und Kritik aus. Da Rorys Vereinbarung mit den Organisatoren des Jazzfestivals aber auch ein elektrisches Set einschloß, gab es zusätzlich auch noch einige Jam Sessions mit David Bromberg, Louisiana Red, Lowell Fulson und Albert King. Die drei Stücke mit King, die zusammen dreiunddreißig Minuten dauern, sind auf dem 1978 erschienenen Doppelalbum *Live Blues* enthalten. Diese Veröffentlichung erstaunt um so mehr, wenn man weiß, daß Rorys Auftritt nur durch das Beharren von Albert Kings Manager zustande kam, Albert King jedoch auf der Bühne abfällige Bemerkungen über Rory machte, die auch noch auf dem Cover wiedergegeben wurden.

Nach der für Rory sicher sehr schönen Zeit in Montreux machte man sich dann an die Fertigstellung der Platte *Against The Grain*, die im Oktober mit großem Erfolg verkauft wurde und sicher eine der schönsten Gallagher-LPs ist. Ziemlich genau ein Jahr später kam dann die erstmals nicht von Rory Gallagher, sondern vom Deep Purple-Bassisten Roger Clover etwas kraftlos produzierte LP *Calling Card* heraus, die sich nicht ganz so gut verkaufte wie ihre Vorgänger.

1977 absolvierte Rory seinen spektakulären Auftritt in der ersten Rockpalast-Nacht, nachdem er bereits am Vortag in Montreux eines seiner, wie er selber meint, besten Konzerte überhaupt gegeben hatte. Bereits 1976 war Rory beim Rockpalast (damals noch im Studio L) gewesen und hatte zunächst ein rein akustisches und daran anschließend ein elektrisches Set gebracht. Nach den beiden kurz aufeinander folgenden Konzerten trat Rory mit blutig gespielten Händen von der Bühne der Essener Grugahalle ab, nachdem er das Publikum zum Kochen gebracht hatte. Im irischen Fernsehen, wo man den Rockpalast ebenfalls live ausgestrahlt hatte, wurden die höchsten Einschaltquoten für Spätprogramme überhaupt gemessen. Nach diesem furiosen Auftritt fuhr er dann am nächsten Morgen schon wieder für zwei Tage nach Montreux, um danach in Gent (Belgien) ein Free-Konzert vor fünftausend Leuten zu geben.

1977 und 1978 gab es zudem zwei Sessions: Zum einen spielte er auf der LP *Gaodhal's Vision* von Joe O'Donell, der auf einigen Tourneen in England und Holland das Vorprogramm bestritten hatte, und zum anderen war er auf der LP *Puttin' On The Style* von seinem alten Idol Lonnie Donegan zu hören. Gleich auf dem ersten Stück der LP, *Rock Island Line,* hört man Gallagher, der in absoluter Präsenz wunderschönes, verzauberndes Gitarrenspiel beisteuert. Die besten Momente hat die LP trotz Gastmusikern wie Ron Wood, Elton John, Mick Ralph, Brian May und vielen anderen immer dann, wenn die Stücke durch Rorys intensives Gitarrenspiel veredelt werden.

Anfang 1978 nahm Rory zusammen mit Rod de 'Ath und Lou Martin in Kalifornien unter der Regie des Produzenten Elliot Mazer das Album *Photo Finish* auf, das er aber schon bald verwarf, weil es mit anderen Instrumenten viel zu überladen ist. Nach einer längeren Tournee, bei deren Ende Rod de 'Ath und Lou Martin ausstiegen, nahm Rory dann mit neuen Energien und einem neuen Schlagzeuger namens Ted McKenna im dritten Anlauf die endgültige und vollkommen neue Version von *Photo Finish* in Köln auf. Trotz der schlechten Kritiken, die vor allem auf die Einflüsse von Hard Rock abheben, verkaufte sich diese LP mit annähernd 100 000 Exemplaren allein in der Bundesrepublik Deutschland noch besser als *Against The Grain*. Auf dieser LP fügte sich auch der neue Schlagzeuger Ted McKenna gut ein, der vorher in der Sensational Alex Harvey Band war. Nach nur drei Konzerten trennte sich Rory allerdings wieder von ihm. Im Anschluß an die Veröffentlichung von *Photo Finish* gab es Tourneen durch ganz Europa, die überall Aufsehen erregten.

Am 18. Juli 1979 fand dann wieder einmal eine Premiere während des Montreux Jazzfestivals statt: Rory spielte in einem Programm mit Champion Jack Dupree und mit Albert Collins, mit dem er nach seinem Auftritt eine zweistündige Jam Session veranstaltete, in deren Verlauf sie u.a. den alten Taste-Song *Wee Wee Baby* brachten. Das ist deshalb so erstaunlich, weil Rory nach dem Taste-Split nie wieder Taste-Songs in seinem Repertoire hatte, selbst in den Anfängen mit seiner eigenen Band nicht, als das Publikum vielfach noch lautstark nach Taste-Songs verlangte. Für ihn war diese Phase mit ihren Songs Vergangenheit, die er ruhen lassen wollte.

Genau einen Monat später gab es dann ein Festival in Saarbrücken, auf dem es sich wieder einmal zeigte, was es bedeutet, im Anschluß an Rory auftreten zu müssen. Die Gruppe Queen schaffte es nur mit Mühe, dem Publikum wenigstens den Pflichtapplaus zu entlocken, und man schickte nach Rory, um mit ihm zusammen ein Rock'n'Roll-Medley zu spielen. Das lehnte er jedoch dankend ab.

Die nächste LP, *Top Priority*, verunsicherte viele alte Fans von Rory, weil er mit dieser Platte in die Richtung weiterging, die sich schon auf *Photo Finish* abgezeichnet hatte – und dieser neue Weg hatte mehr mit Hard Rock als mit Bluesrock zu tun. Da die LP die Verkaufszahlen von *Photo Finish* noch übertraf und da auf akustische Instrumente verzichtet worden war, redeten die Kritiker vom „angepaßteren" Rory. Auch die erstaunlich schlecht produzierte Live-LP *Stage Truck*, die zudem noch einige Overdub-Gesangspartien enthielt, konnte da nicht so recht versöhnen.

In Amerika gab es während einer Tournee Probleme mit Jefferson Starship. Als Vorgruppe wurde ihr nur wenig Licht und Platz auf der Bühne gewährt, so daß sie, als sie auch ihre Lautstärke immer mehr drosseln mußte, aus der Tournee ausstieg und die Gerüchte nicht verstummten, es habe auch eine Schlägerei zwischen Rory und Paul Kantner gegeben. Tatsache ist auf jeden Fall, daß in New York am Tag ihres Ausstieges von fünftausend Konzertbesuchern dreitausendfünfhundert ihr Eintrittsgeld zurückforderten.

Trotz Rorys Popularität in England gelangte *Stage Truck* nur bis Platz 30 in den LP-Charts. 1981 wurde dann für Rory erstmals ein recht ruhiges Jahr, aus dem es nur eine Novität zu berichten gibt, nämlich die Ausstrahlung des Fernsehfilms „A Sense of Freedom" im irischen Fernsehen. Die Musik zu diesem Film stammt von Rory Gallagher, und der Gesang wurde von Frankie Miller beigesteuert.

Erst 1982 gab es dann wieder eine neue LP von Rory, die er, was den Sound betrifft, mit großer Sorgfalt erneut im Dieter-Dierks-Studio in Köln eingespielt hatte. Die gelungene Produktion dauerte sechs Monate, und Rory bedankte sich bei Dieter Dierks mit einem selbstgemachten Studio Award. Die *Jinx* genannte LP wartete wieder mit mehr Slidegitarren-Parts auf, die der Platte zusätzlich eine eher bluesorientierte Atmosphäre verleihen. Mittlerweile saß auch mit Brendan O'Neill ein neuer Mann am Schlagzeug. Live wurde die Gruppe häufig durch zwei Saxophonspieler verstärkt. Die LP verkaufte sich gut und schraubte die Erwartungen an Rorys nächste LP hoch.

Doch darauf mußten Fans und Kritiker fünf Jahre warten, denn nach *Jinx* verlängerte Rory seinen abgelaufenen Plattenvertrag mit Chrysalis nicht mehr, sondern suchte nach einer neuen geeigneten Plattenfirma. Nach zahlreichen Gerüchten über die potentielle Plattenfirma (besonders Alligator Records schien denkbar) gab es dann mit Erscheinen der LP *Defender* Gewißheit – Rory hatte sich für das in der Bundesrepublik durch Intercord vertretene Sub-Label von Elvis Costellos Demon Records, Da Capo, entschieden. Die LP kam mit einer Single heraus, die zwei weitere Titel enthielt. Die Überfülle an Material, das sich durch die lange Plattenpause angesammelt hatte, erklärt den Variationsreichtum und die ungebräuchliche Veröffentlichungspolitik der LP mit Single. Ohne Einschränkungen kann man sagen, das lange Warten hatte sich gelohnt. In dieser fünfjährigen Pause gab es an Plattenaufnahmen nur Gallagher-Gastspiele auf den ersten beiden LPs der Gruppe Box of Frogs und das fantastische *When My Baby She Left Me* auf dem aus Aufnahmen aus dem BBC-R & B-Programm zusammengestellten *Blues On 2 Samplers*.

Der große Erfolg der LP *Defender* und der anschließenden Tournee läßt die Hoffnung als berechtigt erscheinen, daß es für die authentische und handgemachte Musik des Phänomens namens Rory Gallagher immer ein Publikum geben wird.

Peter Green: Der Gefühlvolle

Geb.: 29. Oktober 1946 in London/Großbritannien

Die Kunst, die richtige Note an der richtigen Stelle zu plazieren und mit einer einzigen Note alles zu sagen, beherrschen nur die wenigsten Gitarristen. Peter Green beherrscht sie unbestritten meisterhaft. Darüber hinaus ist er wahrscheinlich der kreativste und individuellste Musiker der gesamten britischen Bluesszene. Leider stellt er auch ein typisches Beispiel dafür dar, wie sehr ein hochsensibler Mensch und Musiker an dem Druck und den Ansprüchen seiner Umwelt zerbrechen kann.

Peter A. Greenbaum wuchs in äußerst armen Verhältnissen in Bethnal Green auf. Er sollte diese traurige und deprimierende Jugend, die er später in dem Song *Trying So Hard To Forget* verarbeitete, nie vergessen. Als Peter neun Jahre alt war, begann es der Familie etwas besserzugehen, und sie zog von Bethnal nach Putney.

Ein Jahr später flammte sein erstes Interesse für Musik auf, als er Bill Haley and his Comets hörte und seine Mutter überreden konnte, mit ihm in „Rock around the clock" zu gehen. Mit zehn oder elf Jahren spielte er dann zum ersten Mal auf einer – allerdings billigen – spanischen Gitarre, die sein Bruder mit nach Hause gebracht hatte. In dieser Zeit noch sehr von Skiffle-Musik beeindruckt, faszinierte ihn schon bald darauf der Instrumental-Sound von Duane Eddy, den Surfaris und den Shadows; der Gitarrist der Shadows, Hank Marvin, veranlaßte Peter Green, mehr und mehr Gitarre, meist zusammen mit seinem Bruder, zu spielen. In Instrumentals wie *The Supernatural, Albatross* und *Proud Pinto* spürte man später den starken Einfluß, den diese Musik auf Peter Green hatte.

Mit vierzehn Jahren hörte er bei einem Freund seine erste Bluesplatte, eine 78er Schellack von Muddy Waters. Peter Greens damaliger Eindruck: „Die ganze Sache klang so sparsam und dicht zugleich." In der Folgezeit studierte er B. B. King, „der jedoch keinen Eindruck auf mich machte, als ich ihn zum ersten Mal hörte" (Peter Green), Buddy Guy, Otis Rush, Freddie King und viele, viele andere. Erstaunlicherweise spielte er aber in den ersten Bands, in denen er mitwirkte, Baß, was er nach Bob Brunnings Meinung exzellent konnte.

Trotz seiner Liebe zur Musik wünschten Peters Eltern, daß ihr Sohn nach Beendigung der Schule erst einmal etwas lernen sollte, und so absolvierte er eine Metzgerlehre. Dies hielt ihn jedoch keinesfalls davon ab, in seiner Freizeit mit einer Amateurband namens Bobby Denim and the Dominos damaliges Hitmaterial und Rock'n'Roll zu spielen. Auch in den folgenden zwei Jahren wirkte er bei Amateurbands mit, wie The Muscrats (mit Dave Bidwell am Schlagzeug) und The Tridents.

1964 sah er die Yardbirds mit Eric Clapton. Peter Green: „Ich spielte mittlerweile Baß. Aber Clapton gab mir einen großen Auftrieb, wieder Leadgitarre zu spielen. Ich dachte: ‚Vielleicht kann ich das auch schaffen?', nachdem ich ihn gehört hatte. Zum ersten Mal fühlte ich mich in eine bestimmte Richtung gedrängt. Weil er eine hatte, kaufte ich mir auch eine Gibson Les Paul-Gitarre." Wie das Schicksal so spielt, erhielt er bereits ein gutes Jahr später die Chance, bei John Mayall als Ersatz für Eric Clapton einzusteigen. Eric Clapton hatte nämlich am 30. August 1965 John Mayalls Bluesbreakers verlassen, um mit einer eigenen Band eine Griechenlandtournee zu unternehmen. Mayall nahm zuerst John Weider, dann Jeff Kribet und schließlich Peter Green als Ersatzgitarristen. Doch schon am 6. November 1965 war Clapton, der von seiner erfolglosen Tournee zurückgekehrt war, wieder ein Bluesbreaker, und das Intermezzo von Green, der die ganze Sache damals sowieso nicht so ernst genommen hatte, war erst einmal beendet. Nun wußte er aber, daß er nichts anderes mehr als Musik machen wollte.

Ende 1965 trat er der von Peter Bardens geleiteten Instrumental-Band Peter B's Looners bei, der noch Mick Fleetwood (Drums), Dave Ambrose (Baß) und Mick Parker (Rhythmusgitarre) angehörten. Die Band stellte ein den Erfolg solcher Gruppen wie Booker T. & MG's ausnutzendes Produkt der Ric Gunnel Agency dar, die auch Musiker wie Georgie Fame, Chris Farlowe und John Mayall betreute. Durch mehr oder weniger regelmäßige Auftritte im Flamingo Club wurden sie rasch bekannt, so daß man eine Single produzierte, *If You Wanna Be Happy/Jodrell Blues*. Sie stellt Peter Greens Plattendebüt dar. Während die A-Seite ein nicht weltbewegendes Instrumental mit starken Blues-, Beat- und Latin-Einflüssen präsentierte, bestand die B-Seite nicht, wie man annehmen könnte, aus einem exotischen Blues, sondern aus einer jazzigen, pianodominierten Kopie des populären Ramsey-Lewis-Titels, welche Greens erstes kurzes Gitarrensolo enthielt.

Nach dieser nicht von Erfolg gekrönten Single stießen Rod Stewart und Beryl Marsden zu dem Unternehmen, das, nach einer Leserumfrage in der Zeitschrift „Disc and Music Echo", erst den Namen The Rocket Express, dann The Shotgun Express erhielt. Green blieb allerdings wegen eines musikalischen Wechsels in Richtung Soul und einer unglücklichen Liebesaffäre mit Beryl Marsden nur zwei Monate dabei und folgte dann dem Ruf von John Mayall, den Clapton nun endgültig verlassen hatte. Peter Green kommentierte: „Ich war sehr naiv. Ich hatte keine Ahnung von dem Prestige, mit Mayall zu spielen, oder dem Druck, Eric Clapton zu ersetzen. Ich kümmerte mich nicht darum. Ich freute mich einfach über die Chance, auf die Art zu spielen, wie ich wollte."

Am 17. Juli 1966 wurde Peter Green einer der Bluesbreakers, zu denen noch John McVie (Baß) und Hughie Flint (Drums) gehörten. Am 30. September 1966 ging die Band in dieser Besetzung zum ersten Mal ins Studio, um mit dem von Green begeisterten Produzenten Mike Vernon die Single *Looking Back/So Many Roads* aufzunehmen. Mike Vernon sagte über Green: „Er war sehr zurückhaltend, höflich und ziemlich unscheinbar." Obwohl sich die Single schlecht verkaufte, wird den wenigen Käufern beim Hören klargeworden sein, daß sie Clapton nicht mehr nachtrauern mußten. Zwar klang Greens Gitarre noch stark nach Clapton, doch Emotionalität, Kraft und ein eindeutig individueller Ausdruck waren bereits deutlich zu spüren.

Dieser Einstand sollte nur der Anfang sein, denn im Oktober und November 1966 nahm man zusammen achtzehn Titel mit dem neuen Schlagzeuger Ainsley Dunbar auf, die das Material für eine im Januar 1967 erscheinende Single und die einen Monat später veröffentlichte LP *A Hard Road* bildeten. Während die A-Seite der Single, *Sitting In The Rain,* ein progressiver Skiffle Blues ist, auf dem Green ein zerbrechliches Gitarrensolo beisteuert, enthält die B-Seite mit Greens erster Eigenkomposition *Out Of Reach* sein erstes Meisterwerk und damit ein Meisterwerk des englischen Blues. Greens Gitarre ist fast zu schön, um wahr zu sein, und sein Gesang trägt ebenfalls zu der Gänsehaut bei, die man beim Hören unweigerlich bekommt.

Auch die LP *A Hard Road* ist ein Meisterwerk des englischen Blues. Alle Komponenten der LP zeigen höchste Qualität: Mayalls gelungene Kompositionen, Mike Vernons meisterhafte Produktion, das kraftvolle, ab und zu ausbrechende Schlagzeug von Ainsley Dunbar und natürlich Greens brillantes, oftmals noch claptoneskes, aber immer umwerfendes Gitarrenspiel. Ganz und gar genial aber war eine Green-Komposition, der instrumentale Titel *The Supernatural.* Über den hypnotischen Baßlauf, der an Greens Vergangenheit als Bassist der Tridents erinnert, und den pulsierenden Rhythmus dieses Titels legt Green mit atemberaubender Sicherheit eine Gitarrenimprovisation teilweise mit lang aushaltenden Feedbacktönen. Fantastisch! Da sich der Vergleich mit Clapton durch Soundähnlichkeiten oft aufdrängt, kann man nur befriedigt feststellen, daß das Freddie-King-Instrumental *Stumble* dem von Clapton gespielten Freddie-King-Titel *Hideaway* in nichts nachsteht.

Der Single war kein Erfolg beschert, aber die LP *A Hard Road* erreichte Platz 10 in den englischen Charts. 1971 erscheinen auf dem Mayall-Sampler *Thru' The Years* mit den beiden J. B. Lenoir-Titeln *Mama, Talk To Your Daughter* und *Alabama Marchin' Blues* noch zwei weitere Songs aus den LP-Sessions. Ganz bemerkenswert ist dabei der zweite Titel, auf dem Green, nur begleitet von seiner elektrischen Gitarre, die simplen Country-Blues-Zeilen aufwühlend intoniert. Von der gleichen Intensität ist auch der von Green geschriebene *Evil Woman Blues*, auf dem er singt, Gitarre spielt und von Mayall am Piano unterstützt wird. Er erschien im Januar 1967 auf dem Sampler *Raw Blues*. Im Januar 1967 gab es eine historische Begegnung zwischen zwei weißen Blues-Missionaren: Paul Butterfield kam nach England und nahm mit John Mayall und seinen Bluesbreakers eine LP auf. Die Platte wurde jedoch nicht so spektakulär, wie man annehmen konnte. Peter Green ist nur auf dem ersten Titel dieser LP deutlich herauszuhören. Doch schon bei der nächsten von Mike Vernon initiierten Aufnahmesession am 16. Februar 1967 zeigte Peter Green alles, was in ihm steckte. Ohne Mayall entstanden die Instrumentals *Curly* und *Rubber Duck*, letzteres mit einem wilden, hektischen Schlagzeugsolo, das fast achtzig Prozent des Titels füllt. Die auf einer Single veröffentlichten Titel sind deutlich von der harten Bluesrock-Seite von Cream beeinflußt. Außerdem wurden mit dem Instrumental *Greeny* und *Missing You* noch zwei weitere Green-Titel aufgenommen, die jedoch erst 1971 auf dem schon erwähnten Sampler *Thru' The Years* (und später auf den *Rare Tracks*-Alben) erschienen. *Greeny* ist ein maßlos schöner, jazzig swingender Instrumental-Blues; *Missing You* ist ein rockender Blues, auf dem man zum ersten Mal Greens kunstvolles Harmonikaspiel vernehmen kann, das bereits zu dieser Zeit Mayalls Harmonikaspiel in den Schatten stellte. Alle vier Titel zeigen, welche Variationsbreite Greens Fähigkeiten als Gitarrist und Komponist schon zu dieser Zeit aufwiesen, und Mike Vernon konfrontierte ihn von nun an immer öfter mit der Idee, eine eigene Gruppe zu gründen.

Aber ehe es soweit war, ging man am 8. März 1967 wieder geschlossen ins Studio und nahm die Titel *Please Don't Tell* und *Your Funeral And May Trial* auf, die jedoch ebenfalls erst auf *Thru' The Years* veröffentlicht wurden und die zeigen, daß Mayalls Harmonikaspiel durch die Lehrzeit mit Butterfield besser geworden war. Am 14., 17. und 21. März 1967 entstand die LP *Eddie Boyd And His Bluesband*. Hinter der Bluesband verbargen sich natürlich die Bluesbreakers, die Eddy Boyd auf sechs Titeln begleiteten, wobei Green sehr zarte und bluesige Soli (besonders auf *Too Bad Part 1 & 2*) beisteuerte.

Diese Aufnahmen waren zugleich die letzten in der bisherigen Bluesbreakers-Besetzung, denn Mayall hatte Ainsley Dunbar gefeuert, da er ihm „mit seiner verfeinerten Art des Spiels zu wenig zur simplen Musik der Bluesbreakers paßte", um es mit Mayalls Worten zu sagen. Peter Green schlug daraufhin seinen alten Freund Mick Fleetwood vor. Mick Fleetwood erzählte über das Angebot: „Es war schon komisch, weil ich zu dieser Zeit das professionelle Schlagzeugspielen schon längst aufgeben wollte. Ich wollte ins Fensterputzgeschäft einsteigen, als mich Pete einfach überraschend anrief."

Mit Mick Fleetwood nahmen die Bluesbreakers jedoch nur eine einzige Single auf: *Double Trouble/It Hurts Me To*, im Juni 1967 erschienen, denn der strikte Anti-Alkoholiker John Mayall warf den damals stark trinkenden Fleetwood bald wieder hinaus. Nach Fleetwoods eigenen Angaben war er fünf Wochen, laut Vernons Meinung nur zwölf Tage lang Mitglied der Bluesbreakers, als er durch Keef Hartley ersetzt wurde. Doch auch McVie zeigte mittlerweile, zumindest in Mayalls Augen, eine zu große Schwäche für Alkohol. Nachdem Mayall ihn vorher schon mehrmals kurzzeitig entlassen hatte, ersetzte er ihn nun, zunächst für vierzehn Tage durch Jack Bruce. Danach spielte Mayall am 1.Mai 1967 nur mit Hilfe von Keef Hartley das Album *The Blues Alone* ein. Peter Green war also nicht mit von der Partie, und Mike Vernon und sein Manager nutzten diese Gelegenheit, ihn dazu zu bringen, seine Kreativität in den Dienst einer eigenen Gruppe zu stellen. Dieses Mal hatten sie Erfolg: Am 15. Mai 1967 stieg Green bei Mayall aus.

Er wollte mit John McVie eine Reise nach Chicago unternehmen, um dort die Bluesclubs der South Side zu besuchen. Doch als man diese Idee fallenließ, kehrte McVie des regelmäßigen Einkommens wegen zu John Mayall zurück. Auch als Peter Green mit ihm und Mick Fleetwood eine eigene Band gründen wollte, blieb er bei Mayall. Dennoch hoffte Peter Green, daß McVie noch zu ihnen stoßen würde, und nannte die Band deshalb Fleetwood Mac. Außerdem bat er Bob Brunning, bei ihnen einzusteigen. Ein weiterer Grund, die Band nach der bald kompletten Rhythmussektion zu benennen, war nach Meinung von Fleetwood die Tatsache, „daß es Pete beschäftigte, kein Superstargitarrist zu werden, was er leicht hätte sein können. Er wollte seine Rolle herunterspielen". Zu Fleetwood Mac gehörte noch ein weiterer Musiker: der Slidegitarrist Jeremy Spencer. Mike Vernon war von Spencer, der der ansonsten „eher lachhaften" (Mike Vernon) The Levi Set Blues Band angehörte, so begeistert, daß er ihn mit Peter Green zusammenbrachte, als Green noch bei Mayall war. Zwar hätte Peter Green gern einen Rhythmusgitarristen in seiner Band gehabt, doch gefiel ihm die Idee, statt dessen unter einem Namen quasi zwei stilistisch unterschiedliche Bluesbands zu vereinen. Bei Liveauftritten bedeutete das, daß sich Peter Green und Jeremy Spencer als Frontmänner der Rhythmussektion von Fleetwood Mac abwechselten. Peter Green erreichte damit, was er wollte, denn Fleetwood Mac repräsentierte nun nicht nur den swingenden, urbanen oder rockenden Blues von Peter Green, sondern auch den wilden, an Elmore James erinnernden R&B und rockenden Boogie von Jeremy Spencer. Darüber hinaus kam es am Ende der Auftritte Fleetwood Macs auch zu Rock'n'-Roll-Klassiker-Zugaben, die Spencer initiierte.

Am 13. August 1967 absolvierten Fleetwood Mac ihren ersten offiziellen Auftritt beim National Jazz & Blues Festival in Windsor, wo außerdem noch Cream, The Jeff Beck Group, John Mayall's Bluesbreakers, Chicken Shack, Ten Years After und Ainsley Dunbar auftraten. Mit Dunbar hatte Peter Green noch eine mysteriöse Studiosession gehabt, an der auch Rod Stewart und Jack Bruce teilgenommen hatten. Ein Titel aus dieser Session erschien jedoch erst 1973 mit *Stone Crazy* (eine Kopie des *Gambler Blues* von B. B. King) auf dem Sampler *History Of British Blues*. Der langsame Blues ist durch Stewarts rauhe Stimme und Greens schöne Bluesgitarre sowie den total unpassenden Jazz-Baß sehr hörenswert.

Doch zurück zu Fleetwood Mac, die im September 1967 zum ersten Mal ins Studio gingen, nachdem sie, da Peter Green völlige künstlerische Freiheit wollte, einen Vertrag mit Mike Vernons neugegründetem kleinen Label Blue Horizon abgeschlossen hatten. Noch mit Bob Brunning spielte man mitten in der Nacht verbotenerweise in den Decca-Studios eine Anzahl von Titeln ein, die den Plattenvertriebsdeal von Blue Horizon mit CBS entschieden. Unter den veröffentlichten Titeln waren *First Train Home, Fleetwood Mac* (beide auf *Original Fleetwood Mac*), *Long Grey Mare* (auf der ersten LP), *I Believe It In My Dream* und *Ramblin' Pony*. Der letzte Song erschien im November 1967 als erste Single von Fleetwood Mac und als erste Blue Horizon-Veröffentlichung. Während die A-Seite einen sehr authentischen Elmore-James-Song von Jeremy Spencer enthielt, auf dem Green ihn nur auf der

Harmonika begleitete, dies allerdings atmosphärisch sehr dicht, stellte *Ramblin' Pony* eine überarbeitete Version von Muddy Waters *Rollin' And Tumblin'* dar, auf der Green nur die Melodielinie beisteuerte. Im großen und ganzen war es nicht verwunderlich, daß sich diese Single nur mäßig verkaufte, da sie musikalisch sicher nicht die Peter Green-Bluesbreakers-Fans ansprach. Im Dezember 1967 gab es einen Wechsel in der Besetzung, denn der zeitweilige Lehrer Bob Brunning verließ die Band zugunsten von McVie, der sich endlich von den Blues-breakers getrennt hatte, da sie ihm nach der Ergänzung um drei Bläser zu jazzig geworden waren. Peter Green erklärte: „Bob Brunning paßte auch wirklich nicht zu uns. Alles, was er jeden Abend machte, wenn wir spielten, war, den Mädchen auf den Busen zu gucken."

An dieser Stelle soll noch eine Beobachtung Bob Brunnings wiedergegeben werden, die sehr dazu angetan ist, eine Facette von Greens Charakter zu erhellen: „Einmal begeisterte ich mich bei ihm zu Hause für seinen neuen Plattenspieler, den er sich selbst gekauft hatte, und sofort bestand er darauf, daß ich ihn nehme. Es war unmöglich, irgend etwas zu bewundern, was ihm gehörte, ohne es gleich geschenkt zu bekommen." Diese Eigen-schaft wurde, wie man sich unschwer vorstellen kann, später sehr ausgenutzt, was bei Green böse seelische Wunden hinterlassen hat.

In den letzten Wochen des Jahres 1967 ging Fleetwood Mac zum ersten Mal in Greens Wunschbesetzung ins Studio, um mit Mike Vernon als Produzenten die Titel für die erste LP und die zweite Single aufzunehmen. (Ein Teil dieser Aufnahmen erschien erst 1971 auf der LP *The Original Fleetwood Mac*.) Während dieser Aufnahmesession fand Green außerdem noch Zeit, auf John Mayalls Single *Jenny/Picture On The Wall* mitzuspielen. Sehr ungewöhnlich ist für Green, daß er auf *Picture On The Wall* eine Steelgitarre spielt (spielen soll?), wogegen man auf dem lieblichen Titel *Jenny* jene verhaltene Bluesgitarre hört, die für ihn typisch werden sollte.

In den folgenden Monaten tourte Fleetwood Mac als Backing Band von Eddie Boyd mit viel Erfolg und Aufsehen durch England. Des weiteren begleiteten Green, McVie und Fleetwood

Eddie Boyd auch auf dessen Aufnahmesession am 25. Januar 1968, aus der die LP *7963 South Rhodes* und die Single *The Big Boat/Sent For You Yesterday* resultierten. Die B-Seite der Single, *Sent For You Yesterday*, ist ein rollender Boogie mit einem kurzen, aber prägnanten Gitarrensolo von Green, das bedauerlicherweise nur auf dieser Originalsingle zu finden ist. Die A-Seite, *The Big Boat*, befindet sich dagegen auch auf dem ständig wieder neu aufgelegten Fleetwood Mac-Sampler *The Pious Bird Of Good Omen*.

Auf ihm findet man auch einen der schönsten Titel der *7936 South Rhodes*-LP, nämlich *Just The Blues*. Dieser überlangsame, extrem sparsame Blues ist gar nicht zu beschreiben. Man empfindet ihn kaum noch als Musik, sondern als direkte Wiedergabe von Stimmung, als unverfälschtes Gefühl, wobei die rollenden Klaviernoten, der pumpende Baß und der Jazzbesen wie instrumentale Begrenzungspunkte für Greens fast unirdische Gitarre wirken. Die Intensität, die Green mit wenigen Tönen erzeugt, scheint wirklich wie von einer anderen Welt zu sein. Mit der extremen Sparsamkeit liegt die Betonung auf feinen Nuancen: der Dynamik, dem Vibrato und der Kunst, Pausen zu setzen – Dinge, die Peter Green meisterhaft beherrscht. Peter Greens Gitarre sagt hier mehr über die emotionale Wucht aus, die man mit diesem Instrument erreichen kann, als tausend andere gitarrenbetonte LPs. Seine Genialität liegt dabei zweifelsohne in der optimierenden Reduzierung, in der schlafwandlerisch ausgeübten Kunst des Weglassens.

Auch auf *Third Degree* von derselben LP kommt diese Stärke in vollem Maße zum Tragen, was aber nicht heißen soll, daß nur auf diesen zwei Titeln Peter Greens Gitarre zu vernehmen ist – ganz im Gegenteil. Auch auf dem Rest dieser atmosphärischen, dem klassischen Chicago-Stil verpflichteten LP finden sich die aufregenden, swingenden Gitarrensoli, die man auf der ersten, im Februar 1968 erschienenen LP von Fleetwood Mac weitgehend vergeblich sucht.

Der Name dieser LP, *Peter Green's Fleetwood Mac*, ging dabei ganz auf die Rik Gunnell Agency zurück, die sich durch die Nennung Peter Greens mehr Publicity versprach. In dieser Zeit wie schon davor waren sie auch unter diesem Namen für

Liveauftritte gebucht und angekündigt worden, wenngleich sich die Band selbst in diesen Monaten nie anders als Fleetwood Mac nannte. Die LP, die erste auf dem Blue Horizon Label, wurde eine der LPs mit den zu dieser Zeit höchsten Verkaufsziffern in Europa. Sie erreichte die Top 5, blieb fünfzehn Wochen in den Top 10 und ein Jahr in den Top 20. Rund fünfzig Prozent des Albums bestanden aus energiegeladenen Slide-Nummern von Jeremy Spencer, doch wir wollen uns auf Peter Green beschränken.

Peter Green erklärt: „Ich war ein wirklicher Purist in diesen Tagen, und die Freiheit, unsere eigene Band zu haben, ließ mich Dinge wie *No Place To Go* und *Looking For Somebody* tun. Ich wollte, daß die Band genauso klingt." Auf *Looking For Somebody* kamen darüber hinaus die Qualität der Rhythmussektion und Greens Harmonikaspiel, dem er mit virtuoser Handarbeit zusätzliche Dimensionen eröffnete, zum Tragen. Doch die eigentlichen Sternstunden als Gitarrist (und Komponist) hatte Green mit akustischer Gitarre auf dem Country Blues *The World Keeps On Turning*, mit sinnlicher, verhallter Gitarre auf dem grandiosen *I Loved Another Woman* und mit einer göttlichen Blue Guitar auf *Merry Go Round*. Auf diesem Titel konnte man noch am ehesten die ihm so oft nachgesagte Verwandtschaft zu B. B. Kings Gitarrenspiel feststellen. Daß sein Spiel jedoch nie zur bloßen Kopie wurde, beweisen zwei Dinge: Zum einen wurde B. B. King selber ein großer Bewunderer von Peter Greens Gitarrenpoesie, und zum anderen gibt es eine sehr aufschlußreiche Feststellung von Mike Vernon: „Peter war sich nicht bewußt, ein Solo zu spielen, das nach B. B. King oder jemand anderem klang. Er hörte auch nicht sehr viele Platten."

Einen Monat nach der überzeugenden Debüt-LP erschien das erste grandiose Meisterwerk des Komponisten Peter Green, das aber nur unter die Top 50 der Single-Charts gelangte: *Black Magic Woman*. Eine sengende Leadgitarre im Kontrast zu einer sanft gestrichenen Rhythmusgitarre, eine holprige, hypnotische Rhythmusstruktur, Greens dunkle, leidende Stimme, ein Rhythmuswechsel am Ende – das waren die Bestandteile, die diesen meisterhaft einfach arrangierten Titel zum Klassiker prädestinierten. Interessanterweise findet sich auf dem amerikanischen

Sampler *English Rose* neben dem nur in Amerika veröffentlichten Kirwan-Titel *Something Inside Of Me* eine Version von *Black Magic Woman*, die nicht nur etwas kürzer ist, sondern auch ein vollkommen ohne Hall abgemischtes Gitarrensolo von Green enthält, was darauf hinweist, daß man den für Green später typischen Halleffekt hier erst nachträglich erzeugt hat. Wie fest Greens Gitarrenlinien in den Song eingeflochten sind, geht auch daraus hervor, daß Santana für seine latin-gefärbte Version, die diesen Song erst weltweit bekannt machte, viele ebendieser originalen Gitarrenlinien kopierte. Green selber mochte Santanas Version und fügte später bei Live-Interpretationen dieses Titels einige Latin-Elemente hinzu.

Durch beständiges Touren hatte sich Fleetwood Mac mittlerweile den Ruf einer der besten englischen Live-Bands erworben. Das einzige Plattendokument ihrer unbestreitbaren Live-Qualitäten ist das erst 1986 erschienene Album *Live In London '68*, das leider große tontechnische Mängel aufweist. (Plattenfirmen behaupten, so klingen nur Bootlegs). Ihr Ruf gründete sich auch auf die Größe ihres Repertoires. So sind auf dieser angeblich im April 1968 aufgenommenen Live-LP nur Titel zu hören, die Fleetwood Mac nie aufgenommen hat (oder die zumindest nicht erschienen sind).

In dieser Zeit betätigte sich Peter Green als Talentscout, indem er noch unbekannte Blueskünstler wie Gordon Smith, Duster Bennett und Danny Kirwan mit seiner Band Boilerhouse als Vorgruppen für Fleetwood Mac erstmalig einem größeren Publikum vorstellte. Seine interessanteste Entdeckung war sicher neben dem talentierten Danny Kirwan, der im August Mitglied von Fleetwood Mac wurde, der damals mit seiner Gruppe Skid Row noch überzeugende irische Gitarrist Gary Moore. Durch Empfehlung von Green, für die man sich auch auf der ersten LP bedankte, konnte Gary Moore schon mit siebzehn Jahren zusammen mit Skid Row seinen ersten Plattenvertrag mit CBS (der Vertriebsfirma von Blue Horizon) abschließen. Darüber hinaus schenkte Peter Green später Gary Moore seine legendäre Les Paul von den *Albatross*-Sessions, mit der Moore wahrscheinlich auf der wunderschönen Peter-Green-Hommage *Don't Believe A Word* (auf *Back On The Streets*) zu hören ist.

Doch zurück zu Fleetwood Mac, die im Juli 1968 die Single *Need Yor Love So Bad* herausbrachten, auf der Peter Greens emotionaler Gesang das mit Streicherarrangements versüßte Stück vor dem Abdriften ins Kitschige bewahrt. Mike Vernon: „Was mich betrifft, so hielt ich das für den zufriedenstellendsten Fleetwood-Mac-Titel von allen. Eine zauberhafte, schöne Platte. Kein so großer Hit, wie es hätte werden sollen, aber *we all say that about everything we do*."

Von Ende Juni bis tief hinein in den Juli 1968 tourte Fleedwood Mac dann zum ersten Mal durch die Heimat des Blues, Amerika. Doch da ihre dortige Plattenvertriebsfirma Epic, die schon durch Nichtwerbung für den mehr als schleppenden Plattenverkauf in Amerika verantwortlich war, keine Promotionarbeit für diese Tournee geleistet hatte, geriet das Unternehmen öfters an den Rand des Fiaskos. Dennoch bot die Tournee die Gelegenheit, den früher geplanten Besuch der South Side Clubs von Chicago endlich nachzuholen.

Der Erfolg der zweiten LP, *Mr. Wonderful*, ließ die Band die deprimierende Tournee verschmerzen. Innerhalb kürzester Zeit kam dieses Album auf Platz 4 der englischen LP-Charts. Bei den Aufnahmen hatte es einige Veränderungen gegeben. Christine Perfect, die später John McVie heiratete, war mit von der Partie, und ein Bläsersatz kam zum Einsatz. Doch die wichtigste Neuerung lag darin, daß man diese LP in einem der modernsten Londoner Studios so produziert hatte, daß sie im rauhen Mono-Sound der Chess-Aufnahmen aus den 50er Jahren tönte. Dieses erfolgreiche Soundexperiment ging vor allem auf Jeremy Spencer zurück, und seine Titel, die fünfzig Prozent der LP füllten, glichen dadurch noch stärker den alten Elmore-James-Aufnahmen.

Da sich die meisten Spencer-Stücke sehr ähnelten, gehörten die Höhepunkte dieser LP ganz eindeutig Peter Green, der mit seiner scharfen, beißenden Gitarre die rockenden Titel veredelte. Die eindrucksvollen Texte zu den Green-Kompositionen schrieb übrigens ein mysteriöser C.G. Adams. Schier unglaublich war die emotionale Tiefe, die Peter Greens Gesang mittlerweile ausstrahlte. So klingt Greens vereinsamter Gesang auf dem nur von seiner akustischen Gitarre und Duster Bennetts Harmonika geprägten autobiographischen Titel *Trying So Hard To Forget* so unheimlich verwandlungsfähig und schmerzgeprägt, daß man unweigerlich an die Intensität des Country-Blues-Sängers und Gitarristen Robert Johnson erinnert wird. Auch auf dem langsamen Blues *Love That Burns* laufen einem bei Greens schwermütigem Gesang Schauer über den Rücken.

Zu diesem Zeitpunkt hatte Mike Vernon noch recht, wenn er behauptete, „daß es schwierig werden dürfte, eine puristischere Blues-Band zu finden". Doch schon mit der nächsten Single schockte Fleetwood Mac Mike Vernon ganz gehörig. In der Hochzeit des britischen Blues nahm das Paradepferd des englischen Blues das ruhige, träumerische Instrumental *Albatross* auf, das sowohl stark von den Gitarren-Instrumentals der Shadows als auch im besonderen von Santo & Johnnys *Sleepwalk* geprägt war. Zuerst verkaufte sich die Single nur zaghaft, doch nachdem das Instrumental als Untermalung für einen Dokumentarfilm verwendet wurde und das BBC-Fernsehen einen kurzen Film über den Titel machte, ging die Single wie verrückt und setzte sich an die Spitze der englischen Charts. Die B-Seite war auch das Plattendebüt des neuen achtzehnjährigen Fleetwood-Mac-Gitarristen Danny Kirwan. Peter Green, der in dieser Zeit mehr und mehr von der komplexen Musik der Cream, Jimi Hendrix' und diverser S. F.-Bands sowie von klassischer Musik beeinflußt wurde, erhoffte sich von Kirwan, der sowohl von B. B. King als auch von Django Reinhard geprägt war, eine weitere Vergrößerung der Variationsbreite von Fleetwood Mac. Auf der Bühne übernahm Kirwan, unterstützt von Green, McVie und Fleetwood, vornehmlich die Instrumentals, die wie die B-Seite von *Albatross, Jigsaw Puzzle Blues*, reichlich aus seiner Feder fließen sollten. Während Jeremy Spencer die Live-Auftritte der Band mit seinen Showeinlagen und seinem Sinn für Entertainment weiter aufwertete, entstand zwischen Kirwan und Green eine ungemein kreative Wechselwirkung, die das letzte Fleetwood-Mac-Album mit Peter Green maßgeblich prägte.

Durch den immensen Erfolg von *Albatross* beflügelt, mit dem der Komponist und Arrangeur dieses Stückes, Peter Green, selbst am wenigsten gerechnet hatte, wagte die Band im Dezember 1968 eine erneute Tournee durch Amerika, wo sie nach wie vor so gut wie unbekannt war. Sie nutzte diese strapaziöse Tournee, die bis

Mitte Februar 1969 dauerte, dazu, in den legendären Chess-Studios im Januar 1969 unter der Produktionsregie von Mike Vernon und Marshall Chess eine *Blues Jam At Chess*, wie der Titel des Doppelalbums lauten sollte, mit Bluesgrößen wie Walter „Shaki" Horton, Otis Spann, Willie Dixon, J. T. Brown und anderen einzuspielen. Obwohl ein Teil der Atmosphäre nach Meinung von John McVie durch die „Whitey's stole our music"-Attitüde belastet wurde, entstand eines der gelungensten „Father & Sons"-Alben, wenngleich die Musik wesentlich stärker von Fleetwood Mac als von den Gästen geprägt war. Die Elmore-James-Hommagen von Jeremy Spencer hatten den idealen Bezugsrahmen gefunden und wirkten packend und erfrischend. Danny Kirwan steuerte eine ganz fantastische, vibrierende Gitarrenarbeit bei, und Peter Green brillierte – in dem relaxed swingenden *Watch Out*, als zweiter Leadgitarrist neben Kirwan in dem feurigen Instrumental *Like It This Way* oder als soulvoller Sänger in dem Blues *Sugar Mama* – mit einer Souveränität, die fast schwindelerregend war. Da diese Doppel-LP sonderbarerweise erst rund ein Jahr später erschien, erfuhr das erstklassige Album nicht allzuviel Beachtung, denn schließlich gehörte der Blues-Boom zu diesem Zeitpunkt ebenso der Vergangenheit an wie die puristische Bluesphase von Fleetwood Mac.

Noch im gleichen Monat begleiteten Fleetwood Mac, allerdings ohne Mick Fleetwood und Jeremy Spencer, den Pianisten Otis Spann auf der New Yorker Aufnahmesession für das Blue-Horizon-Album *The Biggest Thing Since Collossus*, das ebenso wie das Eddie-Boyd-Album *7963 South Rhodes* nie wieder neu erschienen ist. Es avancierte völlig zu Recht zu einer extrem gesuchten Rarität. Denn das ungemein atmosphärische und abwechslungsreiche Album enthält gitarristische Sternstunden Kirwans und Greens. Vor allem der langsame Blues *My Love Depends On You* enthält ein Gitarrensolo von Green, das in seiner emotionalen Effektivität und gleichzeitigen Sparsamkeit wohl kaum zu übertreffen ist.

In New York nahmen Fleetwood Mac auch ihre neue Single *Man Of The World* auf, die zum ersten musikalischen Statement von Greens wachsender Desillusionierung über seinen Status als Rockstar wurde. Die Single war die erste, die nicht auf dem Blue

Horizon Label erschien. Aufgrund von Problemen war man kurzzeitig auf Andrew Loog Odhams Immediate Label ausgewichen, das finanziell jedoch so geschwächt war (und kurz darauf auch Konkurs anmelden mußte), daß Fleetwood Mac einen lukrativen Vertrag mit Warner Brothers' neuem Reprise Label abschloß. Wie wenig dieser Wechsel auf Green zurückging, zeigt seine folgende Feststellung: „Ich war der letzte, der sich damit einverstanden erklären mußte, Blue Horizon zu verlassen. Ich war dort durchaus zufrieden, und ich mochte Blue Horizon und Mike Vernon nicht nur wegen mehr Geld verlassen." *Man Of The World* erreichte Platz zwei der englischen Charts; auf der B-Seite befindet sich der Rock'n'Roll-Titel *Somebody's Gonna Get Their Head Kicked In Tonite* von Jeremy Spencer, der unter dem Pseudonym Earl Vince & the Valiants erschien.

Peter Green unterstützte nach dieser Single die Band des ehemaligen Fleetwood-Mac-Mitglieds Bob Brunning auf ihrem zweiten Album *Trackside Blues* sehr eindrucksvoll als Sänger, Gitarrist und Harmonikaspieler. Der unbestreitbare Höhepunkt des Brunning-Sunflower-Band-Albums ist der Titel *If You Let Me Love You*, der zum Live-Repertoire von Fleetwood Mac gehörte und auf dem Green mit seinem einfühlsamen Gesang und seinem herrlichen, relaxten Gitarrenspiel eine weitere Perle seiner Kunst geformt hat.

Außerdem unternahm Fleetwood Mac in dieser Zeit eine Skandinavien-Tournee, in deren Verlauf sie in Schweden einige Male zusammen mit Janis Joplin und ihrer Kozmic Blues Band auftraten. Janis war sehr beeindruckt, und so fanden einige private Sessions statt. Ende April 1969 tourte Fleetwood Mac zusammen mit B. B. King durch Großbritannien, und im Anschluß stellte die Band bis zum Sommer die Aufnahmen zu ihrer nächsten LP fertig. Dennoch fand im Juli/August 1969 eine dritte Amerika-Tournee im Vorprogramm von Jethro Tull und Joe Cocker statt, die beide zusammen in England nur annähernd die Popularität von Fleetwood Mac hatten. Obwohl diese Tournee durch die Unterstützung der amerikanischen Plattenfirma von Erfolg gekrönt war, zeigte Peter Green immer weniger Interesse an der Arbeit mit der Band. Nach seinen eigenen Angaben bewog ihn nicht der Erfolg, sondern der Wille, etwas

Neues zu beginnen, dazu, dem damaligen Manager von Fleetwood Mac, Clifford Davies, auf der dritten Amerika-Tournee zu sagen, daß er aussteigen wolle. Davies konnte ihn jedoch dazu überreden, der Band zuliebe vorerst noch nicht zu gehen.

Als Peter Green wenig später die Band doch verließ, wurde dadurch das Vorhaben auf Eis gelegt, die Live-Aufnahmen, die während dieser Tournee im Tea Party Club in Boston entstanden waren, zu veröffentlichen. Diese Aufnahmen, die bewiesen, welche fantastische Live-Band Fleetwood Mac in diesen Tagen war, verstaubten so bis zum Jahre 1984 unabgemischt in den Regalen der Archive, ehe sie auf dem kleinen Label Shanghai in Form der Einzel-LP *Live In Boston* und der Doppel-LP *Cerulean* veröffentlicht wurden. Diese LPs dokumentieren die Vielfältigkeit der Gruppe in dieser Zeit, obwohl eine ganze Reihe typischer Fleetwood-Mac-Live-Titel nicht darauf zu finden sind. Von langen kraftvollen Improvisationstiteln wie *Rattlesnake Shake* (24:30 Min.!) über die wilden Slide- und Rock'n'Roll-Titel des Entertainers Jeremy Spencer bis hin zu packenden Gitarrenduellen von Kirwan und Green auf dem Instrumental *Like It This Way* konnte man auf diesem Album noch einmal die ungeheure Live-Faszination von Fleetwood Mac auf sich wirken lassen, die die Gruppe nach dem Ausstieg von Peter Green leider nie wieder erreichen sollte.

An dieser Stelle sei noch angemerkt, daß das Album *Cerulean* mit einer Live-Version von *Sandy Mary* außerdem einen Titel enthält, den Fleetwood Mac nie aufgenommen hat. Einzig Cliff Bennett spielte den Song später in einer überproduzierten Version ein, die als Single und auf dem Album *Rebellion* erschien.

Über Peter Greens Beweggründe, Fleetwood Mac zu verlassen und der Musikszene lange Zeit den Rücken zu kehren, könnte man einen langen Absatz schreiben, der es aber nicht im entferntesten so auf den Punkt brächte wie Peter Greens eigenes musikalisches Statement. Gemeint ist der langsame Blues *Jumping At Shadows* (auf *Live in Boston*), auf dem Greens ergreifender Gesang und seine singenden Gitarrenklänge mehr sagen als ganze Wortkaskaden. Als Hörer spürt man die dunkle, unheilvolle Kraft, die sich Greens mittlerweile bemächtigt zu haben scheint, fast am eigenen Körper. Die Nackenhaare sträuben sich einem, wenn Green auf diesem Titel zwischen der befreienden Wirkung des Blues und tiefer Depression hin und her schwankt. Green scheint zu tief in die Geheimnisse seiner Seele eingedrungen zu sein, so daß es einen beim Hören dieser Aufnahme nicht verwundert, daß Green heute nur noch ein „Schatten" seiner selbst ist.

Im September 1969 erschien mit der Single *Rattlesnake Shake* ein weiteres musikalisches Zeugnis von Greens Veränderung, die die anderen Mitglieder von Fleetwood Mac später auf die Einnahme stärkerer Acid-Dosen zurückführten. Die B-Seite dieser Single gehört mit *Coming Your Way* wieder einem stimmungsvollen melodiösen Kirwan-Song. Diese beiden Single-Titel erschienen noch im gleichen Monat auf dem ersten Album von Fleetwood Mac auf dem Reprise Label *Then Play On*. Dieses Album verkaufte sich in Amerika über 100 000 mal und erreichte die Top 5 der englischen Charts. Eigentlich sollte dieser LP eine EP mit Jeremy-Spencer-Titeln beiliegen, doch am Ende gab man diesen Plan zugunsten einer Solo-LP von Jeremy Spencer auf. Wegen seiner Faulheit erschien sie jedoch nicht, wie geplant, zeitgleich mit *Then Play On*, sondern wurde erst im Februar 1970 veröffentlicht. Diese hörenswerte parodistische Rock'n'Roll-LP ist auch deshalb interessant, weil die komplette Fleetwood-Mac-Besetzung bis auf Peter Green, der nur auf einem Stück ein Banjo (!) spielt, mit von der Partie ist.

Doch nun zu der LP *Then Play On*, auf der Peter Green Danny Kirwan eine Menge Platz für seine Kompositionen und musikalischen Vorstellungen reserviert hatte, da er seine Rolle als Superstar von Fleetwood Mac herunterspielen wollte. Auf der englischen Ausgabe von *Then Play On* waren sogar mit *One Sunny Day* und *Without You* zwei weitere wunderschöne Kirwan-Kompositionen enthalten, die in Amerika schon rund acht Monate vorher auf dem Sampler *English Rose* herausgekommen waren. Peter Green hatte auf diesem Album seinen schöpferischen Zenit als begnadeter Arrangeur und Komponist sowie als stimmungsvoller Gitarrist erreicht. Obschon die Blueswurzeln in der emotionalen Tiefe solcher Titel wie *Closing Your Eyes* und *Before The Beginning* noch spürbar waren, war die Musik komplexer geworden und integrierte die Einflüsse des poetischen Hendrix (*Underway*) ebenso wie die wilden, dichten, rockenden Gitarrensounds, die einen Teil ihrer Live-Auftritte ausmachten (*Searching For Madge,* und *Fighting For Madge*). Dazu kam noch, daß Peter Green auf dieser LP mit geschickt eingefügten Brechungen, wie z.B. Passagen mit Stimmen, Streichern und Sologitarren in dem Instrumental *Searching For Madge* experimentierte. Zusammen mit dem zynischen *Show Biz Blues*, auf dem Green eine herrliche akustische Slidegitarre spielt, ist diese LP mit Ausnahme der Popballaden Kirwans (*When You Sag* und *Although The Sun Is Shining*) ein Meisterstück der komplexen bluesorientierten Musik.

Ebenfalls im September 1969 erschien die Single *Oh Well*. Ein magisches Riff auf der akustischen Gitarre, ein treibender, dröhnender Rhythmus, kraftvolle Akkorde und zynische Textzeilen – all das waren die Bestandteile einer der besten Arbeiten Peter Greens, die zu einem der Klassiker der Rockgeschichte wurde. Auf der B-Seite folgte dann mit dem von klassischer und spanischer Musik inspirierten Instrumental *Oh Well Part II* die Ruhe nach dem Sturm. Greens akustische Gitarre, in ein Arrangement mit Cello, Flöte, Piano und Pauken eingebettet, erzeugt eine meditative Stimmung, die verständlich macht, daß die Bandmitglieder nicht dachten, daß diese Single ein Erfolg würde. Doch das wurde sie. Sie erreichte Nr. 1 der englischen Charts und machte neugierig, was man von Fleetwood Mac noch alles zu erwarten hatte.

Die vergeistigte Stimmung von *Oh Well Part II* täuschte nicht: Peter Green begann sich immer mehr für religiöse und spirituelle Dinge zu interessieren, studierte die Bibel und schrieb vom Sommer 1969 bis zu seiner Trennung von Fleetwood Mac nur noch einen einzigen Song. Doch seine Unlust bezog sich dabei nur auf seine Arbeit mit Fleetwood Mac, denn in der folgenden Zeit jammte er sowohl mit der progressiven Jazz-Soul-Band Gass, auf deren Debüt-LP er mitwirkte (*Juju, Black Velvet*), als auch mit der neuen Band Peter Bardens' Village. Ende 1969 war er auch auf einer spontanen Jam Session mit dabei, aus der die erste Solo-LP von Peter Bardens, *The Answer*, resultierte. Dieses Album dokumentiert über die Tatsache hinaus, wie einfühlsam

Peter Green seine Gitarre bei solch einer Free Form Jam Session in Szene setzen konnte, die ersten Versuche Greens, seinen klaren Gitarrensound durch den Einsatz eines Wah-Wah-Pedals zu erneuern.

Im Frühjahr und im Herbst 1970 tourte Fleetwood Mac noch einmal ausgiebig durch Europa, und im April 1970 erschien die letzte Aufnahme der Band mit Peter Green: *Green Manalishi (with the two prongued crown)*. Diese Single, die nur unter die englischen Top Ten kam, sagt eigentlich alles über Peter Greens seelische Verfassung zu dieser Zeit aus. Peter Green berichtete: „Eines Nachts wachte ich total verschwitzt auf und fühlte mich, als könne ich mich nicht bewegen. Ich fühlte mich ganz schrecklich, und dabei war ich nicht krank." In dieser Nacht schrieb er *Green Manalishi*. Doch das Ende von Fleetwood Mac war nahe, denn nach Peter Green hatte die Gruppe jede Faszination verloren. Als Peter Green das Geld, das nun in reichlichen Mengen floß, karitativen Zwecken zur Verfügung stellen und hungernden Menschen zukommen lassen wollte, waren die anderen Bandmitglieder gar nicht begeistert und hielten das für die Idee eines durch Acid und religiöses Gedankengut verwirrten Geistes. Am 29. Mai 1970 fand deshalb Peter Greens letzter Auftritt mit Fleetwood Mac statt; zwei Tage später trennte er sich von der Band.

Kurz vor dem Split hatte Green seinem und Fleetwood Macs Manager Clifford Davies bei den Aufnahmen zu dessen zweiter Single geholfen. Die A-Seite präsentierte mit Davies' *Come On Down And Follow Me* einen Titel, auf dem Green alle Instrumente spielte. Das nährte die Gerüchte, daß Green auf seiner ersten Solo-LP, die zuerst als Doppelalbum geplant war, alle Instrumente selber spielen würde. Tatsächlich entstand das Album aber im Frühjahr 1970 aus einer „Live im Studio"-Jam Session mit einem Teil seiner Musikerfreunde.

Doch ehe dieses Solo-Album erschien, wirkte Peter Green im Juni auf dem leider überproduzierten Memphis-Slim-Album *Blue Memphis Suite* sehr eindrucksvoll mit. Auf diesem Album, das quasi sein Abschiedsalbum als puristischer Bluesgitarrist wurde, füllte er auf geschmackvollste Weise musikalische Lücken, gab kleine superbe und fragile Gitarrensoli zum besten und variierte seinen Gitarrensound unaufdringlich mit Wah-Wah-Pedal und Hallspirale. Leider ist auch dieses Album, das allein schon wegen der Titel *Otis Spann And Earl Hooker* und *Chicago Seven* in jede Peter-Green-Sammlung gehört, nie nachgepreßt worden und deshalb eine kleine Rarität.

Am 15. Juni 1970, also noch in der Zeit der Aufnahmen für diese LP, trat Peter Green zusammen mit dem Organisten und Pianisten Nick Buck zum erstenmal nach der Trennung von Fleetwood Mac öffentlich auf. Dieser Auftritt sollte der Auftakt für eine ganze Reihe ähnlicher spontaner Gigs sein, die Green nur aus Freude an der Musik und ohne Gage im London jener Tage absolvieren sollte. Am 27. Juni gab es zunächst einmal eine Riesenüberraschung, als John Mayall für das Bath Festival Of Blues and Progressive Musik eine Ad-Hoc-Band zusammenstellte, zu der neben Ainsley Dunbar, Ric Gretch und Rod Mayall auch Peter Green gehörte. Als nächstes hörte man von ihm, daß er ein Angebot der Rascals abgelehnt hatte, weil er eine eigene Band gründen wolle. Doch aus dieser Idee wurde trotz gelegentlicher Ansätze, mit einer festen Band Live-Auftritte zu unternehmen, leider nie etwas.

Im Oktober 1970 erschien dann mit *End Of The Game* sein erstes Soloalbum. Mit diesem Album machte Peter Green in aller Deutlichkeit klar, daß er mittlerweile musikalische Visionen hatte, die er in dieser Radikalität nie mit Fleetwood Mac hätte verwirklichen können. Denn diese LP bot eine kaum beschreibbare Mischung aus avantgardistischer Instrumental-Musik, Jazzrock und psychedelischem Free Form Jazz, die seinerzeit vollkommen im Widerspruch zu der oberflächenpolierten, konsumierbaren Musik stand, die einen großen Teil der allgemeinen Strömung der Rockmusik ausmachte. Green arbeitete auf dieser LP sehr eigenständig in rhythmischer Weise mit den Soundmöglichkeiten eines Wah-Wah-Pedals.

Insgesamt ist die LP aber über das musikalische Experiment hinaus ein Spiegel des desolaten, labilen Zustandes von Peter Green, der in dem Wechsel der musikalischen Stimmungen zum Ausdruck kommt. Da die LP ihre visualisierende Kraft erst entfaltet, wenn man sich an ihren Sound gewöhnt hat, verkaufte sich das Album nicht gut und verwirrte viele Green-Fans total.

Nur in der Bundesrepublik erlangte das Album innerhalb der Undergroundszene einen legendären Kultstatus.

Trotz der Eigenständigkeit der Musik dieses Albums, das Peter Green selber produziert und gemischt hat, lassen sich besonders bei den ersten beiden Titeln interessante Parallelen finden. So erinnert *Bottom Up* an die Live-Improvisationen von Cream und das melancholische *Timeless Time* an träumerische Passagen aus Hendrix' Meisterwerk *Moon, Turn The Tides ... Gently, Gently Away*. Doch als Ganzes war dieses Album eine Art Liebeserklärung an die Möglichkeiten eines Wah-Wah-Pedals. Mal fauchend wie der Gepard auf dem Cover, dann wieder babyähnliche Töne formend, machte er mit diesem Effektgerät das beste, was er machen konnte, um es dann befriedigt aus seinem Gitarrenequipment zu streichen.

Schon wenige Monate nach dem Erscheinen dieser LP wollte Peter Green wieder ins Studio gehen, doch daraus wurde ebensowenig etwas wie aus der Gründung einer eigenen Band. Statt dessen zog sich Peter Green, nachdem er fast sein gesamtes Geld Wohlfahrtseinrichtungen gespendet hatte, auf eine Farm zurück. Dort erreichte ihn der Hilferuf von Fleetwood Mac, bei ihrer Amerika-Tournee für den ausgestiegenen Jeremy Spencer einzuspringen. Jeremy Spencer hatte die Band von einer Sekunde zur anderen verlassen, während die Band auf ihrer sechsmonatigen Amerika-Tournee in San Francisco weilte. Ein kleines Erdbeben hatte den leichtgläubigen und religiösen Jeremy Spencer für die Botschaft der Sekte Children of God empfänglich gemacht. Erst mehrere Tage später fand die Polizei Spencer. Er trug kurzes Haar und dreckige Kleidung, nannte sich selbst nur noch Jonathan, war ein Mitglied der Sekte geworden und wollte nur noch Gott dienen. Also sprang Peter Green, der die Band ja selbst aus teilweise auch religiösen Beweggründen verlassen hatte, nun für ihn ein. Daß er das überhaupt tat, lag an der engen Freundschaft, die ihn immer noch mit den Mitgliedern von Fleetwood Mac verband. Die Tournee wurde ein voller Erfolg, doch Peter Green hatte schon längst die Lust am Gitarrespielen verloren, die er vielleicht schon bei den Arbeiten an *End Of The Game* nur durch seine Experimente mit dem Wah-Wah-Pedal künstlich am Leben erhalten hatte.

Im Juni 1971 erschien zwar seine erste rein instrumentale Single, doch wann die Aufnahmen dazu gemacht worden waren, bleibt ein Geheimnis. Beide Titel dieser Single haben jedoch große Ähnlichkeit mit Titeln der LP *End Of The Game*: So war *Heavy Heart*, die A-Seite dieser Single, ebenso ein Äquivalent zu *Timeless Time*, wie *No Way Out* seine Verwandtschaft zu *Burnt Foot* nicht verleugnen konnte. Als Koautor dieser beiden Titel fungierte der Musiker Nigel Watson, mit dem Green 1972 auf der Single *Beasts Of Burdon/Uganda Woman* auftauchte. Im gleichen Monat nahm Peter Green an den Sessions für die LP *B. B. King In London* teil, auf der er dann auf einem Titel, nämlich *Caledonia*, zu hören war. Leider bot dieser Titel nicht, wie anzunehmen, ein packendes Gitarrenduell, sondern einen nicht sehr aufregenden Peter Green, der im starken Kontrast zu dem Peter Green stand, der auf dem im gleichen Jahr erschienen Album *The Original Fleetwood Mac* zu hören war. Dieses Album enthält Aufnahmen von 1967 und bildet wahrscheinlich die beste reine Blues LP von Fleetwood Mac. Neben akustischen Slidenummern von Spencer bot die LP mit den langsamen Bluestiteln *First Train Home, Worried Dream* und *A Fool No More* einen Peter Green der Spitzenklasse. Es erscheint absolut unverständlich, warum diese Aufnahmen erst vier Jahre später veröffentlicht wurden. 1971 spielte Green noch auf drei Titeln des zweiten Solo-Albums des Gitarristen Dave Kelly (später Blues Band) mit, der ihn zu den Sessions eingeladen hatte.

Nach dieser LP hängte Peter Green erst einmal seine Gitarre an den Nagel und wurde nicht, wie oft behauptet, Totengräber, sondern Gärtner auf einem Friedhof in Londons Putney District. Auch das Angebot John Mayalls, für den überraschend ausgestiegenen Jerry McGhee einzusteigen, konnte ihn nicht locken. Statt dessen änderte er seinen Namen wieder in Greenbaum und zog nach dreimonatiger Arbeit als Gärtner für kurze Zeit in einen Kibbuz in Israel. Nach seiner Rückkehr nach England arbeitete er als Tankwart und in einem Tapetengeschäft und spendete das Geld, das er verdiente, jüdischen Wohlfahrtsorganisationen. Im Mai 1972 lehnte er ein Angebot ab, für den verstorbenen Gitarristen Les Harvey zur Band Stone the Crows zu stoßen, was sicher eine interessante Kombination ergeben hätte. Im März

1973 erschien die Fleetwood-Mac-LP *Penguin*, auf der er unvermerkt, aber unverkennbar auf dem Titel *Nightwatch* zu hören ist. Etwas später in diesem Jahr arbeitete er dann in einem Krankenhaus in Slought, um leidenden Menschen zu helfen.

1973 kam Greens schlechte geistige und seelische Verfassung erstmals drastisch zum Ausdruck, als er ohne sichtbaren Grund das gesamte Mobiliar der Wohnung seiner Eltern zertrümmerte. Danach stand er drei Monate im Londoner West Park Hotel unter Beobachtung. Er selbst führte seinen Zustand später auf das „Essen von zu vielen Speisen" zurück. In den folgenden zwei Jahren erreichte die Lebensgeschichte Peter Greens nach Aussage von Freunden ihren Tiefstand, wenngleich er, durch Reggaemusik neugierig geworden, mehrere Male nach Amerika flog.

1976 beschuldigten ihn Clifford Adams und sein Manager Clifford Davies unabhängig voneinander, sie mal mit Waffengewalt und mal am Telefon bedroht zu haben. Das brachte ihm einige psychiatrische Tests und sechs Wochen Haft ein. Im nachhinein sah Green das so: „Ein großartiges Leben – einfaches, normales Essen und einfache Menschen. Ich sage euch, dort mit Schurken, Betrunkenen und Dieben – das war eine wertvolle Erfahrung für mich alten Blueser." Außerdem brachte ihn der Richterspruch für ein paar Monate ins Horton Hospital, wo er wegen melancholischer Zustände mit Drogen behandelt wurde.

Doch die Zeiten sollten für ihn noch einmal besser werden. Am 4. Januar 1978 heiratete er in Mick Fleetwoods Wohnung in Los Angeles Jane Samuel, die ebenfalls jüdischer Herkunft ist. Green, der schon vorher wieder mit dem Gitarrespielen begonnen hatte, fing nun mit wiedergefundenem Elan an, an seinem neuen Solo-Album zu arbeiten. Sein Bruder Mike Green(baum), der als Promotionmann der Plattenfirma Peter-Vernon Kell's PVK arbeitete, brachte einen Plattenvertrag bei der Firma PVK unter Dach und Fach, der ihm völlige künstlerische Freiheit gewährte.

Im Juni erschien dann mit der Single *Apostle/Tribal Dance* das erste Zeugnis der dreimonatigen Aufnahmesessions. Allerdings wurde diese Single als Folge von Auseinandersetzungen mit der Vertriebsfirma WEA nur in 1500 Exemplaren veröffentlicht. Die A-Seite bot mit dem an *Oh Well Part II* erinnernden *The Apostle* einen Song, den Green schon in den Fleetwood-Mac-Zeiten geschrieben hatte. Interessanterweise erschien dieser Song auf dem nächsten Solo-Album in einer elektrischen Gitarren-Version, während die akustische Single-Version mit Streichern und verhaltenem Chorgesang später auf dem Sampler *Blue Guitar* wiederkehrte. Die B-Seite, *Tribal Dance*, ein funk-gefärbtes Instrumental, das durch Latin Percussion und Greens sparsame Gitarrenklänge geprägt wurde, fand man auch auf Peter Greens Comeback-LP *In The Skies*, die allerdings erst im Juni 1979 erschien.

In The Skies wurde aufgrund der vielen musikalischen Moden, die England zu dieser Zeit gerade durchtobten, wesentlich stärker auf dem Kontinent beachtet. In der Bundesrepublik, in der Green bis heute eine relativ große treue Anhängerschaft besitzt, kletterte das Album unter die Top Ten der LP-Charts, um dort für Monate zu verweilen. Besser als diese LP hätte man sich ein Peter-Green-Album gar nicht vorstellen können! Zwar war Peter Green auch auf den nachfolgenden Alben weit davon entfernt, die Atmosphäre mit dem rohen Sound der frühen Fleetwood-Mac-Aufnahmen, im besonderen *Mr. Wonderful*, zu erzeugen, doch da er allein schon mit seiner magischen Stimme und seinem charismatischen Gitarrenspiel Atmosphäre und Stimmungen im Überfluß produzierte, war das zumindest auf dieser LP kein Thema. Das faszinierendste an diesem Album war vielleicht, daß er das schier Unmögliche geschafft hatte, sowohl seine Blueswurzeln als auch die komplexe Musik der *Then Play On*-Phase harmonisch mit Funkrhythmen, Latin- und Laidback-Musik zu einem einzigartigen Gemisch zusammenzubrauen. Diese Mischung verband man fortan ebenso mit Peter Green wie die Sensibilität, mit der er früher dem Blues gehuldigt hatte, oder den Variationsreichtum der Fleetwood-Mac-Werke. Alle Stücke, vom sich langsam steigernden Instrumental *Slabo Day,* zu dem Green eine hypnotische Rhythmusgitarre beisteuerte und Snowy White den beeindruckenden Lead-Part übernahm, bis zum wortwörtlichen *Funky Chunk*, verbindet die Qualität, trotz oder wegen ihrer Sparsamkeit zu faszinieren. Interessant und aufschlußreich ist es, den einzigen Bluestitel der LP *Fool No More* mit dem gleichen Titel in der Fleetwood-Mac-Version von 1967 zu vergleichen. Beide Fassungen besitzen vollkommen unterschiedliche Qualitäten. Während Green auf der Originalversion Wut und die trotzige Verzweiflung des betrogenen Mannes zum Ausdruck bringt, scheint er auf der über zehn Jahre später entstandenen Version voller Resignation, Passivität und Melancholie vergangenem Glück nachzutrauern. Dieser Vergleich verdeutlicht auf musikalischer Ebene, welcher Unterschied zwischen dem Peter Green aus den Zeiten mit John Mayall und Fleetwood Mac und dem Peter Green der nun folgenden Alben besteht.

Musikerkollegen, die Peter Green von früher her kannten, sprachen in diesem Zusammenhang von einem „erloschenen Vulkan". Zwar konnte Greens großes, nach Betätigung schreiendes Genie noch öfter die Fesseln depressiver Zustände und Apathien abschütteln, doch von LP zu LP merkte man Peter Green zunehmend an, in welche Richtung das Pendel schlug. Greens melancholische, depressive Seite, auf der nächsten LP, *Little Dreamer*, deutlich spürbar, hing stark mit seinem Privatleben zusammen. Das hatte Ende 1978 einen Tiefpunkt erreicht, als die Ehe mit Jane Samuel, die auf *In The Skies* noch einige Stücke getextet hatte, in die Brüche ging und Peter Green deshalb nie seine neugeborene Tochter sah. Wahrscheinlich war das der Grund dafür, daß die angekündigte Promotiontournee durch die Bundesrepublik mit der Begründung, Green habe einen Zusammenbruch erlitten, abgesagt werden mußte.

Diese Krise spiegelte sich auch in der im März 1982 erschienenen zweiten Solo-LP, *Little Dreamer*, wider, die mit dem Titel *Looser Two Times* beginnt, in dem es beziehungsreich heißt: *I lost my money, I lost my girl, and now I've lost my mind.*

Zwar enthielt das Album mit *Born Under A Bad Sign* und *Walkin' The Road* zwei Bluestitel, doch es waren vor allem Songs wie *One Woman Of Love* und *Cryin' Won't Bring You Back*, auf denen Peter Green mit seiner schier grenzenlosen, nachfühlbaren Emotionalität über die gefühlskalte Professionalität der Sessionmusiker triumphierte. Peter Greens Emotionalität teilte sich dabei immer stärker durch den Nuancenreichtum seines Gesangs mit, wobei die zerbrechliche, feingliedrige Schönheit von Greens Gitarrenspiel das Tüpfelchen auf dem i war.

Genau ein Jahr nach *Little Dreamer* erschien die LP *Watcha Gonna Do*, die mit *Last Train To San Antone* einen Song enthielt, der wie Claptons *Layla* nicht auf klassischen Bluesstrukturen basierte, aber dennoch in der Tiefe der Empfindungen, die in ihm zum Ausdruck kamen, einen eigenständigen, makellosen Blues darstellte. Greens Gesang läßt die Stärke des Schmerzes nur erahnen: *Last time I saw you, you were standing by the railroad, you had a suitcase in your hand. I tried to stop you, but I only lost you on the last train to San Antone.* Als sich Greens Gitarre plötzlich von seinem Gesang löst, spürt man das Unvermögen, sich mit dieser erschütternden Realität abzufinden, spürt das Dickicht der verwirrenden Empfindungen, durch das wie ein klarer Gedanke die Gitarre zuckt. Auf diesen Song paßt auch, was David Marsh über *Layla* gesagt hat: „Am Ende hatte er die Musik so tief gefühlt wie nur irgendeiner, war Robert Johnson ebenbürtig geworden, Schlag um Schlag, Schmerz um Schmerz. Es gibt nur wenige Augenblicke im Repertoire der Rockmusik, wo ein Sänger oder Songschreiber so tief in sich selbst hineintaucht, daß sein Stück die Empfindungen erzeugt, man sei Zeuge eines Selbstmordes.“

Hätte allein dieses Stück gereicht, dem Album einen außergewöhnlichen Stellenwert zu sichern, so fanden sich mit dem phänomenalen *Bullet In The Sky*, dem kaputten Blues *Lost My Love*, dem zarten *Gotta See Her Tonight* und den relativ unbeschwerten, erfrischenden Titeln *Bizzy Lizzy* und *Like A Hot Tomato* weitere Green-Songs der Spitzenklasse. Zusammen mit den Titeln *Woman Don't* und *Watcha Gonna Do*, die auch aus den *Watcha Gonna Do*-Sessions stammten, aber erst auf dem Kompilationsalbum *Blue Guitar* veröffentlicht worden sind, hat Peter Green hier seine wahrscheinlich letzten grandiosen Meisterwerke produziert. Fast wirken die Songs, die allesamt durch wunderschöne Gitarrenarbeit glänzen, wie das letzte musikalische Good bye Peter Greens.

Denn kurz nach den Sessions änderte er erneut seinen Namen in Greenbaum und beendete die Zusammenarbeit mit PVK. Wahrscheinlich war er von den kommerziellen Kompromissen, wie etwa den allzu dick aufgetragenen Streicherarrangements, enttäuscht, die auf dieser LP manchmal den Gesamteindruck trüben. Im Januar/Februar 1981 wirkte er bereits als Peter Greenbaum auf zwei Stücken der ersten Solo-LP von Mick Fleetwood mit. Während er auf *Super Brains* nur eine atmosphärische Melodiegitarre spielt, übernimmt er auf dem zweiten Titel, einer wuchtigen, machtvollen Version von *Rattlesnake Shake*, neben dem Gitarrenpart auch den Gesangspart.

Im Mai 1981 ging Peter Greenbaum erneut ins Studio, um ausschließlich Titel, die sein Bruder Mike Greenbaum komponiert hatte, aufzunehmen. Im Anschluß daran suchte er sich eine Band zusammen, mit der er von Mitte bis Ende 1981 und Anfang 1982 zum ersten Mal seit zehn Jahren live auftrat. Genau ein Jahr nach dem Beginn der Aufnahmesession erschien die LP *White Sky* auf dem Headline Label. Trotz des ausdrucksvollen Gesangs und einiger unerwartet aggressiver Gitarrenpassagen fehlten dieser LP jedoch gelungene Kompositionen. Wie schon gesagt, zeichnete Mike Greenbaum für das kompositorische Debakel verantwortlich, das nur durch Greens Sensibilität als Sänger und Gitarrist in Grenzen gehalten wurde. Fiel sogar Greens gesangliche Raffinesse wie im Titelstück weg, auf der Mike beweist, wie wenig er seinem Bruder auch gesanglich das Wasser reichen kann, wurde es einfach nur unsäglich langweilig.

Im gleichen Jahr fand eine hektisch angekündigte Tournee von Peter Greenbaum als Mitglied der Gruppe Kolors durch Europa statt. Eine der Stationen war auch ein Auftritt im Rockpalast, der leider nur zu deutlich machte, was man schon geahnt hatte, aber nicht wahrhaben wollte: Peter Greenbaum war mit seinen verschüchterten Gesangsbeiträgen und seinem mehr als zaghaften Gitarrenspiel ein anderer als Peter Green. Die Verwandlung vom kreativen Geysir in jemanden, der in einer Scheinwelt lebt, war vollständig. Zur traurigen Gewißheit wurde das für die Journalisten und Fans, denen er gerade noch Autogramme, aber kein Interview geben konnte.

1983 erschien zwar mit *Kolors* noch ein Album von Peter Green, aber es war nur aus unfertigen Demos, Jams und Outtakes, die in der Periode zwischen 1978 und 1981 entstanden waren, zusammengestellt. Ein gewisser Ron Lee hatte sich dieser Aufnahmen angenommen und sie unter Verwendung von neu eingespielten weiblichen Chorgesängen, Keyboard- und Slidegitarrenpassagen (die von Bob Bowman stammten) zu etwas geformt, dem man mit der Bezeichnung überproduziertes Plastikprodukt noch schmeichelt. Doch schien sich Greenbaum schon längst nicht mehr darum zu kümmern, was unter seinem Namen verkauft wurde. Die 1983 erschienene Platte *A Case Of Blues/Katmandu* erhärtete diese Annahme. Geschickt hatte die Plattenfirma Platinum das Wolkenmotiv des Covers von *In The Skies* benutzt, um zusammen mit dem augenfällig plazierten und farblich abgesetzten Namen Peter Green den Eindruck eines neuen Soloalbums zu erwecken. Dennoch enthielt die Platte nur Aufnahmen einer spontanen Studiojam, die auf die beteiligten Musiker Ray Dorset und Vincent Crane zurückging. Da Peter Green wenigstens auf drei Stücken als Sänger zu hören ist und die LP selten mehr als zehn Mark kostete, konnte man diesen Etikettenschwindel verschmerzen. Man konnte sogar einige äußerst reizvolle Seiten an ihr entdecken, sofern man vorgewarnt war, mit ihr kein Soloalbum Peter Greens erworben zu haben.

1984 und 1985 gab es nochmals Tourneen von Peter Greenbaum durch die Bundesrepublik, die jedoch nur zeigten, wie stark die Qualität seiner Liveauftritte durch die Qualitäten seiner Sidemen bestimmt wurde. Daß Peter Greenbaums Tourneen durch die Bundesrepublik führten, lag nicht nur daran, daß Peter Green einmal einer Kommune in der Bundesrepublik angehört hatte, sondern auch daran, daß Peter Green hier nach wie vor eine starke Fangemeinde besitzt, die ihm eine ganze Menge verzeihen kann, sofern die Hoffnung besteht, daß irgendwann wieder der alte Peter Green erwacht. Die Chancen standen aber noch nie so schlecht, sagte doch John Mayall kürzlich in einem Interview, daß Peter Green durch Drogen oder religiös motivierte Verinnerlichung oder durch beides jeden Ehrgeiz verloren habe, Musik zu machen. Die Hoffnung auf Besserung seines Allgemeinzustandes scheint trotz allem berechtigt, wie aus einem Interview mit Eric Clapton hervorgeht, das im Dezember 1989 im Magazin „Guitar World" abgedruckt war.

Eric Clapton: „Vor ein paar Jahren nahm ich ihn für drei Wochen bei mir zu Hause auf und hörte ihm zu, wie er über das Busineß und das Leben überhaupt stöhnte und jammerte. Ich nahm das alles in mich auf, und ich begann Musik zu spielen – was ich in der Sommerzeit sowieso mache. Morgens stand ich auf und legte Musik auf: Opern, klassische Musik, halt alle Arten von Musik – jeden Tag. Als er etwa eine Woche lang bei mir war, sah ich eines Tages, wie er in meinem Garten tanzte. Er begann sich zu ändern, und als er mich verließ, verließ er mich mit einer veränderten, einer positiven Sicht der Dinge. Es schien für ihn eine sehr heilsame Erfahrung gewesen zu sein. Denn wenn man von jemand anderem Musik zu hören bekommt, nimmt einem das die Verantwortung. Du kannst es genießen, ohne in die Auswahl mit involviert zu sein oder etwas beisteuern zu müssen. Es war gut für ihn, und ich würde es gerne noch mal machen. Ich mag diesen Kerl sehr."

Auf die Frage, ob Green in dieser Zeit Gitarre gespielt habe, antwortete Clapton: „Nein, wir spielten nicht zusammen, und ich wollte auch keine solche Situation entstehen lassen. Er hat vielleicht während meiner Abwesenheit gespielt, oder während ich ihn nicht sehen konnte – das ist sehr wahrscheinlich. Doch als ich ihn (vor nicht ganz einem Jahr) zum letzten Mal sah, hatte er sich die Fingernägel absichtlich so lang wachsen lassen, daß er gar nicht Gitarre spielen kann. Wenn du so wütend bist, ist es heilsam, und ich denke, daß er über kurz oder lang wieder aktiv wird."

Guitar Player: „Er war wirklich grandios."

Eric Clapton: „Er ist einer der besten – und ich sage bewußt nicht ‚war‘, weil er der Beste ist."

Vielleicht kommt also doch einmal der Tag, an dem sich Peter Green, ähnlich wie mit *In The Skies*, mit einem künstlerischen Paukenschlag zurückmeldet. Eines dürfte klar sein: Egal, wie lange es dauern sollte: Peter, wir sind da, um ihn zu vernehmen!

Lonnie Mack: Der Vergessene

Geb.: 18. Juli 1941 in Harrison/USA

Lonnie Mack ist wahrscheinlich – trotz seiner Pioniertaten – der am längsten vergessene Gitarrist der Rockgeschichte: Und hätte ihm das kleine amerikanische Label Alligator nicht 1985 ein Comebackalbum (auf dem Stevie Ray Vaughan als Koproduzent und als zweiter Gitarrist fungiert) ermöglicht, so wäre dieses Kapitel mit Sicherheit ohne Happy-End geblieben.

1941 kam Lonnie Mack alias McIntosh in dem verschlafenen Nest Harrison in Indiana zur Welt, wuchs jedoch in Aurora auf, wohin die Familie bald nach seiner Geburt gezogen war. In der ersten Zeit war es vor allem seine Familie, die ihn durch abendliche Country-and-Western- und Country-Gospel-Jam-Sessions mit Freunden und Bekannten musikalisch prägte. Seine sehr musikalische Mutter brachte ihm, als er fünf Jahre alt war, die ersten Gitarrenakkorde bei. Seine erste eigene Gitarre wurde dann eine Lone Ranger, die die Bezeichnung Gitarre kaum verdiente und die er schon bald durch eine alte Gibson Hawaiian Gitarre aus den 20er Jahren ersetzte, die er im Tausch gegen sein Fahrrad von einem Schulfreund bekam. Etwa zu dieser Zeit hatte er auf einem alten Radio einen Sender entdeckt, der fast nur schwarze Musik spielte und ihn total begeisterte.

In einem blinden farbigen Sänger und Gitarristen namens Ralph Troppo fand er zudem nicht nur einen Freund, sondern auch einen Gitarrelehrer, der ihm eine Menge Akkorde und Jazzstandards beibrachte. Da Lonnies Vater auch Bluesmusik mochte, ermutigte er seinen Sohn, mit Ralph Troppo öffentlich aufzutreten, was die beiden dann im Niemann Hotel in Aurora für eine ganz geringe Gage taten.

Somit hatte Mack, noch bevor er mit dreizehn Jahren die Schule verließ, bereits öffentliche Auftritte hinter sich, und es war für ihn keine Frage mehr, daß er seine eigene Band gründen wollte. Zusammen mit seinem Cousin Harold Sizemore als Gitarrist und

Bassist und einem Schlagzeuger namens Rodney Jones bildete er dann seine erste Gruppe, die ihr erstes festes, halbwegs gut bezahltes Engagement im Twilight Inn in Hamilton, Indiana, erhielt. Deshalb nannte sich die Band kurzerhand Lonnie Mack and the Twilighters. Nicht viel später stieß dann auch Troy Seals zu der Gruppe. Lonnie Mack wollte den begabten Komponisten und Gitarristen aus Nashville unbedingt in seiner Band haben. Er sagte: „Diese Band spielte in etwa schon die Art von Material, wie sie dann später auf meinem ersten Album zu finden war – die Musik ging in diese Richtung. Eine Menge Blues und viel Little-Richard-Material."

1963 wurden Lonnie Mack and the Twilighters angeheuert, um die schwarze Frauengruppe The Charmaines auf einer Aufnahme-Session für das kleine Fraternity Records Label in Cincinnati zu begleiten. Am Ende der Session spielte Lonnie mit der Band in zwanzig Minuten zwei Stücke ein, von denen eins eine instrumentale Version von Chuck Berrys *Memphis* war, die noch in demselben Jahr als Single auf Fraternity erschien und unter die Top Ten der Charts gelangte. Dieser Titel und die nachfolgenden kraftvollen Instrumentals *Wham!, Chicken Pickin, Lonnie On The Move* sowie das spritzige Remake des kleineren Bill-Doggett-Hits von 1956, das sie in *Honky Tonk 65* umbenannten, machten Lonnie Mack und seinen charakteristischen „Sizzling"-Gitarrensound schnell ungemein populär.

Dazu kam noch, daß er als einer der ersten die damals recht unbekannte Gibson-Flying-V-Gitarre populär machte, die er 1958 im ersten Produktionsjahr gekauft hatte und die zu seinem Markenzeichen werden sollte.

1964 erschien die legendär gewordene LP *The Wham Of That Memphis Man*, die einen großen Teil der auf Fraternity herausgekommenen Single-Titel enthielt und zur wahrscheinlich erfolgreichsten, schwarze und weiße Musikstile mischenden LP seit der Zeit der frühen Elvis- und Jerry-Lee-Lewis-Sun-Aufnahmen wurde. Die gelungensten Instrumental-Titel dieser LP, wie *Wham, Further On Down The Road, Chicken Pickin'*, sowie der beredt sprachlose Blues *Down And Out*, belegen auch heute noch eindrucksvoll, warum Lonnie Macks Gitarrenspiel eine so starke Faszination auf spätere Gitarrenkönner wie Stevie Ray Vaughan,

Johnny Winter und Duane Allman ausgeübt hat. Diese Faszination lag in der Alchimie seines Gitarrenspiels begründet, in der er die Gewandtheit einiger Jazz-Gitarristen, Chuck Berrys Improvisationslicks und das Feeling von Bluesgrößen zu seinem eigenen, unverwechselbaren, charismatischen Stil verschmolz.

„Country und Blues sind die Wurzeln der Weißen und der Schwarzen. Country-Musik wird ebensowenig sterben wie der Blues – und Rock'n'Roll hat von beidem ein bißchen." (Lonnie Mack)

Im Anschluß an diese erfolgreiche LP folgten noch einige Singles auf Fraternity, doch Lonnie Macks Herz schlug für Live-Auftritte. Deshalb trat er in den folgenden sechs Jahren ununterbrochen in Clubs und Bars überall in Amerika auf. In dieser Zeit begleitete er zudem mit seiner Band eine Anzahl von Künstlern wie Freddie King (auf der Session für das Cincinnati King/Federal Label) und James Brown (auf der Hit-Version von Kansas City aus dem Jahr 1967) bei Studio-Sessions.

In den späten sechziger Jahren erfreute sich Mack aufgrund seiner Auftritte im Fillmore einer wachsenden Beliebtheit, die ihm einen Vertrag als Musiker und A&R-Mann mit Elektra Records einbrachte. In dieser Zeit jammte Mack mit einer Menge Gitarristen, wie Eric Clapton, Jimi Hendrix, Elvis Bishop und Johnny Winter, die zum Teil in jungen Jahren die Gitarrenparts seiner Instrumental-Hits kopiert hatten. Doch am besten erinnert sich Mack auch heute noch daran, wie er den alten Jimmy Reed begleiten durfte: „Ich bekam die Chance, mit ihm in Atlanta, Georgia, zu spielen. Es war großartig. Er war in irgendeine Bar einen trinken gegangen, und man konnte ihn nirgendwo finden. Deshalb stimmte ich ihm in der Zwischenzeit seine Gitarre. Als er dann zurückkehrte, kam er nur mit Mühe damit zurecht, so daß er seine Gitarre sofort wieder verstimmte. Wahrscheinlich war es das erste Mal, daß er auf einer gestimmten Gitarre gespielt hatte."

Aus dem Plattenvertrag mit Elektra, den der Präsident Jac Holzman selber initiiert hatte, entstanden drei Alben. Das erste, 1969 erschienene Album ...*Glad I'm In The Band*, demonstrierte vor allem die emotionale Ausdrucksskala seiner Stimme, die seit den alten Fraternity-Tagen noch zusätzlich an Reife gewonnen hatte. Allerdings kam sie in einem allzuoft dem Zeitgeschmack verhafteten, stark bläserbetonten, von Blues geprägten Soulrahmen zur Geltung. Vielfach füllte Macks prägnantes, einfallsreiches Gitarrenspiel nur musikalische Lücken aus. Doch insgesamt war diese LP eine konsequente Weiterführung der Country, Blues und Gospel/Soul verschmelzenden Tradition seiner Fraternity-Single-Aufnahmen und der LP *The Wham Of That Memphis Man*, die Elektra 1970 unter dem beschämenden Titel *For Collerctors Only* wieder neu herausbrachte. Dadurch hatte der Plattenkäufer die Chance, die alten Aufnahmen der Titel *Memphis* und *Why* mit den Neueinspielungen von 1969 auf *...Glad I'm In The Band* zu vergleichen. Dabei mußte man erstaunlicherweise feststellen, daß die Neueinspielungen nicht gerade Neuinterpretationen waren – um es schmeichelhaft auszudrücken.

Ebenfalls 1969 erschien auch die LP *Whatever's Right*, die jedoch gegenüber der vorangegangenen LP den Vorzug aufwies, daß man auf über der Hälfte der Platte gänzlich auf nervtötende Bläsersätze verzichtet hatte. Um so angenehmer wirkte der überlegte Einsatz der im Hintergrund agierenden Bläsergruppe auf den restlichen Titeln. Störend sind sie allenfalls in dem fast siebenminütigen instrumentalen Blues *M. T. Healthy Blues*, in dem Lonnie Mack alle Register seines Gitarrenkönnens zieht. Dieser Blues ist neben dem Schlußtitel der LP *Gotta Be An Answer* seine einzige Eigenkomposition. Mit *Baby What You Want Me To Do* (von Jimmy Reed) und *My Babe* (von Willie Dixon) waren noch zwei weitere kraftvolle Bluesstücke auf der Platte enthalten, die zusammen mit den Eigenkompositionen und den überzeugend gebrachten Cover-Versionen eine ungemein harmonische LP ergaben. Auf vielen Stücken hat Mack darüber hinaus mit verschiedenen Wah-Wah-Pedal-Einstellungen erreicht, daß sein Gitarrensound unterschiedlich ausfällt. Besonders interessant ist, wie er die Kraft seines Gitarrensolos am Ende von *Untouched By Love* mit einem gefühlvoll bedienten Wah-Wah-Pedal verstärkt.

1970 erschien die LP *Morrison Hotel* von den Doors, auf der Lonnie Mack auf zwei Stücken (*Roadhouse Blues* und *Maggie McGill*) eine recht unspektakuläre Baßbegleitung lieferte. Diese Tatsache ist jedoch nur auf den ersten Blick erstaunlich, da die

Doors nicht nur dieselbe Plattenfirma Elektra hatten, sondern auch einige Male mit Lonnie Mack als Supporting Act im Fillmore aufgetreten waren.

1971 erschien mit *The Hills Of Indiana* die letzte LP für Elektra, die im Gegensatz zu den vorhergehenden Platten, die ein Stilgemisch präsentiert hatten, eine „reine" Country-LP war. Ganz konsequent hört man deshalb Macks flammendes elektrisches Gitarrenspiel nur auf dem für die LP untypischen rasanten LP-Opener *Asphalt Outlaw Hero*, während er auf dem Rest der LP höchstens als atmosphärischer Akustik-Gitarrenspieler zu vernehmen ist. Jeder einzelne Titel dieser LP hat durchaus seine Stärken, doch wird man als Hörer schlichtweg überfordert, wenn man sich die gesamte LP in einem anhört. Die gesangliche und musikalische Intensität der einzelnen Titel steht der Gesamtwirkung der Platte im Wege.

Leider sind diese drei Elektra-Platten nie wieder veröffentlicht worden und deshalb heute, wenn überhaupt, nur als Originale mit Cutout zu bekommen, denn sie hatten sich seinerzeit nicht gut verkauft.

Eine Art von Heimweh, die schon im Titel *The Hills Of Indiana* zum Ausdruck kam, veranlaßte Mack, von Los Angeles nach Indiana zu ziehen. Dort gründete er auf seinem neu erworbenen Grundstück den Friendship Music Park, auf dem von 1973 bis 1976 jeden Monat Konzerte im Freien stattfanden. Lonnie Mack: „Ich hatte nie vor, das Gitarrenspiel aufzugeben, ich hatte nur die Nase voll vom Busineß. Deshalb zog ich zurück nach Indiana, wo ich auf meinem Grundstück eine Holzbühne im Freien installierte, auf der ich mit meinen Freunden jammte. Zwischendurch grillten wir Schweine, aßen Bohnensuppe und hatten eine höllisch gute Zeit. 1975 veranstalteten wir ein wirklich gutes Bluegrass-Festival."

1977 machte Mack nach der Veröffentlichung einiger Singles wieder ungute Erfahrungen mit dem Busineß, denn die Plattenfirma Capitol gab ohne Rücksprache ein Demoband von Mack als Platte unter dem Titel *Home At Last* heraus. Mack hatte dieses Demoband, auf dem er seine eigenen Songs sang und sich selbst auf der akustischen Gitarre begleitete, aufgenommen, um in Nashville Countrysänger auf seine Kompositionen aufmerksam zu machen. Noch bevor Mack seine Idee realisieren konnte, diese Songs mit dem Bassisten und Produzenten Norbert Putham sowie dem Organisten und Produzenten David Briggs für Code 615 Productions aufzunehmen, veröffentlichte Capitol die Demoaufnahmen mit einer nachträglich ohne Macks Wissen dazugemischten Rhythmussection.

Doch diese LP ermöglichte ihm wenigstens, für Capitol ein Album aufzunehmen, das ihm im Jahre 1978 ein bescheidenes Comeback verschaffte. *Lonnie Mack And Pismo* hieß dieses Album, wobei Pismo für die von ihm zusammengestellte Band stand, in der neben seinem fünfundzwanzig Jahre alten Bruder Billy McIntosh (Gitarre) folgende Musiker spielten: Ian Wallace (Drums), Tim Drummond (Baß) und Stan Szelest (Keyboards). Außerdem wirkten noch David Lindley an der elektrischen Lap-Steelgitarre und Geige und Graham Nash sowie Troy Seals als Sänger mit. Die LP enthielt Blues, Country- and Western-Songs und Folkballaden – wie ein roter Faden zog sich Macks unverkennbare Gitarre durch die Aufnahmen.

Im gleichen Jahr folgte Lonnie Mack, nach einem Auftritt bei einem Benefiz-Konzert in Japan, dem Ruf seines Freundes Ed Labunski nach New York. Dieser hatte das Leben als reicher Jingle-Komponist reichlich satt und wollte mit seinem Freund Lonnie Mack endlich mal die Musik machen, die ihm gefiel. Zusammen mit Mack stellte man eine Band mit dem Namen South zusammen, mit der man eine reine Country-LP einspielte, die jedoch nie veröffentlicht wurde, da Labunski an den Folgen eines Unfalls starb. Danach zog es Mack nach Kanada, wo er zusammen mit Ronnie Hawkins arbeitete.

Anfang 1982 ging er für ein Jahr nach Indiana, wo ihn Bruce Iglauer sah und für sein Label Alligator unter Vertrag nahm. Seit dieser Zeit wohnt Mack sehr abgeschieden in dem Bundesstaat Texas. 1985 erschien das auch in Texas eingespielte „Comeback"-Album mit dem Titel *Strike Like Lightning*. Als Koproduzent und Gitarrist fungierte auf diesem Album Stevie Ray Vaughan, dessen erstes selbstgekauftes Album Lonnie Macks *The Wham Of That Memphis Man* war. Als Vaughan 1978 gerade in einem Club *Wham* spielte, kam Lonnie Mack herein, der damals auf der Suche nach Musikern für seine Band South war. Lonnie Mack war begeistert, mußte aber, nachdem sich beide angefreundet hatten, einsehen, daß Vaughan als Gitarrist für die Country-Rock-Band South nicht geeignet war. So plante man für die nahe Zukunft ein Plattenprojekt, aus dem dann *Strike Like Lightning* wurde. Auf diesem Album trieben sich Mack und Vaughan auf Titeln wie *Satisfy Susie* und *Double Whammy* zu gitarristischen Höhenflügen an. Besonders Titel wie *You Ain't Got Me* ließen schmerzlich erkennen, wie lange man Macks außergewöhnliches Gitarrenspiel schon nicht mehr auf einer LP vernommen hatte. Sein Comeback war längst überfällig.

Und dennoch war da etwas, über das man sich einfach nur ärgern konnte – und das war der sterile Klang der LP, den aber nicht das ausgewiesene Produzentengespann Vaughan/Mack zu verantworten hatte. Vielmehr traf Bruce Iglauer die Schuld, der auch mit anderen Künstlern seines Labels Alligator wie z.B. Roy Buchanan und Johnny Winter entweder in seiner Funktion als Mitproduzent oder als Executive Producer (wie für Macks Aufnahmen) seit Beginn der achtziger Jahre Platten macht, die vom Klang her auf das degenerierte Gehör von Pop-Plattenkonsumenten zugeschnitten sind und deshalb sehr oft nur einen Bruchteil ihrer Ausdruckskraft erreichen.

Doch daß man im Zeitalter kompliziertester Studiotechniken auch noch so etwas wie eine authentische Blues-LP produzieren kann, zeigte vor nicht allzu langer Zeit der an die Bluesfront zurückgekehrte, legendäre Produzent Mike Vernon (Savoy Brown, Fleetwood Mac, Chicken Shack etc.). Die beiden LPs von Raful Neal und Lazy Lester bewiesen schlagkräftig, daß man sowohl das soundtechnisch anspruchsvolle „Nicht-nur-Blues-Publikum" als auch die puristischen Bluesliebhaber zufriedenstellen kann. In Bruce Iglauers Fall merkt man die Absicht – größerer Umsatz – und ist verstimmt.

Diese Ausführungen sind in einem Artikel über Lonnie Mack zu finden. Seine folgende, 1986 erschienene LP *Second Sight* klingt so entsetzlich, daß man glatt überhören könnte, was für eine fantastische LP sich eigentlich dahinter versteckt. Es ist schier unmöglich, die LP ohne große Manipulationen halbwegs laut über Boxen zu hören. Die Höhen schmerzen in den Ohren und erzeugen Kopfschmerzen, und die Bässe wühlen nicht nur

116

den Magen, sondern auch die Nachbarn auf. Positiv wirkt sich diese Art der Produktion allenfalls auf akustische Stücke wie zum Beispiel das wunderschöne *Oreo Cookie Blues* (auf *Strike Like Lightning*) aus. Lonnie Mack schien jedenfalls das Problem erkannt zu haben, denn anstatt seine nächste LP unter der Ägide von Bruce Iglauer zu produzieren, versammelte er alte Musikerkollegen wie Barry Beckett und Roger Hawkins (die schon bei *Hills Of Indiana* mit von der Partie waren) und Multiinstrumentalisten wie David Lindley um sich und produzierte 1988 in den traditionsreichen Muscle Shoals Studios seine erste LP für das CBS Label Epic. *Roadhouses & Dance Halls*, wie das neue, relativ harmonisch produzierte Werk heißt, macht seinem Namen alle Ehre, denn Lonnie Mack tritt hier weniger als Gitarrenkünstler, sondern vielmehr als Komponist extrem tanzbarer Songs auf, die ihr Ziel in unzähligen Dance Halls Amerikas sicher nicht verfehlen. Doch Lonnie Macks Name war immer schon eine Garantie für Musik, die Musikern wie Zuhörern Spaß bereiten sollte.

Harvey Mandel: Der Stille

Geb.: 11. März 1945 in Detroit/USA

Obgleich Harvey Mandel in Insiderkreisen einen echten Kultstatus besitzt, fällt sein Name im allgemeinen nur im Zusammenhang mit Gruppen wie Canned Heat, Rolling Stones oder, allerdings schon seltener, Pure Food. Zum Teil liegt das sicher daran, daß er auf seinen insgesamt sieben Solo-Alben musikalisch zwar extrem eigenständig war, sich dabei jedoch stilistisch zwischen alle Stühle gesetzt hat, obwohl seine Wurzeln eindeutig im Blues liegen.

In Detroit geboren, wuchs Mandel in der Keimzelle des urbanen Blues, in Chicago, auf. Im Alter von vierzehn Jahren besaß er seine erste Gitarre. Mandel erinnert sich: „Es war eine Harmony-Gitarre für fünfzehn Dollar. Ich wollte eine elektrische Gitarre, aber ich hatte nicht das Geld dafür, und ich konnte meine Eltern nicht davon überzeugen, daß ich gut genug Gitarre spielen konnte und sich das Geld für eine gute Gitarre lohnen würde."

In der ersten Zeit spielte er zu gleichen Teilen Ventures-Material und Bluesstücke nach, und nicht viel später entdeckte er die Nightclubs und Bars in der Rush Street in Chicago. Dort sah er dann von Buddy Guy über Otis Rush bis Muddy Waters und Howlin' Wolf alle Bluesgrößen, was ihn dazu veranlaßte, mit achtzehn Jahren seine erste eigene Band zu gründen, mit der er etwa ein Jahr lang im Twist City spielte. In dieser Zeit stieß er auch auf zwei andere junge weiße Bluesbegeisterte: auf den Pianisten Barry Goldberg und den Harpspieler Charlie Musselwhite. Mit diesen beiden entstanden Harvey Mandels erste Aufnahmen, die erst Anfang der 70er Jahre (zusammen mit späteren Aufnahmen) auf der LP *Blues From Chicago* erschienen. (Die LP *Chicago Anthology* enthält dieselben Titel bis auf die fantastische *Cherry Jam,* hat dafür aber zwei uninteressante kurze Stücke mehr.)

Diese frühen Aufnahmen, vor allem *Big Boss Man, Low Down Funk* und *I'm Losin' You!* zeigen, wie früh Mandel schon mit

Feedback gearbeitet hat. Mandel: „Ein Feedback zu bekommen, wurde zum Produkt des Sustain! Das wiederum entsprang meinem Wunsch, den Effekt einer Orgel zu erzielen, wo man eine Note so lange halten kann, bis man sie wieder verschwinden lassen möchte."

Besonders deutlich hört man Mandels Technik, Feedback zur Steigerung des Sustains einzusetzen, um, nach seinen Worten, „wie eine Steelgitarre zu klingen", auf drei Live-Titeln: *I Got To Love My Woman* (12:30), *Woke Up This Morning* (4:15) und *Messada Blues* (8:37), die 1969 auf einer obskuren LP namens *Barry Goldberg And Friends Harvey Mandel – Mike Bloomfield* veröffentlicht wurden. Von wann diese Live-Aufnahmen exakt stammen, ist dem LP-Cover dabei ebensowenig zu entnehmen wie die Tatsache, daß Bloomfield und Mandel auf separaten Tracks spielen.

Hundertprozentig sicher ist jedoch, daß diese Aufnahmen erst in San Francisco entstanden, wohin es Mandel, Musselwhite und Goldberg nach dem dortigen Erfolg der LPs *The Barry Goldberg Blues Band – Blowing My Mind* und Charlie Musselwhites *Stand Back* verschlagen hatte, die nur mit dreimonatigem Abstand 1966 produziert worden waren. Diese beiden Alben gehören zusammen mit den beiden ersten Butterfield-Blues-Band-Alben zu den ersten wichtigen Zeugnissen des weißen amerikanischen Blues, wobei die LP *Stand Back* die erste Eigenkomposition von Harvey Mandel enthält. Dieser Titel *4 P.M.* ist, wie später für Mandel typisch, ein Instrumental.

Der erste Auftritt, den sie 1967 dann als South Side Sound System in San Francisco absolvierten, war im Fillmore Auditorium als Supporting Act von Paul Butterfield Blues-Band und Cream. Harvey Mandel erinnerte sich: „Wir kamen am Nachmittag dort an, und ich ging zum ersten Mal ins Fillmore und sah die Größe der Bühne. Ich wußte, ich war tot. Ich sah meinen kleinen Fender-Verstärker und die Wand aus Marshall-Verstärkern, die da für Eric aus zwanzig oder mehr Twin Reverbs zusammengestellt worden war. Eric Clapton wußte, wer ich war, und wir schüttelten uns die Hände. Spontan wagte ich die Bitte, seine Verstärker benutzen zu dürfen. Wenn jemand käme und würde mich nach *meinem* Verstärker fragen, dann wäre ich ein bißchen skeptisch. Aber er ließ mich seinen Marshall-Turm drei Tage benutzen; und dann habe ich ihn kaputtgemacht." Durch seinen unorthodoxen, eigenständigen Gitarrenstil wurde Mandel bald in San Francisco bekannter, so daß er Ende der 60er Jahre einen Plattenvertrag bei Philips unterschrieb.

Sein erstes Album, *Christo Redentor,* bietet neben der Mitwirkung von Charlie Musselwhite auf zwei Stücken (jedoch nicht auf dem Titelstück, das Musselwhite später für sein Album *Tennessee Woman* eindrucksvoll coverte) eine Menge hörenswerter Gitarrenpassagen, in denen die Gitarre mal nach Steelgitarre klingt und dann wieder im satten Feedback aufheult oder auch rückwärts vom Band überspielt wurde. Von diesem ersten Album, über das sich Jimi Hendrix und Eric Clapton seinerzeit bewundernd äußerten, sollen nach Angaben der Plattenfirma etwa eine Million Exemplare verkauft worden sein, was jedoch Mandel selbst bezweifelt. *Christo Redentor* stellt ein interessantes, äußerst hörenswertes Album dar, auf dem Mandel sehr bewußt mit Bläsersätzen arbeitete, die seine an Feedbacktönen reichen Gitarrenexkursionen kontrastierten.

Dagegen kann man den Einsatz von süßlichen Streicherarrangements auf dem ersten Titel seines bis auf eine Ausnahme rein instrumentalen zweiten Albums, *Righteous,* nur als kommerziellen Kompromiß werten. Leider blieben die meisten Stücke zu sehr dem allgemeinen Zeitgeschmack und den Ansprüchen an reine Tanzmusik verpflichtet. Auch die Bläsersätze wirkten wie schon tausendmal gehört, und so konnte nur ein einziges Stück, und zwar der kraftvolle *Campus Blues,* aus der seltsam kruden Mischung aus Big Band-Jazz, Soul, Rock und Tanzmusik herausragen, die nur durch die unorthodoxen Gitarrensoli aufgewertet wurde.

Auch die nächste und die letzte LP von Harvey Mandel auf Philips schwankte, wenngleich auch in einem wesentlich günstigeren Verhältnis, zwischen gelungenen Stücken wie *Leavin' Trunk* (mit Gesang!), *Honky Tonk,* der schönen Cover-Version von *I Don't Need No Doctor* und langweiligen oder kommerziellen Stücken wie *Capurage* und dem Titelstück *Games Guitar Play* hin und her. Als Fazit dieser ersten drei LPs könnte man zusammenfassen, daß Mandels musikalische Eigenständigkeit leider über weite Strecken zu wünschen übrig ließ, wenn auch seine unorthodoxe Gitarrenarbeit vieles über das Niveau des Alltäglichen hob.

Bereits 1968 erschien das Album *Barry Goldberg Reunion,* auf dem neben Barry Goldberg auch Charlie Musselwhite mit von der Partie ist. Mandel hatte zu den Bluesmusikern Musselwhite und Goldberg wieder intensiveren Kontakt und war mittlerweile auch schon Canned-Heat-Mitglied. Wie Harvey Mandel ein Mitglied von Canned Heat wurde, erzählte der Schlagzeuger der Gruppe, Fito de la Parra: „Wir spielten ein paar Abende vor Woodstock im Fillmore. Henry Vestine (der Leadgitarrist) hatte zu viele *reds* genommen und fing an, ein langes Solo zu spielen. Er kam an den Punkt, wo er weder mit dem Rest der Band harmonierte noch seine Musik irgendeinen Sinn machte. Larry Taylor (Bassist von Canned Heat) konnte das nicht mehr aushalten. Er war ein zu großer Perfektionist. Er nahm seinen Baß und verließ die Bühne. Er sagte: ‚Ich spiele nie wieder auf der gleichen Bühne mit diesem Typen.' Es war eine schreckliche Sache. Das änderte alles, weil es Henry veranlaßte, die Band zu verlassen. Als Henry die Band im Fillmore verließ, spielte Mike Bloomfield das Set mit uns. Wir baten Mike Bloomfield, sich der Band anzuschließen, aber der war vom Spielen mit Butterfield so lustlos geworden, daß er nicht wieder auf Tour gehen wollte. So luden wir Harvey Mandel ein, das zweite Set mit uns zu spielen. Harvey spielte großartig, und so nahmen wir ihn."

Das war zwei Tage vor Woodstock, und da Canned Heat später nicht mit Aufnahmen im Woodstock-Film enthalten war, wissen die wenigsten, daß es Mandel war, mit dem die Gruppe ihren großen Durchbruch beim Woodstock-Festival erlebte. Zusammen mit Mandel folgte dann eine ausgedehnte Europa-Tournee, die das fantastische Live-Album *Canned Heat Concert* als Ergebnis hervorbrachte.

Doch besonders das Studio-Album *Future Blues* zeigte, welche Impulse Canned Heat durch das frische Blut namens Harvey Mandel erhalten hatte. Das Album paarte die instrumentale atmosphärische Dichte von Mandels besten Arbeiten mit dem machtvollen Bluesfundament von Canned Heat. Damit wurde dieses Album nicht nur zu dem besten und geschlossensten Werk der Gruppe, sondern durch seine stimmige Variationsbreite, die sich vom klassischen Boogie *So Sad (The World's In A Tangle)* über den Country-Blues *London Blues* bis hin zu dem beeindruckenden Big-Band-Jazztitel *Skat* spannt, auch zu einem echten Meisterwerk des späten „weißen" Blues. Mandels kraftvolles, elektrisierendes Gitarrenspiel trug neben den fantastischen Kompositionen des genialen Alan Wilson maßgeblich dazu bei, daß ein so außergewöhnliches Niveau erreicht wurde.

Dennoch blieb diese LP, abgesehen von dem jazzigen Blues-Titel *That's All Right* auf dem Album *Historical Figures And Ancient Heads,* das einzige Studio-Dokument dieser hervorragenden Canned-Heat-Formation mit Harvey Mandel. Fito de la Parra erklärte: „Für eine Weile funktionierte es. Aber dann fing Alan an, niedergeschlagen zu sein, weil Henry nicht da war. Alan wünschte sich die Magie der Band mit Henry wieder zurück (....) Henry kam zurück, bevor Alan starb, aber es machte keinen großen Unterschied."

Somit war diese angeblich genau ein Jahr dauernde Canned-Heat-Ära für Mandel genauso schnell zu Ende, wie sie begonnen hatte.

Mit ihm zusammen stieg noch besagter Larry Taylor aus. Beide schlossen sich der neugegründeten Band von John Mayall mit dem Namen U.S.A. Union an, mit der sie ein gleichnamiges, wegweisendes Blues-Jazz-Album einspielten. Auch auf dem nachfolgenden Doppel-Album *Back To The Roots,* auf dem John Mayall mit Eric Clapton, Mick Taylor, Keef Hartley und Steve Thompson seine ehemaligen Bluesbreakers-Mitglieder um sich versammelte, waren sie beide wieder mit von der Partie. Auf drei Titeln agierte Mandel dabei neben Clapton, und auf den restlichen fünf Titeln, auf denen er zu hören ist, glänzt er sehr oft mit prägnantem und eigenwilligem Riff-Rhythmusspiel. Besonders hervorzuheben ist aber das Stück *Unanswered Questions,* auf dem sich der Violinist Sugarcane Harris, der auch schon auf dem Album *U.S.A. Union* Eindrucksvolles geleistet hatte, mit Mandel ein packendes Duell liefert, wobei sich Mandels Gitarre dabei oft nach Sugarcane Harris' Geigenspiel anhört und umgekehrt. Hier spürt man bereits deutlich, daß sich die Musikerlaufbahnen dieser beiden noch häufiger kreuzen würden.

1971 erschien mit *Baby Batter* Mandels erstes Solo-Album für das kleine Janus Label, das auf dem Kontinent unter dem absolut irreführenden Titel *Electronic Progress* herauskam. Dieses Album ist vielleicht sein bestes, wenn man vor allem den Gitarristen Mandel hören will. Das rein instrumentale, am stärksten bluesbetonte Album, das Mandel überhaupt eingespielt hat, enthält die ganze Spontaneität der Jam-Sessions, aus denen die LP entstand. Mandels sattes und melodisches Spiel wirkt dabei wie eine eindrucksvolle Symbiose aus dem weichen Spiel Mick Taylors (mit dem er ja auf zwei Titeln des *Back To The Roots*-Albums zu hören ist) und der Energie Paul Kossoffs und Jeff Becks. Dabei ist er dennoch mit seinem geschickt eingesetzten Sustain und dem skandierenden Rhythmus immer unverkennbar Harvey Mandel. Man kann durchaus die Vermutung äußern, daß jeder Liebhaber von bluesbetonter Gitarrenmusik nach Hören dieser LP ein Harvey-Mandel-Fan wird!

Da Mandel inzwischen nicht mehr in Chicago, sondern in Pasadena, Kalifornien, lebte, besuchte er für eine Woche seine Heimatstadt, bevor er mit John Mayall auf Europa-Tournee gehen wollte. Dort entschloß er sich spontan, diese Woche dazu zu nutzen, ein Album aufzunehmen, das auch tatsächlich als *Get Off In Chicago* realisiert wurde. Zusammen mit sechzehn eilig zusammengetrommelten Jazzmusikern aus Chicago wurde dieses Album erstaunlicherweise kein „Back To The Roots – Chicago Blues"-Album, sondern ein Funky-Jazz-Album. Seine schlechtesten Titel sind die, auf denen Mandel gar nicht in Erscheinung tritt, wie z.B. das Bar-Jazz-Stück *Local Days* oder der Titel *High Test Fish Line,* das aber wenigstens ein solides Fundament für Ira Karts perlendes Klavierspiel abgibt. Vielfach ist es Mandels präzise Gitarrenarbeit, die die Schwachstellen der auch im Studio entstandenen Kompositionen verdeckt. „Immer wenn ich ein Solo spiele, bin ich wirklich voll konzentriert. Vor allem mag ich es nicht, Fehler zu machen oder schlampig zu spielen", beschrieb Mandel seine Arbeit.

Besonders auf dem Stück *Race Track Daddy* kommt einer speziellen Spieltechnik, die Mandel auch schon früher angewandt, aber mittlerweile immer mehr vervollkommnet hatte, eine tragende Funktion zu. Es ist eine Art Fingertapping, d.h. er greift mit der Griffhand normal Akkorde, während er vornehmlich mit dem Zeige- und Mittelfinger der rechten Hand die Saiten auf dem Griffbrett anschlägt. Mandel: „Ich schlage und presse die Saite gleichzeitig." Die Klangeffekte, die er durch diese Technik erzielt, ähneln nicht selten denen einer rückwärts eingespielten Gitarre oder einer Violine, so daß Mandels Gitarrenspiel dazu prädestiniert zu sein scheint, in ein melodiöses Zwiegespräch mit einer Geige zu treten. So verwundert es nicht, daß man ihn auf einem der drei Stücke des wahrscheinlich 1972 aufgenommenen Super-Session-Albums *Music From Free Creek,* auf *Sympathy For The Devil,* mit dem Violonisten Larry Packer hören kann. Doch besonders der kraftvolle Shuffle *Earl's Shuffle* und eine witzige Version des Evergreens *Girl From Ipanema* machen die Doppel-LP hörenswert, auf der neben Eric Clapton, Mitch Mitchell, Keith Emerson und Todd Rundgren noch eine ganze Reihe bekannter Musiker mitwirken.

1972 erschien sein zweites Solo-Album auf Janus, *Snake,* das nach Mandels Spitznamen hieß, den er bekommen hatte, weil er ständig eine schwarze Lederjacke trug. Auf diesem Album treffen wir auch wieder den aus der fruchtbaren Zusammenarbeit mit Mandel bekannten Violinisten Sugarcane Harris, der hier nur sehr sparsam zum Zuge kommt.

Trotz eines unangenehmen Covers, das ein gemaltes Porträt von Mandel mit braunen Schlangenaugen zeigt, enthält die Platte eine Reihe seiner besten Aufnahmen. Zwei der schönsten Stücke stehen dabei in direktem und indirektem Zusammenhang mit dem verstorbenen Harpspieler, Sänger, Slidegitarristen, Komponisten und Kopf von Canned Heat, Alan „The Owl" Wilson. Es handelt sich um das wunderschöne reine Gitarrenstück *Ode To The Owl* und das Stück *Uno Ino* (eine abgekürzte Form von You know, I know), das einer typischen Alan Wilson-Komposition verteufelt ähnelt, was sicher daran liegt, daß der Canned-Heat-Manager Skip Taylor mitkomponiert hat. Auf diesem Titel kann man Mandels dünne, Alan Wilson sehr ähnliche Stimme vernehmen.

Auch die zwei restlichen Titel der zweiten Seite, der Jazz-Blues *Levitation* und das mit rasanten Gitarrenpassagen aufgeladene *Bite The Electric Eel,* sind mehr als gelungen. Das liegt sicher auch daran, daß Mandel auf dieser LP neben Larry Taylor (Baß) noch Antonio de la Parreda (Baß) und Adolfo de la Parra von Canned Heat zur Seite hatte.

1972 wirkte Harvey Mandel außerdem noch auf dem Album *Rock'n'Roll Forever* von den Ventures mit, deren bekannteste Stücke er bereits mit fünfzehn Jahren auf der Gitarre nachgespielt hatte.

Im gleichen Jahr gründeten Sugarcane Harris und Mandel die Gruppe Pur Food & Drug Act, von der jedoch nur eine einzige, stark von Sugarcane beeinflußte LP namens *Choice Cuts* auf Epic erschien. Obwohl auf diesem Album einige Musiker mitwirkten, die schon auf *Snake* mitgespielt hatten, konnte diese LP nicht so überzeugen wie *Snake*.

Doch bei der nächsten, mit der gleichen Besetzung eingespielten Solo-LP von Mandel mit dem mehrdeutigen Titel *Shangrenade* „gewannen die intellektuellen jazzigen Passagen die Oberhand" („Sounds"). Harvey sagte zu dieser LP, mit der er im nachhinein auch nicht so glücklich schien: „Es ist wohl meine schwierigste Platte, weil ich viele Jazzelemente eingebaut habe. Das Ganze ist sehr cool, und du mußt erst mal eine Weile reinhören, bis du kapierst, worum es geht. Sie spricht hauptsächlich den Kopf an und nicht den Körper. Deshalb mag sie vielleicht den Kritikern gefallen. Aber die Leute wollen etwas hören, wonach sie sich bewegen können, das sie körperlich, ohne große intellektuelle Anstrengungen verstehen können."

Und das stimmt haargenau. Will man dieser Platte etwas abgewinnen, muß man sich ihr vollkommen vom Intellekt her nähern, weshalb Mandel sich hier auch am stärksten von seinen Blueswurzeln entfernt hat. Doch damit verlor er auch einen Großteil seiner Faszination, die in der Verschmelzung von Jazz- und Blueselementen liegt, bei der sein Gitarrenspiel sehr oft die Vermittlerrolle übernimmt. Mandel meint dazu: „Mein Gitarrenstil liegt, so weit ich das beurteilen kann, genau in der Mitte zwischen Jazz- und Blues-Spieltechniken."

Leider wurde *Shangrenade* (1973) seine letzte Solo-LP. 1975 war sein Name noch einmal in aller Munde. Die Rolling Stones suchten Ersatz für den ausgestiegenen Mick Taylor und luden deshalb Harvey Mandel ins Studio ein. Dort jammten sie ausgiebig mit ihm, doch nachdem er mit Wayne Perkins in die engere Wahl gekommen war, entschied man, das heißt vor allem Keith Richard, sich für den ehemaligen Faces-Gitarristen Ron Wood. Dennoch war er auf Titeln des nächsten Stones-Albums, die aus diesen Jam-Sessions stammten, zu hören, obwohl man sagen muß, daß die Rolling Stones nicht mehr viel von ihm übriggelassen hatten.

Warum Mandel diese kurzzeitige Gratispromotion nicht dazu genutzt hat, seine Person einem neuen Publikum mit neuen Platten vorzustellen, bleibt ein Rätsel. In Europa hat keiner eine Ahnung, was Mandel heute macht. Die wenigsten wissen heute, fünfzehn Jahre nach der letzten Solo-LP, noch, wer sich hinter dem Namen Harvey Mandel überhaupt verbirgt.

Vielleicht hat Harvey Mandel tatsächlich recht, wenn er behauptet, er hätte nur früher eine Chance haben müssen, sein erstes Soloalbum aufzunehmen, um seinen innovativen Feedback-Stil zu dokumentieren. Vielleicht würde man ihn heute in einem Atemzug mit Jimi Hendrix, Eric Clapton und anderen nennen. Doch das muß Spekulation bleiben. Wahrscheinlich hat er sich spätestens, als er mit seiner Gruppe Mitte der 70er Jahre nur ein Zehntel dessen erhielt, was Canned Heat als Gage bekam, resigniert aus dem Musikgeschäft zurückgezogen.

„Es bedurfte all dieser Jahre im Musikbusineß nicht nur, um zu lernen, wie man Gitarre spielt, sondern es dauerte genau so lange zu lernen, was in der Plattenindustrie passiert und wie ich mich selber in Zukunft schütze. (...) Hoffentlich klappt es bald mit dem Erfolg", sagte er in einem Interview, das im Mai 1977 im „Guitar Player" erschien.

Kim Simmonds: Der Unterbewertete

Geb.: 6. Dezember 1949 in Wallis/Großbritannien

Kim Simmonds ist vielleicht der am stärksten unterbewertete weiße Bluesrock-Gitarrist überhaupt. Als Kopf und einziges konstantes Mitglied der mittlerweile schon seit über zwanzig Jahren aktiven Band Savoy Brown ist ihm die Anerkennung, die ihm eigentlich gebührt, versagt geblieben. Das erstaunt und verärgert um so mehr, als diese Band in ihrer besten Zeit – und die dauerte länger als bei jeder vergleichbaren Bluesrock-Gruppe – neben Fleetwood Mac die kreativste, experimentierfreudigste und eigenständigste weiße Bluesrock-Formation gewesen ist.

Daß Savoy Brown bis heute die wohl am meisten unterschätzte und unbekannteste Band der britischen Bluesära ist, hängt wahrscheinlich vor allem mit den ständigen personellen Umbesetzungen zusammen, die jedoch, wie von Simmonds gewünscht, gerade den stilistischen und musikalischen Reichtum der Band erst in vollem Umfang möglich gemacht haben.

Darüber hinaus verstand Simmonds es wie kein zweiter, sein flüssiges und vibrierendes Gitarrenspiel immer optimal mit dem jeweiligen Song, egal ob blues-, boogie-, rock- oder jazzgefärbt, zu verbinden. Von den puristischen Blues der ersten LP *Shake Down* über die Rock-, Blues- und Jazzmischung der Alben *Looking In, Hellbound Train* und *Raw Sienna* bis zu dem kommerziellen Mainstream Hardrock der *Rock'n'Roll Warriors* – immer ist Kim Simmonds' Gitarrenspiel sowohl unverkennbar als auch dem Musikstück angemessen. Und genau das zählt zu den Fähigkeiten, an denen man einen großen Gitarristen erkennt.

Schon in jungen Jahren hörte er durch seinen älteren Bruder Harry die Musik von Bill Haley, Elvis Presley und vielen anderen, und wenig später war es für Kim „eine ganz natürliche Sache", das Gitarrespielen anzufangen. Für ein paar Pfund bestellte er sich mit dreizehn Jahren seine erste akustische Gitarre bei einem Versandgeschäft. „Ich glaube, das erste, was ich spielen konnte", erinnerte er sich, „war ein Chuck-Berry-Riff, und damit fing alles an.“

Bald darauf entdeckte sein älterer Bruder – und mit ihm Kim Simmonds – dann Bluesmusiker wie Lightnin' Hopkins, T-Bone Walker, Muddy Walters und John Lee Hooker. „Ich fing an, Blues zu hören, und das war's! So wollte ich Gitarre spielen. In dieser Zeit waren die Shadows die große Sache in England, und ich gewöhnte mich daran, sie zu hassen. Bei Musikern wie Lightnin' Hopkins teilt sich einem das echte Gefühl mit. Wenn ich Lightnin' Hopkins zuhörte, gingen meine Gedanken spazieren, und da fing ich an, wirklich Gitarre zu spielen“, erklärte Simmonds später. „Im ersten Jahr, als ich begonnen hatte, Gitarre zu spielen, hatte ich ein abgrundtief unmusikalisches Ohr – ein wirklich schlechtes Ohr für Musik. ... Außerdem war ich sehr komplexbeladen. Ich holte mir ein Buch über Akkorde und entwickelte mein Ohr in der Zeit, in der ich die Gitarre allein als emotionales Ventil hatte.“

In dieser Zeit versuchte er vor allem, den Shufflerhythmus und die Akkorde von Elmore James nachzuspielen, und „Stückchen für Stückchen lernte ich von allen Bluesplatten und baute darauf meinen eigenen Stil auf“.

Mitte der sechziger Jahre traf er dann den bluesbegeisterten Harpspieler John O'Leary. „Ich begegnete John in einem Laden namens Transact Imports. Die Firma importierte amerikanische Bluesplatten – altes Material von B. B. King, Platten von Freddie King und Albert King, aber auch von James Brown, und Soulplatten. John und ich kamen darüber ins Gespräch. Zu dieser Zeit war es durchaus ein Ereignis, jemanden zu treffen, der die gleiche Musik liebte wie ich.“

Zusammen mit O'Leary tauchte Simmonds immer tiefer in die Materie, die schwarze Musik ein. Doch mit der Zeit entdeckte er, daß er besonders den Stil der Musik von Otis Rush, Magic Sam, Fenton Robinson, Bobby Bland, Lonnie Johnson und natürlich Muddy Walters liebte, den man als Chicago-Blues bezeichnete.

Genau diese Musik wollte er machen. So kaufte er sich eine frühe Gibson SG, die allerdings einen total verzogenen Gitarrenhals hatte, worauf ihn der Verkäufer aber nicht aufmerksam gemacht hatte, und gründete Ende 1965 mit John O'Leary, dem

Mike Bloomfield
Die besten Gitarristen sind die, die menschliche Laute nachbilden

Roy Buchanan
Viele Dinge, die ich mit der Gitarre mache, passieren ganz unbewußt

Eric Clapton
(WEA)

Eric Clapton
Ohne Gitarre fühle ich mich nackt und unvollständig
(WEA)

Eric Clapton
(Warner)

Rory Gallagher
Mit Muddy Waters gespielt zu haben – das ist für mich ERFOLG

Peter Green
Nicht eine goldene Schallplatte, sondern meine Musik
bestmöglich aufzunehmen ist mir eine Erfüllung

Lonnie Mack
Country Music wird sowenig sterben wie der Blues

Harvey Mandel
Mein Gitarrenstil liegt, soweit ich das beurteilen kann, genau
zwischen Jazz- und Blues-Spieltechniken

Kim Simmonds
Meine erste Liebe war und ist die Musik von Lightnin' Hopkins,
John Lee Hooker und Lonnie Johnson

Mick Taylor
Get Yer Ya-Ya's out! und *Sticky Fingers* sind meine Lieblingsalben
von den Stones

Stan Webb
Ich interessiere mich nur für Musik, gute, menschliche Musik

Johnny Winter
Mit dieser computerisierten Musik und diesen neumodischen
Gerätschaften, da macht doch keiner mehr was falsch

Ry Cooder
Meine Platten erlauben mir, auf Tournee zu gehen und Spaß zu haben

Lowell George
Lowell George war ein großartiger Slidegitarrist (Mick Taylor)

Alvin Lee
Das Live-Album *Undead* hob die Grenzen zwischen Blues
und Rock auf

Bassisten Ray Chapell, dem Schlagzeuger Leo Mannings und dem Sänger Bryce Portius die Savoy Brown Blues-Band.

Bereits kurze Zeit später beeindruckte die Gruppe auf der Bühne Mike Vernon so sehr, daß er mit ihr 1966 zwei Singles für sein neugegründetes Purdah Label aufnahm. Diese vier mehr oder weniger bekannten Cover-Titel, nämlich *I Tried, Cold Blooded Woman, True Blue* und *I Can't Quit You Baby,* die später auf den ersten beiden *Blues Any Time*-Alben erschienen, zeigen ohne Ausnahme, wie stark sich Savoy Brown zu Beginn noch am Chicago Blues orientierte. Verstärkt wurde die Band bei diesen Aufnahmen von dem fantastischen Pianisten Bob Hall; am überzeugendsten war aber vielleicht John O'Learys eindrucksvoll phrasierendes Mundharmonikaspiel auf *True Blue.*

Dennoch spielte ein anderer Titel eine große Rolle für die Band, wie Mike Vernon erzählte: „*I Can't Quit You Baby* war nicht so großartig, aber damit schaffte ich es, Decca ebenso wie Harry Simmonds zu überzeugen, daß sie Savoy Brown unter Vertrag nehmen sollten." Harry Simmonds war natürlich niemand anderes als Kims älterer Bruder, der somit der Manager der Band wurde. Auch der Vertrag mit Decca kam zustande und währte bis Mitte der 70er Jahre.

Die erste von Mike Vernon produzierte LP, *Shake Down,* wurde im November 1967 aufgenommen und erschien noch im gleichen Jahr. John O'Leary war zwar bereits vor den Aufnahmen zu diesem Plattendebüt ausgestiegen (1969 tauchte sein Name dann auf dem ersten Album der John Dummer Blues Band Cabal auf), doch dafür war ein zweiter Gitarrist namens Martin Stone dazugestoßen. Auch Bob Hall saß wieder, wie auch bei den folgenden drei Alben, am Piano, obwohl Mike Vernon behauptet hat, daß er trotzdem kein Mitglied von Savoy Brwon, wie sich die Band schon auf ihrem zweiten Album verkürzt nannte, gewesen sei.

Das erste Album war wahrscheinlich das rauheste Debütalbum, das eine klassische englische Bluesband der Endsechziger herausgebracht hat. Wie gut das Album war, zeigt allein schon die Tatsache, daß zwei Titel, nämlich Willie Dixons *I Ain't Superstitious* und B. B. Kings *Rock Me Baby* (das dort jedoch zur Rod Stewart-Komposition (!) *Rock My Plimsoul* wird), mit ähnlich schleppendem Rhythmus auf dem ein Jahr später erschienenen Soloalbum von Jeff Beck, *Truth,* zu finden sind.

Die gesamte LP enthält bis auf die Ausnahme der Martin Stone-Komposition *The Doormouse Rides The Rails* nur Fremdkompositionen von Dixon, Fenton Robinson, B. B. Albert/Freddie King, John Lee Hooker, D. Malone und ein Traditional. Man kann deshalb sagen, daß allein vom Songmaterial her schon ein gewisses Niveau erreicht war. Insgesamt hatte man es jedoch vermieden, das Material völlig in der Chicago Blues-Tradition aufzunehmen. Kim Simmonds' Gitarrenspiel war zu dieser Zeit bewundernswert flüssig und schnell, schien jedoch seinen Vorbildern zu sehr verpflichtet. Insbesondere auf den Titeln *Let Me Love You, Highrise* und *Oh, Pretty Woman* schien er manchmal dem Clapton der Bluesbreakers-Zeiten täuschend zu ähneln.

Die LP stellte ein beeindruckendes Debütalbum dar, wenngleich ihr die Eigenständigkeit fehlt, die jedoch schon mit dem nächsten Album, *Getting To The Point,* in weitaus größerem Maße folgen sollte. Dafür war auch das neue Mitglied Chris Youlden verantwortlich. Chris war einmal bei einem Konzert im Nag's Head in Battersea für den erkrankten Portius eingesprungen, und danach fragte man ihn, ob er als Sänger einstiege, falls sich die Band von Portius trennen würde. Youlden sagte zu, und als Portius tatsächlich wenig später ausstieg, wurde der außergewöhnliche Sänger Chris Youlden Mitglied von Savoy Brown. Wenig später stieg Ray Chappel aus, für den der ehemalige (kurzzeitige) Fleetwood-Mac-Bassist Bob Brunning einstieg. Doch das blieb nicht die letzte Umbesetzung, denn bald darauf verließ auch Leo Mannings die Gruppe, und für ihn wechselte – auf Brunnings Empfehlung – Hughie Flint von John Mayall zu Savoy Brown. Mit Mannings war schließlich auch der zweite Gitarrist Martin Stone ausgestiegen, und die beiden gründeten zusammen die Gruppe Kokomo Phoenix.

Der „ruhige und schüchterne, aber ausdrucksvolle und harte" Bob-Brunning-Gitarrist Dave „Lonesome Dave" Peveret ersetzte Stone, und zusammen mit dem Pianisten Bob Hall, der bei englischen Gigs immer mit von der Partie war, setzte man in dieser Besetzung das ständige Touren durch ganz England fort. Nach drei bis vier Wochen ging man zum ersten Mal zusammen in die

Decca-Studios, um mit Mike Vernon als Produzenten die Single *Taste And Try*, eine Youlden-Komposition, und *Someday People* aufzunehmen. Bob Brunning berichtet über die Einspielung: „Ich war beeindruckt davon, daß Mike Vernon die enorme Lautstärke von Kim Simmonds nicht im geringsten bekümmerte. Er stellte einfach die Trennwände anders und verblüffte entsprechend." Dies war zugleich das erste Plattendokument einer vier Alben umfassenden, fruchtbaren und kreativen Savoy-Brown-Ära mit Chris Youlden.

Im Juni 1968 wurden aber erst einmal die beiden ausgestiegenen Bandmitglieder Bob Brunning und Hughie Flint durch den Bassisten Rivers Jobe und den Schlagzeuger Roger Earl ersetzt. In dieser Besetzung nahm man dann das fantastische Album *Getting To The Point* auf. Dieses Album wurde von der schlafwandlerischen Sicherheit beherrscht, mit der die einzelnen Musiker ihr Können optimal einbrachten. Die Präzision, mit der dabei Spannungen und emotionale Höhepunkte scheinbar aus dem Ärmel geschüttet wurden, machte dieses Album zu einem echten Meisterwerk. Mike Vernons glasklare Produktion brachte dabei die Ursprünglichkeit der durch die Instrumente vermittelten Emotionen voll zur Geltung. Simmonds' Gitarre, die auf dem geschickt bearbeiteten Traditional *Give Me A Penny* schneidend die Stille zerfetzt, das pures Feeling demonstrierende Gitarrenspiel auf dem verhalten vorgetragenen Muddy Waters-Titel *Honey Bee*, das spannungsreiche Zusammenspiel von Simmonds' und Peverets Gitarren auf der Simmonds-Komposition *The Incredible Gnome Meets Jaxman*, die fantastischen Youlden/Simmonds-Kompositionen *Stay With Me Baby* und *Mr. Downchild*, letztere mit einer hilflos jammernden, sinnbildlich ausweglos zwischen den beiden Stereokanälen herumirrenden Gitarre, das feurige Instrumental, das dem Album seinen Namen gab – all diese Titel sind beispiellos zelebrierter Bluesrock, der den Vergleich mit den besten LPs anderer englischer Bluesbands nicht zu scheuen braucht.

Auch das nachfolgende Album *Blue Matter* hielt dieses hohe Niveau, wenn auch auf eine andere Art, da es als Split-Album Studio/Live konzipiert war. Die nur drei Titel umfassende Live-Seite konserviert dabei die fesselnde Live-Qualität von

Savoy Brown zu dieser Zeit, wobei Simmonds' sich leidenschaftlich aufbäumendes Spiel raumfüllend im Vordergrund steht. Unter den drei Live-Titeln ist auch der später auf fast vierzig Minuten ausgedehnte Live-Marathon des mutierten Muddy-Waters-Titels *Louisiana Blues.* Aber die Studio-Seite ist nicht minder aufregend. Da gibt es den jazzigen Song *She's Got A Ring In His Nose And A Ring On Her Hand,* den Pianoblues *Tolling Bells,* Vicksburg Blues, den machtvoll stampfenden Bluesrock *Don't Turn Me From Your Door* und sogar so komplex arrangierte Titel wie *Train To Nowhere.*

Das heutzutage irreführende, weil an Heavy-Metal-Cover erinnernde Monster-Cover geht dabei sowohl auf Kim Simmonds als auch auf Chris Youlden zurück, die sich die Zeit im Tour-Bus damit vertrieben, sich gegenseitig so lange Horrorstories zu erzählen, bis die übrigen Mitglieder vollkommen entnervt waren.

Und Tourneen gab es am laufenden Band. Von Januar bis Ende April 1969 absolvierte die Gruppe ihre erste, mehr als strapaziöse USA-Tournee, um dann für einige Gigs nach England zurückzukehren. Bereits im Juni 1969 war sie wieder in den USA und tourte umbarmherzig bis Mitte Oktober. „Zu dieser Zeit mußte man in Amerika das Publikum wirklich fertigmachen, wenn man überhaupt zur Kenntnis genommen werden wollte. So arbeiteten wir wirklich hart", bemerkte Chris Youlden zu den USA-Tourneen. Auf diese Weise etablierte sich Savoy Brown 1969 in den USA als hervorragende Live-Band, so daß sie dort populärer wurde als daheim in England.

Trotz des unglaublichen Tournee-Stresses gelang es ihnen 1969, die LP *A Step Further* zu veröffentlichen. Das Cover zeigt u.a. Chris Youlden, der mit einem schwarzen Pelzmantel und einem Zylinder ausstaffiert ist und eine Zigarre raucht. So trat Youlden auch im Konzert auf, was er als Konzession an das imagehungrige Publikum ansah. Chris Youlden kommentiert: „Und die Amerikaner liebten es, was hättest du da an meiner Stelle gemacht? Wir wollten dort weiter auftreten, so mußten wir uns in einem bestimmten Maße dem annähern, was das Publikum wollte. Dieses Image wurde in Verbindung mit den Änderungen in der Musik sehr erfolgreich."

Die dabei angesprochenen Änderungen waren schon auf *A Step Further* deutlich auszumachen. Die gesamte Live-Seite der Split-LP nahm ein rasanter Savoy-Brown-Boogie ein, der, den Live-Versionen des Titels *I'm Going Home* von Ten Years After nicht unähnlich, medleyartig die Stücke *Feel So Good, Whole Lotta Shakin' Goin' On, Little Queenie* und *Purple Haze* mit einschloß. Diese Live-Seite, die man im Mai nach der ersten Amerika-Tournee in London aufgenommen hatte, dokumentierte sehr deutlich die härtere musikalische Gangart, mit der man das amerikanische Publikum begeistern wollte und konnte. Wenngleich Savoy Brown nach wie vor hauptsächlich lange, nuancenreiche Bluesnummern wie die auf *Blue Matter* enthaltenen Titel *May Be Wrong* und *It's Hurt Me Too* in ihrem Live-Programm hatte, so deutet doch die Entscheidung, den überlangen Boogie auf eine Seite der LP zu pressen, darauf hin, daß man dem amerikanischen Publikum auch auf der Platte das geben wollte, was es an Savoy Brown schätzte. Chris Youlden sagte später: „Harry und Kim hatten zusammen selbstverständlich eine sehr genaue Vorstellung davon, wie das mit der Band laufen sollte, obwohl sie ihre Streitereien hatten. Aber prinzipiell setzten sie den Kurs des ganzen Unternehmens fest."

Ganz fantastisch war aber mal wieder die Studio-Seite der LP gelungen, die sich aus dem wehmütigen, unglaublich intensiv anrührend gesungenen Blues *Life's A One Act Play* (mit Streichern), zwei sagenhaften Youlden-Kompositionen, *Made Up My Mind* und *I'm Tired,* sowie dem Instrumental *Waiting In The Bamboo Grove* (mit Bläsern) zusammensetzte, auf dem Kims gereiftes Gitarrenspiel eindeutig klarmachte, daß er zur ersten Garde der englischen Bluesgitarristen zu zählen ist.

Zusammen mit Tony Stevens am Baß, der auch schon auf *A Step Further* mitwirkte, folgte 1970 erneut eine erfolgreiche USA-Tournee.

Chris Youlden erklärte den Erfolg so: „Eine Menge Bands, die zu dieser Zeit nach Amerika kamen, waren in England viel bekannter und erfolgreicher als Savoy Brown und schafften es zu guter Letzt doch nicht – bloß, weil sie genau das machten, was sie auch zu Hause taten. Das machte sich in England bezahlt, aber nicht in den Staaten."

So wurde das 1970 erschienene Album *Raw Sienna,* das die Band vor einer großen England-Tournee mit Ten Years After und Jethro Tull aufnahm, eine überzeugende Mischung aus härteren amerikanischen Rock-Elementen und englischem Jazz und Blues. . Zugleich war es das letzte Album mit dem überragenden Chris Youlden und die erste nicht von Mike Vernon, sondern von Simmonds und Youlden produzierte Aufnahme. Wie das Album ausfiel, läßt sich mit einem Wort sagen: genial! Simmonds ließ alle noch so kleinen Klischees hinter sich. Youlden erzeugte Gänse-haut – und wer nach einem wirklich schwachen Stück suchte, wurde enttäuscht. Allenfalls mußte man sich an den Einsatz von Streichern und von fanfarenartigen Bläsern auf einigen Titeln erst gewöhnen, aber auch das gewann schnell an Reiz.

Dann, nach einer weiteren Amerika-Tournee, stieg Chris Youlden aus. Für diesen Schritt hatte er eine Reihe von Gründen: „Wir standen durch das Management und viele Busineß-Verpflichtungen unter Druck. In Amerika ist es so, daß die Leute nicht zufrieden mit dir sind, wenn du 100 000 Platten verkaufst. Sie schielen dann nach 200 000 – und wenn du dann 200 000 verkaufst, wollen sie, daß du eine halbe Million verkaufst. Wenn du eine halbe Million verkaufst, wollen sie, daß du eine Million verkaufst, und immer so weiter. (...) Ich entwickelte meine Fähigkeiten als Komponist, aber ich glaube, daß der Rest der Band sich immer mehr in die Richtung der großen Heavy-Rock-Sache bewegte."

Chris Youlden nahm dann zwei ebenso hörenswerte wie erfolglose Solo-Alben, *Nowhere Road* und *City Child,* auf und ist noch heute in der R & B-Szene in London aktiv, wenn er auch seit jenen Tagen beklagenswerterweise keine LP mehr aufgenommen hat. So wurde die 1970 erschienene LP *Looking In* die erste LP ohne Chris Youlden. Zwar konnte Dave Peveret, der nun auch als Sänger fungierte, Youlden nicht ersetzen, doch irgendwie schaffte er es, daß man ihn akzeptierte, ohne ihn ständig mit Youlden zu vergleichen. Die Platte war dabei sogar vom gleichen Kaliber wie ihre Vorgängerin, obwohl die einfallsreichen Youlden-Komposi-tionen wegfielen. Allein die Tony Stevens/Dave Peveret-Kompo-sition *Leavin' Again,* die auf einem ebenso einfachen wie genialen Riff aufbaute und mit brillanter Gitarrenarbeit von Simmonds aufgeladen wurde, hätte erreicht, das Album zu einem der gelungensten bodenständigen Rock-Alben der siebziger Jahre zu machen. Dennoch fand man noch eine Menge weiterer kleiner bluesgefärbter Rock-Edelsteine wie *Poor Girl,* den Titelsong *Looking In,* das sparsam mit Wah-Wah-Gitarre in Szene gesetzte *Money Can't Save Your Soul* und das herrlich jazzige Instrumental *Sunday Night.*

Simmonds hatte mittlerweile einen vollkommen eigenen Stil entwickelt, in dem er die jazzige Verspieltheit mit der emotionalen Dichte des Bluesspiels harmonisch verschmolz. Besonders dieses mit einem unverwechselbaren Handvibrato gefärbte Gitarrenspiel machte einen bedeutenden Teil der Faszination von Savoy Brown aus. Allerdings gelangen die nachfolgenden Alben der Band nicht mehr so eindrucksvoll wie ihre Vorgänger.

Welch fantastische Live-Qualitäten Savoy Brown in dieser Formation jedoch hatte, dokumentierte die 1970 aufgenommene, aber erst 1981 erschienene LP *Just Live.* Die Kraft und erdige Raffinesse, mit der man in den vollendeten Live-Versionen der Songs *Leavin' Again, It Hurts Me Too* (das leider ausgeblendet wird), *Sunday Night* und dem über fünfzehnminütigen *Louisiana Blues* rockt, jazzt und Blues spielt, sucht ihresgleichen. Kim Simmonds zeigt außerdem sein unbegrenztes Können, denn er beherrscht alles gleichermaßen – von den federleichten, jazzigen Läufen und zündenden Rock'n'Roll-Improvisationen bis zu Cream-ähnlichen Alleingängen mit der Gitarre. Die Aufnahmen sind zwar soundtechnisch enttäuschend, doch die LP versöhnt mit einer Spielzeit von annähernd einer Stunde. Da die bisher besprochenen Studio-LPs heute fast ausnahmslos vergriffen sind, kann man diese LP zum Einstieg nur wärmstens empfehlen.

Tatsächlich schlug die Band teilweise den von Youlden prophezeiten Weg ein. Zu den Aufnahmen der LP *Street Corner Talking* erschien sie 1971 wieder in einer neuen Besetzung, da Roger Earle, Dave Peveret und Tony Stevens ausgestiegen waren, um Foghat zu gründen. Die neue Besetzung bestand aus Paul Raymond (Keyboards), Andy Silvester (Baß) und Dave Bidwell (Drums), die von Chicken Shack kamen, sowie dem Sänger Dave Walker, der vorher bei Idle Race war. Savoy Brown hatte bereits vor den Aufnahmen zu dieser LP, im Frühjahr 1971, eine

Amerika-Tournee mit dem Bassisten Andy Pyle (ehemals Bloodwyn Pig), Rod Stewart und der Grease Band absolviert, so daß sie perfekt eingespielt ins Studio gingen.

Paul Raymond übernahm jetzt mit seinem unspektakulären Keyboardsspiel sehr oft die Solo-Improvisationen, die Simmonds vorher ganz für sich beansprucht hatte. Doch drei der besten Titel, nämlich *Tell Mama, Let It Rock* und *All I Can Do,* gingen auf das Komponistengespann Simmonds/Raymond zurück. Zusammen mit dem Blues *I Can't Get Next To You* bildeten sie die Höhepunkte einer LP, die vielleicht nicht so fesselnd wie ihre Vorgängerin ausgefallen war, jedoch erstaunlicherweise trotz der drastischen personellen Erneuerung den Stil von Savoy Brown nahtlos weiterführte.

Anhand der 1972 aufgenommenen, aber (auf dem Grateful-Dead-Fan-Label-Relix) erschienenen LP *Live In Central Park* kann man jedoch hören, daß sich Savoy Brown live musikalisch stärker geändert hatte. Zwar bietet diese LP nur einen Ausschnitt aus dem Konzert von 1972, aber es ist doch ersichtlich, daß die Musik wesentlich mehr Boogie- und Rock'n'Roll-Elemente aufgesogen hat. Es ging eher um unterhaltsamen, tanzbaren *Let It Rock* als um schmerzhaften Zwölf-Takt-Blues. Die Zugeständnisse an den amerikanischen Publikumsgeschmack hatten zu einem Stilwechsel geführt.

Zwar glänzte Simmonds mittlerweile mit seinem Können auch auf der Slidegitarre, und sein ökonomisches Spiel auf *Love Me Please* ließ einfach die Zeit stehenbleiben, doch was live spürbar wurde, hatte sich auch in dem zuvor erschienenen Album *Hellbound Train* schon abgezeichnet.

Die mitreißende Mischung aus englischem Blues und amerikanischem Rock'n'Roll, die die drei vorangegangenen Alben auszeichnet, war einer Art von Musik gewichen, die nicht mehr ausschließlich von Savoy Brown hätte stammen können. Der erdige Klang von CCR lag ebenso in der Luft wie der kumpelhafte Boogie-Rock von Status Quo, die zur gleichen Zeit damit angefangen hatten. Doch vielleicht urteilt man so hart, weil das Niveau der vorhergegangenen LPs einfach zu hoch war, als daß man es mit ständigen personellen Änderungen hätte halten können. Paul Raymond hatte nicht Bob Halls elegante Leichtigkeit, und Dave Walker fehlten die stimmlichen Fähigkeiten eines Chris Youlden. Und schließlich änderten sich die Hörgewohnheiten des amerikanischen Publikums. Wir erinnern uns an Youldens Ausspruch: „Wenn du eine halbe Million Platten verkaufst, wollen sie eine Million und so weiter."

Während man auf dem schlampig produzierten Album *Hellbound Train* weder gute Kompositionen noch viel von Simmonds' Gitarre vernehmen konnte, überzeugte das mit dem bereits erwähnten Andy Pyle eingespielte Album *Lion's Share* durch seinen geradlinigen Rock. Simmonds war wieder so charismatisch wie eh und je, und die kompositorisch gelungenen Rocktitel waren zudem wieder sauber produziert.

1973 folge das Album *Jack The Toad,* in dem Savoy Brown wieder mit zum Teil neuen Mitgliedern nach einer anderen musikalischen Identität suchte. Im Januar 1974 ging Simmonds zusammen mit zwei weiteren Gitarristen, mit Stan Webb und Miller Anderson, ins Studio, um die LP *Boogie Brothers* einzuspielen. Diese LP wurde nicht zu einem Meilenstein des Bluesrock, was bei dieser Besetzung durchaus im Bereich des Möglichen gelegen hätte. Wahrscheinlich war das Trio zu überhastet ins Studio gegangen. Daß der zündende Funke nicht übersprang, lag vor allem an den Kompositionen, doch am schlimmsten war ganz sicher, daß man den gefühlvollen *Theresa Blues* nach zwei Minuten ausblendete. Schon nach einer ausgedehnten USA-Tournee trennte sich diese vielversprechende Formation, bevor sie mit einem zweiten Album beweisen konnte, was in ihr steckte.

Boogie Brothers war die letzte LP von Savoy Brown, die gleichzeitig mit dem amerikanichen Erscheinen auch in England herauskam.

Das hatte seinen Grund, denn die nachfolgenden Alben gerieten immer mehr ins Fahrwasser des geglätteten amerikanischen Mainstream-Rock. Die frühere Brillanz blitzte dabei von Album zu Album immer weniger auf. Auf den nachfolgenden Alben *Wire Fire* (1975) und *Skin'n'Bone* (1976), auf dem mit *Walkin' And Talkin'* ein langer, kraftvoller Live-Boogie enthalten ist, spielten Raymond und Bidwell wieder mit. Doch weder diese alte Besetzung noch das anbiedernde Hard-Rock-Album *Savage*

Return, das mit seiner Triobesetzung so verführerisch Bluesrock erhoffen ließ, schafften es, daß der Plattenverkauf in Amerika wieder die Umsatzzahlen der Blütezeit von Savoy Brown Anfang der siebziger Jahre erreichte.

Im Oktober 1981 erschien das vorerst letzte Studio-Album *Rock'n'Roll Warriors,* das mit dem dazugehörigen Mini-Erfolg *Run To Me* ebenso schlecht war, wie es erfolgreich wurde. Und es war ziemlich schlecht! Simmonds' rasante, flüssige Bluesläufe versöhnten ja mit vielem. Doch die unerträgliche Heavy Metal-Stimme von Ralph Mormann, der ekelhaft kommerzielle, zur Radioauswertung bestimmte Sound und die durchschnittlichen Hardrap-Rockmelodien von Simmonds machten es einem wirklich schwer, sich nicht zutiefst verärgert von Savoy Brown abzuwenden. Doch Simmonds köderte einen immer wieder mit seinen flammenden Soli dazu, an allem Negativen vorbeizuhören – und ist das nicht schon ein Beweis für die Klasse eines Gitarristen?

Dennoch – warum mußte er es erst soweit kommen lassen!

Im gleichen Jahr erschien auch eine während ihrer Amerika-Tournee mitgeschnittene Doppel-LP, *Greatest Hits In Concert.* Man kann nur rätseln, wie man diesen Titel zu verstehen hat. Empfand es Simmonds selber als Ironie des Schicksals, daß ausgerechnet *Run To Me* zum Hit avancierte, oder wollte er vielleicht mit diesem Titel auf die lange, ruhmreiche Vergangenheit hinweisen? Vielleicht kam aber auch nur seine Freude darüber zum Ausdruck, daß Savoy Brown ihre besten Titel noch live präsentieren konnte, während viele andere Gruppen aus den Endsechzigern nicht mehr existierten und ihre besten Titel lediglich immer wieder als *Greatest Hits* unter die Leute gebracht wurden.

Über den schwer erträglichen Sänger wurde bereits berichtet, besonders peinlich geriet allerdings *Needle And Spoon.* Der Gesang hatte nichts mehr von der irritierenden Doppelbödigkeit der von Chris Youlden gesungenen Original-Version auf *Raw Sienna.* Doch wie Simmonds mit seinem fabulösen Gitarren-/Slidespiel Klassiker wie *I Can't Get Next To You, Tell Me Mama* (13 Minuten lang!) und *All I Can Do Is Cry* zum Kochen brachte, wie er seinen Solopart auf *All I Can Do Is Cry* mal schreiend, mal fauchend und dann wieder mit solch intensiver Leidenschaft spielte – das ließ einen alles andere verzeihen.

Oder doch nicht. Denn als man ihn 1984 auf der Live-LP der Blues Blasters *Live From The Open Road* hörte (und wie!), war man doch irgendwie froh, daß man nicht wieder schwerverdauliche Kost vorgesetzt bekam. Im Gegenteil, man schöpfte sogar ein bißchen Hoffnung auf etwas, das für Kim Simmonds eigentlich ganz einfach hätte sein können – auf etwas mehr Blues.

Den gab es dann auf dem Album *Slow Train,* das Simmonds 1986 aufnahm. Zwar erschien die Akustik-Split-LP (Studio/live) unter dem Namen Savoy Brown, um überhaupt verkauft zu werden, doch erhärtete das auch noch einmal die Gleichsetzung von Simmonds mit Savoy Brown. Angesichts der *Slow Train*-LP konnte man nur hoffen, sich dieser Gruppe in Zukunft nicht mehr so schämen zu müssen wie bei den vorangegangenen LPs.

Die 1988 erschienene LP *Make Me Sweat,* die zum Teil Neueinspielungen alter Songs enthält (in Amerika sind fast alle Savoy-Brown-LPs gestrichen), und die LP *Kings Of Boogie* von 1989 erfüllten jedoch diese Hoffnungen nur zum kleinen Teil.

Das Dilemma drückt sich dabei schon im Titel der LP aus. *Kings Of Boogie* – der Titel ist Programm. Einerseits erfreuliche Rückbesinnung auf die Wurzeln, andererseits aber Wiederbelebung des alten, in Amerika so effizienten Erfolgsrezepts.

Doch wenn selbst ein Musiker wie Clapton in die Niederungen der Mainstream-Popmusik absteigt, gibt es fast niemanden mehr, der den Versuchungen des amerikanischen Musikbusineß widerstehen kann. Wenn es aber an der schwindenden Aufrichtigkeit und der Kommerzialisierung der Plattenprodukte von Savoy Brown in der zweiten Hälfte der siebziger Jahre lag, daß man Kim Simmonds nie den Rang eines der großen weißen Bluesrockgitarristen zugebilligt hat, gibt es dann angesichts dessen, was die so gefeierten und immer wieder zitierten Gitarren-Größen an Kommerziellem heute so machen, nicht etwas richtigzustellen? Ja, ja, wird man sagen, die Musik, die diese Stars und andere heute machen, ist nicht mehr das Gelbe vom Ei, doch als Gitarristen beeindrucken sie immer noch. Das mag stimmen, aber wo bleibt dann die Anerkennung für Simmonds?

Mick Taylor: Der Magische

Geb.: 17. Januar 1948 in Hatfield/Großbritannien

Auf die Frage nach dem englischen „Gegenstück" zu dem amerikanischen Slide-Maestro Duane Allman gibt es an sich nur eine Antwort: Mick Taylor.

Ebenso wie Duane Allman spielte Mick Taylor größtenteils nicht nur mit den klassischen Bottleneck-Stimmungen, sondern in der Standard-Stimmung oder in offener G-Stimmung. Er besitzt wie Duane Allman das gewisse Etwas, eine unnachahmliche Magie, wobei das Erstaunliche ist, daß sein weiches melodiöses Slidespiel nur die konsequente Fortsetzung seiner runden, fließenden Spielweise ohne Bottleneck darstellt.

In diesem Zusammenhang muß die ganz und gar erstaunliche Tatsache erwähnt werden, daß sowohl Mick Taylor als auch Duane Allman große Bewunderer von John Coltrane waren, der in ihnen den Wunsch ausgelöst hatte, die Gitarre wie ein Saxophon klingen zu lassen.

Tatsächlich – und darin liegt eine gewisse Komik – entwickeln sich individuelle und einzigartige Gitarrensounds, wie sie sich bei Eric Clapton, Harvey Mandel oder Jimi Hendrix finden, sehr oft aus dem Bestreben, den Klang und den Charme eines anderen Instruments, wie z.B. eines Klaviers, einer Steelgitarre oder eben eines Saxophons, auf die Gitarre zu übertragen!

Das Genialste an Mick Taylor ist aber sicher seine Fähigkeit, trotz seines melodiösen, weichen und runden Gitarrenspiels nie auch nur einen Moment die emotionale Tiefe vermissen zu lassen. Das liegt vor allem an der schlafwandlerischen Sicherheit, mit der Mick Taylor in einem Solo Pausen setzt und sich genüßlich zu emotionalen Höhepunkten aufschwingt.

In seinen besten Soli verschmelzen die Einzeltöne zu einem glutheiß fließenden Strom aus dem Innersten seiner Seele. In der Intensität seiner melodischen, fast schmerzhaft langsam den Höhepunkt erreichenden Gitarrensoli ist er unerreicht und bis heute ohne Nachfolger geblieben. Den meisten Rockbegeisterten ist Mick Taylor wahrscheinlich noch als Leadgitarrist der Rolling Stones ein Begriff, zu denen er mit einundzwanzig Jahren als Ersatz für Brian Jones gestoßen war. Daß Mick Taylor bereits in diesem Alter auf der Gitarre so versiert war, daß ihn die Rolling Stones auf ihre Gitarristen-„Wunschliste" aufnahmen, lag daran, daß er sein Gitarrenspiel wie besessen verbessert hatte, nachdem er mit zehn Jahren seine Liebe zur Gitarre entdeckt hatte.

Zuerst spielte er zu Platten von Sonny Boy Williamson, Elmore James, Freddie King und B. B. King. Mick Taylor erzählt: „Das erste Album, das mich je umhaute, war B. B. Kings *Live At The Regal,* das bis heute eines meiner Liebingsalben geblieben ist." Danach, so etwa mit sechzehn Jahren, spielte er bei diversen lokalen Amateurbands, ehe er 1965 Mitglied der Gods wurde, der die Musiker Brian Glasscock (Drums), John Glasscock (Baß, Vocals) und Ken Hensley (Orgel, Vocals) angehörten.

Mick Taylor sagte 1980 im Gespräch: „Wir haben nie eine Platte oder sonstwas gemacht. Aber die Gods waren aus historischer Sicht, so glaube ich, durchaus interessant, weil der Pianist und Organist Ken Hensley, mit dem ich zu der Zeit spielte, heute der Keyboarder von Uriah Heep ist. Damals spielten wir hauptsächlich Blues, aber auch Booker-T.-Instrumentals und eine Menge Material von Otis Reeding und Wilson Pickett. Ich habe das Memphis Stax R & B-Material immer geliebt."

Doch noch war das Musizieren mit den Gods eine Tätigkeit, die Taylor in seiner Freizeit ausübte, da er tagsüber als Graveur arbeitete. Daß die Zeit mit den Gods im Juni 1967 der Vergangenheit angehörte, lag an einer schicksalhaften Begegnung mit John Mayalls Bluesbreakers.

Mick Taylor erzählt: „Ich war mit meinen Freunden im Hatfield Polytechnikum, um John Mayalls Bluesbreakers mit Eric Clapton zu sehen. Das erste Set dauerte eine Stunde, und von Eric war keine Spur zu sehen. Die Überredungskunst meiner Freunde brachte es fertig, daß ich auf die Bühne ging und das zweite Set mitspielte. Zuerst war ich natürlich hinter die Bühne gegangen und hatte John gefragt, ob ich spielen könnte. Ich war sehr nervös. Ich war immer noch dabei, Bluesgitarre zu lernen – ich war wirklich nicht so gut. Ich spielte Erics Gitarre. Ich glaube, es war wahrscheinlich eine 58'Gibson Les Paul. Er spielte sie über einen Marshall Combo-Verstärker."

Schicksalhaft war dieses zweite Set für Taylor deshalb, weil John Mayall nach dem Ausstieg von Clapton und dessen Nachfolger Peter Green ein Inserat im „Melody Maker" aufgab, um einen neuen Gitarristen zu finden. Als sich unter anderen auch Mick Taylor bei John Mayall meldete, konnte sich dieser sofort an den Gitarristen der „Götter" erinnern, der seinerzeit den „Gott" ersetzt hatte. Kurz, Mick Taylor wurde ein neuer Bluesbreaker, und was das für ihn hieß, erzählte er später so: „Zu John Mayall zu stoßen, war noch viel nervenzerrüttender, als mit den Rolling Stones zu spielen. In der einen Minute spielte ich noch mit den lokalen Musikern in Hatfield, und in der nächsten Minute tourte ich mit Mayall durch Amerika."

Diese Tournee war John Mayalls erste Nordamerika-Tournee; ihr sollten in der nächsten Zeit noch eine Reihe weiterer Konzerte folgen, die halfen, den Plattenverkauf in Amerika anzukurbeln. Aus diesem Grund ging John Mayall auch sofort nach dieser Tournee mit der neuen Bluesbreaker-Besetzung ins Studio, wo sie in der Rekordzeit von nur sieben Stunden ein komplettes Album einspielten.

Mick Taylor erklärt: „In diesen Tagen gehörten Plattenaufnahmen zu den sekundären Dingen. Spielen und Tourneen unternehmen – das war es, womit man seinen Lebensunterhalt verdiente. Dafür machte man dann auch eine Platte. Wenn man Fans hatte, wurde sie verkauft. Als wir dieses Album aufnahmen, haben wir nur das gespielt, was wir jede Nacht live spielten, so waren keine Proben nötig."

Das Resultat, die im September 1967 erschienene Platte *Crusade,* die unter der damals unfehlbaren Produktionsregie Mike Vernons entstanden war, sprach für sich. Ein Meisterwerk des englischen Blues, das außerdem Mick Taylors Plattendebüt darstellte. Und was für ein Plattendebüt! Mick Taylor hatte eine Menge Freiraum, den er nach Kräften mal sengend mit Feedback-Sustain (*I Can't Quit You Baby*), dann wieder mit eleganten, geschmeidigen, rasanten Läufen (*Driving Sideways*) oder auch voller solistischer Prägnanz (*Oh Pretty Woman*) ausfüllte. Ein Titel, das Instrumental *Snowy Wood,* war sogar von Mick Taylor neben John Mayall mitkomponiert worden und zeigte seine Vorliebe für das „Memphis Stax R & B-Material".

Die nächste John Mayall-Veröffentlichung, die unspektakuläre, im September 1967 erschienene Single *Suspicions* (Part 1 & 2), präsentierte dann bereits eine neue Bluesbreakers-Besetzung. Zwar gehörten ihr immer noch Keef Hartley (Drums) und Chris Mercer (Saxophon) an, doch sowohl John McVie (Baß) als auch Rip Kant (Saxophon) waren mittlerweile ausgestiegen und durch Paul Williams und Dick Heckstall-Smith ersetzt worden.

Dick Heckstall-Smith verstärkte Mayalls eigenen Drang, Elemente seiner zweiten musikalischen Liebe, des Jazz, stärker in die Musik der Bluesbreakers einzubauen, wovon die beiden auf einem extrem langsam laufenden Tonband aufgenommenen Live-LPs *Diary Of A Band Volume 1* und *Volume 2* künden. Sofern man sich an die enttäuschende Qualität der zum größten Teil zwischen Oktober und Dezember 1967 in England entstandenen Live-Aufnahmen gewöhnt hatte, entdeckte man berückend und verzaubernd schöne Gitarrenpassagen von Taylor.

Während z.B. die beiden Titel *The Train* und *Blood On The Night* seine ersten auf Vinyl verewigten, noch kurzen Slidepassagen enthalten, zeigte Taylor in den langsamen Bluesnummern *I Can't Quit You Baby, My Own Fault* und *Crying Shame* sein immenses Talent, in seinen Soli mit dramatischer Wucht Spannungsbögen zu zelebrieren. Die wechselvollste Gitarrenarbeit Taylors enthielt sicher das Medley aus *Anzio Annie, Snowy Wood* und *The Lesson*. Auf ihm gibt es gefühlvoll herausgekitzelte Feedbackpassagen, rustikale Slidepassagen und geschwindigkeitsreiche Läufe zu bewundern.

Diese Aufnahmen präsentierten übrigend schon den neuen Bassisten Keith Tillman, der auch auf der folgenden kurzen Amerikatournee Anfang 1968 mit von der Partie war. Diese Tournee umfaßte zwei Auftritte im Winterland (2.2., 3.2.) und zwei Auftritte im Fillmore West (1.2., 4.2.), an die sich Mick Taylor noch heute gut erinnert: „Wir spielten im Fillmore West in San Francisco zusammen mit Jimi Hendrix und Albert King. Ich lernte die ganze Zeit Sachen von Hendrix – er krempelte mich total um. Er war großartig. Sein Rhythmusgefühl, diese Energie und sein fantastisches Vibrato, das alles war einfach kolossal. Ich glaube, daß Jimi Hendrix derjenige war, der mich mehr als jeder andere beeinflußte."

In der Zeit in Amerika, genauer am 10. Februar 1968, nahm Mick Taylor außerdem an den Sessions für die LP *Slim's Got His Thing Goin' On* teil. Hinter Slim verbarg sich dabei mit dem Pianisten und Sänger Sunnyland Slim eins seiner Idole, dem auf den vier grandiosen Bluestiteln neben Taylor noch die Bluesgrößen George „Harmonica" Smith, Luther Allison (Gitarre), Robert „Mojo" Elem (Baß) und Francis Clay (Drums) musikalisch zur Seite standen. Leider ist diese wunderbare Blues-LP, auf der außerdem auf drei weiteren Titeln Canned Heat mitspielte, nie wieder veröffentlicht worden. Man kann nur hoffen, daß dies irgendwan geschieht.

Doch zurück zu Mick Taylors Arbeit mit den Bluesbreakers, die stark von den Eindrücken des Amerikaaufenthaltes geprägt wurde. So war z.B. der Einfluß, den Hendrix auf Taylor ausgeübt hatte, bereits auf der nächsten, im April 1968 aufgenommenen LP *Bare Wires* deutlich auf den Titeln *I Know Now* und *No Reply* (mit gefühlvoller Wah-Wah-Gitarrenarbeit) sowie *I Started Walkin'* (mit einfühlsamem Feedback-Sustain) zu spüren.

Darüber hinaus war durch die neuen Bluesbreakers Jon Hiseman (Drums), Tony Reeves (Baß) und Henry Lowther (Trompete) ein stärkerer Jazztouch in die Band eingetragen worden, den Taylor vorher nicht so freudig begrüßt hätte. Das Album enthielt interessanterweise neben der wunderschönen Mayall-Taylor-Komposition *No Reply* mit dem Instrumental *Hartley Quits* Taylors erste Eigenkomposition. Bemerkenswert war außerdem das atmosphärische, schon unverkennbare Slidespiel von Taylor auf *Killing Time*.

Bei den Aufnahmesessions für die LP *Bare Wires* entstanden auch die beiden kraftvoll rockenden Titel *Knockers Step Forward* und *Hide And Seek,* die jedoch erst später auf einigen Samplern veröffentlicht wurden (u.a. auf Bluesbreakers' *Rare Tracks Vol. 2*). Erst später erschienen auch die soundmäßig minderwertigen Live-Stücke *Look At The Girl* und *Start Walkin'* (eine einzige geniale Gitarrenimprovisation!), die mit der oben genannten Bluesbreakers-Besetzung am 25. Mai 1968 in England entstanden und auf der LP *Primal Solos* veröffentlicht wurden.

Diese Aufnahmen waren zugleich die letzten überlieferten dieser außergewöhnlich jazzigen Bluesbreakers-Besetzung, da Dick Heckstall-Smith, Tony Reeves und Jon Hiseman ausstiegen, um Colosseum zu gründen. Darauf verabschiedeten sich auch Chris Mercer und Henry Lowther, und zu John Mayall und Mick Taylor stießen als neue Mitglieder Steve Thompson (Baß) und Collin Allen (Drums). Im August wurde diese neue Besetzung aus der Taufe gehoben, und noch im gleichen Monat nahm man in drei Tagen das von einer konzeptionellen Idee Mayalls durchdrungene Album *Blues From Laurel Canyon* auf. Diese Idee wurde auf dem Cover so erläutert: *Blues from Laurel Canyon is an outsider's musical impression of Los Angeles.* Folglich enthielt das Album Einflüsse aller musikalischen Stilrichtungen, die zu dieser Zeit an der Westküste Amerikas in die populäre Musik drangen – und das waren bekanntlich nicht wenige. Erstaunlicherweise schaffte es Mayall aber beispiellos, diese musikalischen Eindrücke zu einem ungemein geschlossenen und atmosphärischen Album zu verschmelzen.

Mick Taylor mußte natürlich innerhalb des Rahmens dieses stilistisch sehr unterschiedlichen und subtilen Albums sehr einfühlsam spielen. Keine Frage, daß Mick Taylor wie kein zweiter für diese Aufgabe prädestiniert war und sie mehr als bravourös löste. Meist stieß er plötzlich aus seinem musikalischen Umfeld hervor, um sich in sinnlichen Soli fast orgiastischen Höhepunkten zu nähern. Über die fesselnden Kontraste des in jeder Beziehung scheinbar intuitiv „komponierten" Albums hinaus, dessen musikalische Ideen während Mayalls dreiwöchigen Aufenthalts in Bob Hites Haus in Laurel Canyon entstanden waren, besaßen Taylors Soli eine eigene magische Kraft, z.B. das grandiose Slidesolo auf *2401,* das Mick Taylor auf einer in London für vierzig Dollar erworbenen alten Selmer-Haiwaii-Gitarre, die er auf dem Schoß liegen hatte, spielte, oder das ekstatische Solo auf *Vacation.*

Mick Taylor ist dem Geist Jimi Hendrix' – das zeigt dieses Album sehr deutlich – mittlerweile näher als jeder oberflächlich an Hendrix erinnernde Gitarrist. Diese Energie, diese Leidenschaft und Erregung, diese Kraft, das Innerste der Seele auf dem Griffbrett kundzutun – all dies ließ sich nur mit der Intensität eines Robert Johnson oder Jimi Hendrix vergleichen. Die Art, wie sich

Taylor mittlerweile durch die Kraft seiner gespielten Noten seinem Zuhörer mitteilte, hatte tatsächlich etwas Himmlisches, Überirdisches, was der scherzhaft gemeinten Bezeichnung „Engelsgesicht", mit der man Mick Taylor in der Zeit mit den „Teufeln" namens Rolling Stones titulierte, eine ganz neue zutreffende Dimension verlieh.

John Mayall schien auch gemerkt zu haben, welche kreativen Qualitätsebenen er mit Hilfe der emotionalen Wucht von Taylors Gitarrenspiel erreicht hatte, denn das Album *Blues From Laurel Canyon* wurde für annähernd eineinhalb Jahrzehnte das letzte Bluesbreakers-Album. Mayall schien ein Zeichen setzen zu wollen, das fragte: Was kann man jetzt noch besser machen?, und es war bezeichnend, daß das fünfundachtziger Comeback-Album *Return Of The Bluesbreakers* wieder Mick Taylor als Leadgitarristen präsentierte, wenn auch nur auf der Hälfte der LP.

Die einzige Aufnahme des Bluesbreakers-Quartetts mit Mick Taylor, die noch das Vinyl-Licht der Welt erblickte, war die Harmonika-betonte Live-Aufnahme *Wish You Were Mine,* die im Dezember 1968 in Schweden entstand und auf der LP *Primal Solos* zu finden war. Diese Live-Aufnahme gibt jedoch nur einen Bruchteil der Spielfreude wieder, die diese Bluesbreakers-Besetzung auf der Bühne entwickelte.

Mick Taylor erzählte über diese Zeit: „Es war eine feine, dichte, kleine vierköpfige Band. Es war großartig! Wahrscheinlich meine beste und erfreulichste Periode als Gitarrist. Wir spielten damals nämlich viel in Amerika, und so traf ich mehr und mehr Musiker und kaufte mehr und mehr Bluesplatten. Mit der erfreulichsten Periode meine ich nämlich die, in der ich wirklich fühlte, daß ich mich als Gitarrist weiterentwickelte."

In Fan-Kreisen kursierende Live-Tapes aus dieser Zeit zeigen deutlich, daß Taylors Gitarrenkünste mittlerweile alle Ingredienzen aufwiesen, von denen man als Gitarrist nur träumen konnte. So beherrschte er die Kunst, kontrollierte Feedbacks zu erzeugen ebenso wie den wirkungsvollen Einsatz des Tremolos. Dazu kam noch, daß er sein Slidespiel immer mehr verfeinert hatte (und weiter verfeinern wird) und zum Teil mit irrwitziger Geschwindigkeit über das Griffbrett huschte. Interessant ist dabei, daß er in den folgenden Jahren, ob bei den Rolling Stones oder wem auch immer, sein Talent als geschwindigkeitsreicher Gitarrist durch seine selbstgewählte Maxime des möglichst ausdrucksvollen Gitarrenspiels in den Hintergrund stellte. Dies war ebenso konsequent wie mutig – gibt es doch eine Menge Menschen, die die Qualität eines Gitarristen an der Geschwindigkeit messen. Tatsächlich konnte Taylor – wenn er wollte – so schnell sein wie die schnellsten Jazzgitarristen, aber sein Ziel als Gitarrist war nicht Schnelligkeit, sondern Ausdruck, Intensität, das Gefühl als solches stand im Vordergrund.

So konsequent er als Gitarrist war, so konsequent war er auch in anderen musikalischen Fragen, wie seine folgende Aussage darlegt: „John Mayall hatte die Entscheidung gefällt, für die nächste Bluesbreakers-Besetzung keinen Schlagzeuger zu nehmen, was meinem Stil nicht wirklich gänzlich entsprach. So stieg ich aus."

Das war im Mai 1969, kurz nach einer Deutschland-Tournee. Mick Taylor hatte nun vor, eine „eigene Blues/R & B-Band zu formen", nahm jedoch erst einmal an den Sessions für die LP *Scoobydoobydoo* von Champion Jack Dupree teil, mit dem er bereits im Februar 1969 für die Single *Ba'la fouche/Kansas City* (A-Seite auch auf dem Sampler *In Our Own Way* zu finden) zusammengearbeitet hatte. Obwohl diese LP teilweise mit Bläsern und Streicherarrangements etwas überproduziert wirkt, ist sie doch in ihrer Gesamtheit faszinierend und voller Abwechslungsreichtum. Auf diesem bis auf die genannten Elemente puristischen Bluesalbum zeigte Taylor nochmals die ganze Bandbreite seines Könnens als Bluesgitarrist: kraftstrotzendes Slidespiel (*Stumbling Block, Who Threw The Whiskey In The Well, Postman Blues, Puff Puff*), akzentsetzendes brillantes Rhythmusspiel und solistische Glanzstücke. Was will man mehr?

Während Mick Taylor in der folgenden Zeit nach passenden Musikern für seine Band Ausschau hielt, suchten die Rolling Stones nach einem neuen Leadgitarristen. Während der letzten Sessions für die neue Stones-LP im Mai hatte sich bereits abgezeichnet, was am 8. Juni 1969 offiziell wurde: Brian Jones war kein Rolling Stones mehr. Doch die Rolling Stones wollten nach längerer Pause wieder auf Tournee gehen, und als John Mayall bei den besagten Sessions, die sich bis in den Juni erstreckten, vorbeischaute, fragten sie ihn, ob er einen fähigen Gitarristen kenne. Die Antwort lag auf der Hand: John Mayall empfahl ihnen Mick Taylor, der auch wegen ihres nach dem psychedelischen Abstecher namens *Their Satanic Majesties Request* erfolgten Richtungswechsels der richtige Gitarrist für die Rolling Stones zu sein schien. So setzten sie sich mit ihm in Verbindung.

Wie Mick Taylor reagierte, erzählte er so: „Ich fühlte mich sehr geehrt und auf eine Art geschmeichelt. Aber ich fühlte in der Tat, daß es die Art von Band war, die mir zu dieser Zeit zusagte. Es klingt seltsam, zu sagen ‚die Art von Band, die mir zu dieser Zeit zusagte‘, aber sie waren es wirklich, weil ich nicht nur Zwölf-Takt-Blues spielen wollte. Und ich fühlte wirklich, daß ich eine Menge zu dem, was sie machten, hinzufügen konnte."

So konnten die Rolling Stones bereits am 13. Juli auf einer Pressekonferenz im Hyde Park ihr neues Mitglied präsentieren. Für Mick Taylor begann nun eine rund fünfeinhalb Jahre lange Odyssee mit den Rolling Stones, deren tiefgreifende Konsequenzen Mick Taylor seinerzeit nicht im mindesten abschätzen konnte: Starrummel, Versuchungen durch Drogen, das Debakel von Altamont, Tourneestreß und auch musikalische Kompromisse.

All dies war jedoch noch fern, als im Juni 1969 mit *Honky Tonk Woman*, *I Don't Know Why* und *Jiving Sister Fanny* Mick Taylors erste Aufnahmen mit den Rolling Stones entstanden. Während *Honky Tonk Woman* (mit kurzen Licks von Taylor) am 11. Juli als Single-A-Seite veröffentlicht wurde, finden sich die anderen beiden Titel auf dem erst 1975 erschienenen Rolling Stones-Sampler *Metamorphosis*.

Wenngleich die Slidegitarre Taylors auf dem Stevie-Wonder-Titel *I Don't Know Why* recht leise auf einen Kanal „verbannt" worden ist, laufen einem beim Hören dieser herzzerreißend schönen Slideklänge wahre Schauer der Verzückung den Rücken hinunter. Gleiches gilt für die Gitarrenpassagen auf dem wahrscheinlich zu den zwanzig schönsten Jagger/Richards-Kompositionen zählenden *Jiving Sister Fanny*. Auf beiden Titeln stimmt von dem mitreißenden Gesang Jaggers bis zu dem brillanten Spiel aller Stones einfach alles! Nur die seinerzeit vor Kreativität überschäumenden Rolling Stones konnten diese beiden Titel den Archiven als Outtakes anvertrauen.

Auch die Stunde von Mick Taylors Konzertdebüt mit den Rolling Stones rückte näher, da die Rolling Stones für den 5. Juli ein Free Concert im Hyde Park geplant hatten. Doch in der Nacht vom 2. zum 3. Juli ertrank Brian Jones im Swimmingpool seines Hauses. Die Stones wandelten das Konzert sogleich in ein Brian-Jones-Gedenkkonzert um, und Mick Jagger verlas im Angedenken an Brian Jones vor dem Beginn des Konzerts vor rund 250 000 unruhigen Rockfans einige Strophen aus Percy Bysske Shelleys Elegie „Adonais".

Dann begann Mick Taylors erstes Konzert mit den Takten des von Johnny Winter komponierten Titels *I'm Yours And I'm Hers*. Die Wahl dieses auf der ersten CBS-LP von Johnny Winter veröffentlichten Titels als Auftakt für Mick Taylors Karriere bei den Rolling Stones ist sicher auf den „Blueser" höchstpersönlich zurückzuführen. Im Verlauf des ungemein aggressiv und ungeschliffen rauhen Konzerts steuerte Mick Taylor, dem man über weite Strecken die verständliche Nervosität besonders im Zusammenspiel mit Keith Richards anmerkte, einige wunderschöne Slidepassagen in den Stücken *I'm Yours And I'm Hers, Love In Vain* und *Midnight Rambler* bei. Weitere Delikatessen hatte das Konzert, das nur als arg zusammengeschnittener Film („Stones in the park") konserviert wurde, mit dem erst auf *Exile On Main Street* erschienenen *Loving Cup* und mit der rund siebzehnminütigen hypnotischen, magisch-düsteren Live-Version von *Sympathy For The Devil* zu bieten, mit der das ungemein wilde, hypernervöse und dadurch so attraktive Konzert endete. Mick Taylors Einstand hatte mit diesem wahrscheinlich dreckigsten, rauhesten und aggressivsten Konzert, das die Rolling Stones je gegeben haben, würdevoll begonnen.

Taylor hatte den Rolling Stones tatsächlich viel hinzuzufügen: Seine melodisch leidenschaftliche Gitarre betonte die Rock'n'Roll-Rhythmusarbeit von Keith Richards in ihrer ganzen Rauheit und Aggressivität. Überhaupt wirkten die Rolling Stones in ihrer Vehemenz als manische Rock'n'Roll-Truppe im Kontrast mit Mick Taylors Bluesseele noch besessener, noch aggressiver. Und wenn es heute nach dem Weggang Mick Taylors eine Unmenge von Fans gibt, die behaupten, sein Ersatz, nämlich Ron Wood, passe besser zu den Rolling Stones, so hat dies nur deshalb eine Berechtigung, weil die Rolling Stones mittlerweile nicht mehr **die** Rolling Stones sind. Die ehemals furchteinflößende, gegen das Establishment gerichtete Aggressivität, die die Stones als eine einzige satanische, alles zerstampfende Rock'n'Roll-Maschine ausstrahlten, verkam mit Beginn der siebziger Jahre mehr und mehr zur billigen Posse, vor allem nach dem Ausstieg von Mick Taylor. Es war kein Wunder, daß die Punks der Endsiebziger die einstige Punkband Rolling Stones so verdammten.

Doch zurück zu **den** Rolling Stones, die im November 1969 in die Elektra Studios gingen, um dort die Titel *Gimme Shelter, Country Honk* und *Live With Me* aufzunehmen. Die beiden letzten Songs erschienen auf der im Dezember 1969 veröffentlichten LP *Let It Bleed*. Interessant sind an *Country Honk* besonders Taylors zarte Slidetöne, die er aus der bekannten Bluesbreakers-Hawaii-Gitarre zauberte.

Im November und Dezember rollte auch die erste, über alle Maßen profitable und generalstabsmäßig geplante Tournee der Rolling Stones über Amerika hinweg. Wenngleich diese Tournee eine der musikalisch aufregendsten Tourneen der Rolling Stones darstellte, war das Titelrepertoire fast überall gleich.

Im darauffolgenden Jahr wurden dann mit dem Film *Gimme Shelter* (Schlußsequenz: Aufnahmen aus Altamont) und der LP *Get Yer Ya-Ya's Out!* auch Ausschnitte aus den insgesamt drei Auftritten am 27. und 28. November 1969 im New Yorker Madison Square Garden veröffentlicht. Das hatte aber nicht nur mit der Qualität dieser Live-Aufnahmen, sondern vor allem mit der Tatsache zu tun, daß Mick Jagger nach der finanziellen Schlappe mit dem Hyde-Park-Film unbedingt noch seinen Reibach mit dem Debakel von Altamont machen wollte. Der Film sollte sogar noch vor dem Woodstock-Film herauskommen, was ihm optimale Beachtung und Auswertung gesichert hätte, aber das gelang nicht. Mit dem Zustandekommen der Live-LP *Get Yer Ya-Ya's Out!* verhielt es sich nicht anders. Mick Jagger wollte nämlich zu dieser Zeit den Bootleggern (die damals noch ideologisch gegen das Big Busineß orientiert waren) das Geschäft mit der Raubpressung *Liver Than You'll Ever Be* (live 9. 10. 1969 in Oakland) vermiesen. Dafür nahm er sogar in Kauf, zwei

Chuck-Berry-Titel, die auch auf dem besagten Bootleg zu finden waren, auf die LP zu nehmen und dafür keine Tantiemen einstreichen zu können.

Uns schenkte dieses Verhalten eine der 10 besten Live-LPs der Rockgeschichte und zugleich das einzige Live-Album der Stones mit Mick Taylor, denn das Projekt einer weiteren, während der zweiundsiebziger Tournee mitgeschnittenen Live-LP konnte nicht realisiert werden. Zu den absoluten Höhepunkten der LP zählt Mick Taylors genialisches Slidesolo (in offener G-Stimmung) auf *Love In Vain,* das in seiner stillen Größe, mit wenigen belebten Noten alles zu sagen, zu den grandiosesten Slidesoli aller Zeiten gehört. Es gibt wenige Augenblicke in der Rockmusik, wo der Geist Robert Johnsons so zum Greifen nah ist. Doch auch die Live-Version von *Sympathy For The Devil* besitzt fast grausam schöne Gitarrenpassagen, die man nicht oft genug hören kann. Zuerst gibt Keith Richards ein unvergleichliches, wie aus Granit geschlagenes Solo zum besten, das dann durch ein sich langsam steigerndes Solo von Mick Taylor abgelöst wird und die Zeit scheinbar stehenbleiben läßt.

Die mit diesem Album nur in einem kleinen Ausschnitt festgehaltene Nordamerika-Tournee sollte im Dezember 1969 mit einem Free Concert enden, dessen Veranstaltungsort wegen des zu erwartenden Publikumsandrangs immer wieder geändert wurde. Am Ende fand das Konzert dann vor 500 000 Zuschauern am 6. Dezember auf dem Gelände des Altamont Speedway statt. Durch die Anheuerung der Hell's Angels als Ordner und durch die äußerst mangelhafte Beschallung, medizinische Versorgung und Ausstattung des Geländes mit sanitären Anlagen geschah das Unausweichliche: Die Aggressionen, die sich durch das lange Warten auf die Stones, das Zirkulieren von Drogenmischungen übelster Qualität und die genannten Mängel aufgestaut hatten, entluden sich und führten dazu, daß vier Menschen starben, unzählige verletzt wurden und beträchtlicher Sachschaden entstand. Makabererweise gaben die Rolling Stones an diesem Tag – wie sogar Keith Richards zugeben mußte – ihr vielleicht großartigstes Konzert, auf dem mit *Brown Sugar* und dem fantastischen Blues *Got No Place To Go* (mit Slideeinlagen von Taylor) auch zwei auf der ganzen Nordamerika-Tournee nicht gebrachte Titel gespielt wurden. Es wäre zu hoffen, daß die Rolling Stones dieses Konzert, das das Ende des Love-and-Peace-Jahrfünfts signalisierte, irgendwann einmal veröffentlichen (und einen Teil der Einnahmen der Familie des ermordeten Meredith Hunter zukommen lassen).

Diese strapaziöse Nordamerika-Tournee von 1969 bildete jedoch nur den Auftakt für die in ihren Dimensionen immer mehr anschwellenden folgenden Tourneen. Zusammen mit Mick Taylor wurden nachstehende Rolling-Stones-Tourneen unternommen: Kontinentaleuropa-Tournee im August/September/Oktober 1970, Großbritannien-Tournee im März 1971, Nordamerika-Tournee im Juni/Juli 1972, Hawaii-Hongkong-Neuseeland-Australien-Tournee im Januar/Februar 1973 und die Europa-Tournee im September/Oktober 1973.

Interessant ist an diesen Konzert-Tourneen, die mit mindestens zwei Bläsern als zusätzlichen „Soundfüllern" unternommen wurden, insbesondere die Tatsache, daß Mick Taylors Freiraum als Gitarrist in den Titeln wie *Gimme Shelter, Love In Vain, Midnight Rambler* von Tour zu Tour immer größer wurde. Besonders in *You Can't Always Get What You Want,* das seit 1972 zum Live-Repertoire gehörte, bewies Taylor sein Können, sich voll konzentriert in ergreifend schöne Soli hineinzusteigen. Seine Hingabe an die Musik zeigte sich nicht nur in der Konzentration, mit der er seine Gitarrenarbeit einbrachte, sondern auch in der bewußten Verweigerung von Showeinlagen und Bühnenmätzchen.

Allenfalls sein Äußeres ließ der meist in der äußersten Ecke der Bühne stehende Taylor mit Hilfe von Make-up, Dauerwelle oder gewandartigen Kleidungsstücken manipulieren, um seinen guten Willen zu zeigen und wenigstens optisch dem Klischee von einem Rolling Stone zu entsprechen.

Das geschah allerdings erst zu der Zeit, als der sich makrobiotisch ernährende und sensible Mick Taylor bei den Rolling Stones kokainsüchtig geworden war. Mick Taylor ist – und das merkte man spätestens nach seinem Einstieg bei den Rolling Stones – gänzlich ungeeignet dafür, dem Image des Glamourstars zu entsprechen. Dafür hatte Mick Taylor den Blues, war schlicht und einfach der totale Musiker. Was die Live-Konzerte mit den

Rolling Stones anging, so meint er heute: „Meinen wichtigsten Beitrag als Rolling Stone habe ich auf der Bühne geleistet."

Doch das kann man zweifellos nur als Untertreibung des bescheidenen Mick Taylor werten, denn auch im Studio war Taylor, wenngleich auch in subtilerer Art und Weise, eine nicht zu unterschätzende künstlerische Kraft des „Organismus" Rolling Stones. Bestes Beispiel ist der Titel *Can't You Hear Me Knocking,* der über sieben Minuten lang ist und der sich in den letzten vier Minuten zu einer relaxt jazzigen Jamsession mit traumhaften Gitarrenparts entspannt. Mick Taylor sagte über diese Passage: „Daß es dazu kam, war nur ein Zufall. Das war gar nicht geplant. Nach dem Ende des Songs fühlte ich mich danach, weiterzuspielen. Jeder war im Begriff, die Instrumente niederzulegen, aber das Tonband lief weiter, und es klang gut, so nahm jeder schnell wieder sein Instrument in die Hand und spielte weiter. Es passierte einfach, und es war eine One-take-Sache ..." Dieser fabulöse, so ganz und gar nicht typische Rolling-Stones-Titel war auf dem ersten „reinen" Rolling-Stones-Album mit Mick Taylor, nämlich *Sticky Fingers,* enthalten, über das Mick Taylor sagte: „Insgesamt ist *Sticky Fingers* mein Lieblingsalbum. Es besitzt eine Lockerheit und Spontaneität, die ich mag."

Obwohl das Album auf dem Rolling-Stones-Label erst 1971 erschien, enthielt es mit *Brown Sugar, Wild Horses* (Taylor spielt darauf die akustischen Gitarren), *You Gotta Move* (Taylor spielt darauf die Telecaster-Slide-Parts) und *Sister Morphine* (co-komponiert von Marianne Faithfull) eine Menge Titel, die bereits Ende der sechziger Jahre komponiert und teilweise schon einmal aufgenommen worden waren. Das beste Beispiel für die wundervolle Gitarrenarbeit Taylors enthielt das durch Streichersätze unnötig „aufgedickte" Stück *Sway.* Taylor spielte auf diesem Titel zuerst eine standardgestimmte Slidegitarre, um dann nahtlos in ein normales Solo hinüberzugleiten. Bemerkenswert war das vor allem deshalb, weil die Möglichkeit des Overdubverfahrens, die natürlich bestand und meistens auch genutzt wurde, hier nicht zum Einsatz kam. Taylor brauchte das nicht, er konnte auch in regulärer Stimmung wundervoll Slide spielen.

Im Mai 1972 erschien mit dem fast ausschließlich in Keith Richards' Villa in Villefranche, Südfrankreich, aufgenommenen

Album *Exile On Main Street* das Album, über das der renommierte Musikjournalist Roy Carr sagte: „Eine der besten Doppel-LPs, die je gemacht wurden." Dieser Meinung waren außerdem viele andere; auch Mick Taylor schätzte das wahrscheinlich durch Keiths Freundschaft mit Gram Parsons teilweise Country-Rock-gefärbte Album sehr. Nur für Mick Jagger standen später andere Bewertungskriterien im Vordergrund. Da das Album sich nicht so gut wie erwartet verkaufte, meinte Jagger, „daß man lieber das durchwachsene Doppelalbum auf ein starkes Einfachalbum zusammengeschnitten hätte". Besser verkauft hätte sich dieses Album wahrscheinlich wirklich, doch wäre damit genau die stilistische Bandbreite weggefallen, die dieses Doppelalbum über alle Maßen auszeichnete. Letztlich, so Jagger, „habe sich das Doppelalbum aber über die Jahre doch noch ganz gut verkauft".

Wäre das Doppelalbum tatsächlich zusammengeschnitten worden, so wäre vielleicht der Titel *Ventilator Blues* weggefallen, auf dem sich die Glimmer Twins (Jagger/Richards) zum ersten und einzigen Mal die Credits mit dem an vielen Titeln gar nicht so unbeteiligten Mick Taylor teilten. Mick Taylor sagte zu der Arbeitsweise der Rolling Stones: „Wenn es darum ging, Ideen vorzuschlagen und Sachen einzubringen, war das mit Mick und Keith sehr angenehm. Es gab viel Spielraum für jeden, Sachen vorzuschlagen und Sachen auf verschiedenen Wegen zu probieren. Manchmal pflegte Bill zu sagen: ‚Gut, laßt es uns auf diese Art versuchen', oder ich sagte: ‚Gut, laßt es uns in einer anderen Art versuchen'. Es war sehr locker, wirklich."

Das war es vielleicht auch, was die ungeheure Energie und Kreativität der Rolling Stones zu diesem Zeitpunkt ausmachte. *Exile On Main Street* spricht in dieser Hinsicht Bände. Besonders auf zwei Titeln, *All Down The Line* und *Stop Breaking Down,* hatten Taylors Solo-Gitarrenparts maßgeblich mit der Wucht der Aufnahmen zu tun. Über Keiths scherbelnder Rhythmusarbeit treibt Mick Taylor himmlische Slidetöne aus einer Gitarre. Nach Vergleichbarem muß man lange suchen! Mick Taylors eigener Lieblingssong war allerdings *Shine A Light,* auf dem er – da sich Bill Wyman zu den Sessions verspätet hatte – einen Fender-Jazz-Baß spielt.

So exquisit und einheitlich dieses Doppelalbum gelungen war, so „schwächlich und richtungslos" (Taylor) fiel das nächste Album, *Goat's Head Soup,* aus, das im August 1973 erschien. Daß die Rolling Stones das allesamt ebenso empfanden, lag vielleicht auch an dem seltsam aufgequollenen Sound, der das Album, das wie schon die zwei vorhergegangenen Alben von Jimmy Miller produziert worden war, nicht gerade zum Hörgenuß gestaltete. Mick Taylor traf den Nagel auf den Kopf, als er sagte: „Ich mag den Bluestitel *Hide Your Love,* die Aufnahme mit dem Wah-Wah-Gitarrensolo am Ende [*100 Time Ago*] und *Heartbreaker.*" Taylor hatte damit alle starken Titel dieser LP genannt, wenngleich er auch vergaß, seine herrliche Slidearbeit auf *Silver* zu erwähnen.

Auf dieser LP wirkte u.a. Billy Preston als Gastmusiker mit, der auf der letzten Tournee der Rolling Stones mit Mick Taylor – gemeint ist die Europa-Tournee von 1973 – das Vorprogramm bestritt.

Interessant ist das nur insofern, als Billy Preston auf der Bühne ab und zu von ihm unterstützt wurde. Genau von einem solchen Auftritt, wahrscheinlich in Essen, stammen die Aufnahmen für das Album *Billy Preston's European Tour.* Da ja wegen Allen Klein, der das Erscheinen von alten Decca-Aufnahmen auch in Live-Versionen unterband, auch von dieser Rolling Stones-Tour kein offizielles Live-Dokument erschien, so ist diese LP mit Taylors deutlich herausgemischter Gitarre das einzige in Vinyl gepreßte „Beweisstück" für die außergewöhnliche Intensität und Präsenz, mit der Taylor seine Gitarrenlicks in dieser Zeit aus seinem Gitarrenhals „preßte". Selbst die schrecklichen Keyboardtöne der insgesamt drei Keyboarder fielen nicht mehr ins Gewicht, wenn Taylor mit seiner stets aufregend klingenden Gitarre zum Tragen kam. Neben wunderbaren Slidepassagen (*Get Back*) waren es vor allem die Souveränität im Umgang mit Wah-Wah-Feedbacks (*In Circles*) und die Sensibilität, mit der Taylor auf den Funky Rhythmen der Preston Band improvisierte (*Higher, The Bus*), in der man das universelle Können eines gereiften Musikers spüren konnte, der irgendwann durch sein Arbeitsfeld bei den Rolling Stones nicht mehr befriedigt werden konnte.

Während seiner gesamten Zeit bei den Rolling Stones spielte Mick Taylor bei musikalisch so unterschiedlichen Musikern und Gruppen wie Keef Hartley Band, Jack Grunsky, B. B. Blunder, Reg King, John Mayall, Nicky Hopkins, Herbie Mann und Ron Wood mit. Außerdem half er Ende Juni 1973 Mike Oldfield bei der Live-Premiere von *Tubular Bells* in der Queen Elizabeth Hall. All dies zeigt, daß es nicht in Mick Taylors Interesse lag, sich einfach immer wieder zu kopieren. Er wollte sich weiterentwik-keln.

Aus diesem Grund wurde das im Oktober 1974 erschienene Album *It's Only Rock'n'Roll* die letzte Rolling-Stones-LP mit Mick Taylor, wenngleich dieser bei einem Teil der Sessions durch Krankheit ausgefallen war. Deshalb übernahm Keith Richards einen Teil der Leadparts, und wie schon in dem einen oder anderen Gitarrensolo von Keith Richards auf den vorhergegan-genen Alben fiel auf, was Keith Richards selber so formulierte: „Ich habe eine Menge von Mick Taylor gelernt, weil er wirklich ein so guter Gitarrist ist." Stimmt, denn immer öfter hörte man von Keith Richards Soli, die in ihrer Melodiosität von Taylor hätten stammen können, wenngleich sich das gewisse Flair bei Richards einfach auf anderen Gebieten entfaltete.

Obschon *It's Only Rock'n'Roll* also nicht viele solistische Bravourstücke von Taylor enthielt, fand man mit *Time Waits For No One* einen höchst interessanten Titel. Denn obwohl es in den Credits mal wieder Jagger/Richards hieß, ist anzunehmen, daß Mick Taylor einen größeren Anteil an dem Zustandekommen des Titels hatte. Leider wird man aufgrund von Mick Taylors Loyalität niemals erfahren, ob dies einer der Songs war, an denen er maßgeblich mitwirkte, ohne als Komponist vermerkt zu werden. Seine Unzufriedenheit mit dieser Situation war mit ein Grund dafür, daß Mick Taylor ausstieg. Doch lassen wir in bezug auf *Time Waits For No One* noch Mick Taylor zu Wort kommen: „Der beste Song auf *It's Only Rock'n'Roll* – für ein Gitarrensolo ohnehin – ist *Time Waits For No One*. Er war der erste Titel, den wir für das Album aufgenommen haben. Wir hatten uns seit drei Monaten nicht mehr gesehen, und er wurde dann in ein, zwei Takes aufgenommen. Wir hatten eine kleine Erholungspause nach der Amerika-Tournee gemacht. Wir reisten in verschiedene

Ecken der Erde und hatten unsere Ruhe. Da ich nach Brasilien fuhr, ist auf der LP vielleicht ein kleiner Latin-Einfluß zu finden. Yeah, steige bei den Rolling Stones ein und sieh die Welt! Ich mag auch den Titel *It's Only Rock'n'Roll*."

Doch dieses Album war das letzte. Am 12. Dezember 1974 mußte Mick Jagger in einer Pressekonferenz mitteilen, daß Mick Taylor die Band verlassen werde. Während Bill Wyman später angab, er hätte damit nur „bluffen wollen, um gewisse Zugeständnisse zu erpressen", erklärte Mick Taylor in einem Interview von 1980 sehr genau, aus welchen Gründen er bei den Rolling Stones den Hut genommen hatte: „Ende des Jahres hatte ich es langsam satt. Ich wollte meinen Freiraum als Gitarrist verbreitern und etwas anderes machen. Es war nicht so, daß ich es leid war, Rock'n'Roll zu spielen, aber nach fünf Jahren bekam alles etwas Reglementiertes und Vorhersehbares. Ich begann damals zu komponieren, und das beeinflußte meine Entscheidung – klar. Ich wußte, wenn ich irgendwelche Songs schreibe, werden sie nicht benutzt. Ich glaube, daß ich zur absolut richtigen Zeit die Band verlassen habe. Ich bereue es nicht." Mit dem Ausstieg Taylors war zugleich die wechselvollste und stilistisch aufregendste Phase der Rolling Stones an ihrem Ende. Inwiefern das im Zusammenhang stand, muß der Interpretation und den Spekulationen jedes einzelnen überlassen bleiben.

Die folgenden Jahre gestalteten sich für Mick Taylor zu einer Suche nach seiner musikalischen Vision. Da er in seinem Gitarrenspiel Blues-, Rock-, Jazz- und Country-Elemente verschmolz, konnte er alle diese Musikrichtungen einschlagen. Doch was wollte er nun wirklich? Er wußte es nicht – oder besser: noch nicht. So folgte er erst einmal dem Angebot des vor allem durch seine Mitwirkung bei Cream bekannten Jack Bruce, mit ihm eine Band zu gründen. Zusammen mit Bruce Gary (Drums), Carla Bley (Keyboards) und Ronny Leah (Keyboards) formierte man die Jack Bruce Band, die im April/Mai 1975 ihre erste und einzige Tournee unternahm, die durch Europa ging.

Doch die wohltuende Inspiration, die Taylor sich von den Musikern und speziell von Jack Bruce erhofft hatte, blieb aus. Letzten Endes durfte Mick Taylor auf dieser Tournee nur wieder sein großartiges Talent vorführen, relativ gefühlskalter und eigentlich langweiliger Musik, in diesem Fall einer kruden Mischung aus Jazz- und Art-Rock plus vereinzelten Rocktiteln, gefühlsintensive Glanzlichter aufzusetzen. Doch was er eigentlich angestrebt hatte, eine sich gegenseitig kreativ befruchtende Zusammenarbeit, kam nicht zustande. Mick Taylor: „Wir stellten die Band sehr schnell zusammen, und es wurde zu einer wirklichen Promotion-Tournee für eines von Jacks vielen Soloalben. Das war wirklich anders. Ich meine, total anders. Ich hätte nie gedacht, daß das so laufen würde. Ich hatte starke Hoffnungen und Erwartungen bezüglich der Zusammenarbeit mit Jack Bruce. Aber es klappte wirklich nicht ... es funktionierte nicht." Die Band zeichnete im BBC TV Theatre noch ein Konzert auf, das für die Sendung „Old Grey Whistle Test" bestimmt war. Dann trennte sie sich, noch ehe das angekündigte Plattenwerk eingespielt worden war.

Mick Taylor arbeitete dann an dem Soundtrack für den Nicholas-Roeg-Film „The Man Who Fell to Earth" mit, für den er eine Version des bekannten *Hello Mary Lou* und eine kurze Slidegitarren-Untermalung beisteuerte. Danach wurde es erst einmal ruhig um Mick Taylor. Er erklärte das so: „Ich machte für eine ganze Weile gar nichts, abgesehen von gelegentlichen Sessions dann und wann. Aber ich spürte nicht wirklich den Drang, zu einer anderen Band zu stoßen oder in eine große Sache verwickelt zu werden. Ich fühlte, daß ich meinen eigenen Weg finden mußte, eine Art des Verstehens, was ich als nächstes tun wollte. So blieb ich zu Hause und spielte, was ich vorher nur ein bißchen gemacht hatte: Piano. Und ich fing an, Songs zu schreiben – meist Instrumentals."

Was Mick Taylor mit „gelegentlichen Sessions" meinte, läßt sich noch präzisieren. So arbeitete Taylor in den Jahren 1975 bis 1979 für Robin Millar, Ron Wood, Eric Sirkel, Elliott Murphy und für die Jazzrock-Gruppe Gong. Die wahrscheinlich interessanteste Sessionarbeit in diesem Zeitraum, genauer im Jahr 1977, galt einer in New York von Mick Jagger produzierten Solo-LP von John Philips, auf der außerdem noch Keith Richards mitspielte. Mick Taylor schwärmt heute noch von diesen Plattenaufnahmen, die auf Atlantic veröffentlicht werden sollten, aber aus unerfindlichen Gründen nie erschienen sind.

Dafür kam im Februar 1978 die Little-Feat-Doppel-LP *Waiting For Columbus* heraus, die einen Mitschnitt eines Konzerts im Londoner Rainbow Theatre enthielt. Diese Doppel-LP ist deshalb so bedeutsam, weil sich auf dem Titel *A Apolitical Blues* neben Little Feat zwei große Slidekünstler das Bühnenlicht teilten: Mick Taylor und Lowell George.

Während seines Aufenthalts in London stand George auch Taylor auf einem Titel seines Soloalbums, *Giddy Up,* als Slidegitarrist zur Seite. Damit sind wir schon bei Mick Taylors erstem und bis heute einzigem Soloalbum, das in der zweiten Hälfte des Jahres 1979 erschien. Es enthält eine ganz und gar erstaunliche Mischung aus wunderschönen Balladen (*S. W. 5, Baby Want You*), grandiosen Bluestiteln (*Alabama, Slow Blues*), Jazz-Rock gefärbten Intrumentals (*Giddy Up, Spanish, A Minor*) und packenden Rocktiteln (*Leather Jacket, Broken Hands*). Die Rocktitel überzeugten viele davon, daß Mick Taylors Anteil an Songs und Sound der Stones besonders angesichts der Produktionen nach seinem Weggang nicht gerade klein war. Doch das Erstaunlichste an seiner Solo-LP war, daß Mick Taylor nicht nur alle Stücke, die ausnahmslos gelungen waren, selber komponiert hatte, sondern auch bei einem Drittel aller Songs bis auf das Schlagzeug alle Instrumente gespielt hatte. Auf den restlichen Titeln spielte er bisweilen vier Instrumente, und auf fünf von insgesamt neun Titeln präsentierte er sich als Sänger mit einer angenehm sympathischen Stimme. Mick Taylor, der außerdem noch als eigener Produzent fungierte, erzählte über die Arbeit an seinem Album: „Es brauchte fast achtzehn Monate Arbeit, aber ich hatte nicht kontinuierlich gearbeitet. Es zu produzieren, verschlang viel Zeit – es zur gleichen Zeit zu produzieren, zu komponieren und es aufzunehmen. ... Eine ganze Menge des Materials auf meinem Album wurde sehr schnell geschrieben. Es überraschte mich – es schien, als wenn es aus dem Nichts käme."

Die LP Mick Taylors hatte allerdings keinen großen Erfolg, was die Plattenfirma dazu veranlaßte, keine weiteren Soloalben mit Taylor zu planen. Wenn es einen bestimmten Grund für den mangelnden Erfolg gab, dann lag er wahrscheinlich in Taylors Jazzrock-Exkursionen auf *Giddy Up* und *Spanish*. Taylor selber meinte dazu: „Die Musik ist mit einer Art Jazzgeschmack, jazzorientiert, ohne tatsächlich Jazz zu sein. Ich kann meinen Stil nicht in den Stil eines Jazzgitarristen ändern, weil es eine andere Technik und andere Kenntnisse verlangt. So versuchte ich, den Stil zu spielen, mit dem ich immer spiele, aber ihn in einer Art zu erweitern – musikalisch, harmoniebezogen und melodisch, aber ohne meinen Basis-Stil, der bluesorientiert ist, zu verändern."

Die volle Kraft seines Bluesstils entfaltete Taylor dafür in den Titeln *Slow Blues* und *Alabama Song,* die allein den Kauf der Platte lohnen, selbst wenn der Rest nur aus einer Leerrille bestanden hätte. *Slow Blues* gehört ganz sicher zu den schönsten Gitarreninstrumentals, die je aufgenommen wurden, wobei man in der zarten gefühlsbetonten Poesie der Gitarrentöne oftmals an Hendrix' *Pali Gap* erinnert wird. Das zeigt vielleicht schon, welche Klasse dieses Instrumental besitzt, in dem Taylor seiner Liebe zum Blues einfallsreich wie kein zweiter huldigt.

Alabama Song besitzt mit seiner heulenden Slidegitarre und dem akustischen Gitarrenvorspann ebenfalls atmosphärische Dichte von kaum faßbarem Maß.

Mick Taylor sagt über diesen Song: „Ich hatte es überhaupt nicht geplant, diesen Song zu spielen. In der Tat war es sogar gar kein Song. Jeder war nach Hause gegangen bis auf den Engineer, und ich saß allein im Studio, als dieses Bluesstück, dieses Riff mir in den Sinn kam. Ich erinnerte mich an einige Worte, die ein Freund (Colin Allen) von mir geschrieben hatte, und fing an, diese zu singen. Das Slidegitarrenspiel wurde später nachträglich dazu aufgenommen." Wahrscheinlich benutzte er dafür sein „Lieblings"-Bottleneck, das er von Lowell George geschenkt bekommen hatte.

Obwohl dieses Album, wie schon erwähnt, nicht sonderlich erfolgreich wurde, und seine für den Oktober 1979 angekündigte USA-Tournee vielleicht aus diesem Grund abgesagt wurde, war die LP für Taylor ein wichtiger Schritt, der ihn zu vermehrten musikalischen Tätigkeiten motivierte. So tourte er in den letzten Monaten des Jahres 1981 zusammen mit dem Gitarristen Alvin Lee zuerst durch Amerika und dann durch Europa. Diese Paarung erwies sich als außerordentlich glücklich. Alvin Lee spielte, inspiriert durch Mick Taylor, so gefühlvoll und klischeebefreit wie lange nicht mehr, während sich Taylor, angeregt durch

Alvin Lees ausgedehnte Gitarrenexkursionen, ungewohnt langen, temporeichen Gitarrenimprovisationen hingab.

Am 14. Dezember 1981 traten die Rolling Stones in Kansas City auf und luden Mick Taylor, der gerade mit der Lee/Taylor-Band in derselben Stadt gastierte, ein mitzuspielen. Mick Taylor kam, spielte das ganze Set mit, und die Rockwelt war um ein kleines Unikum reicher.

Leider zerbrach die – zumindest auf der Bühne – so harmonische Zusammenarbeit des Duos Alvin Lee und Mick Taylor, noch ehe eine LP aufgenommen wurde. Allerdings hätte sich dann immer noch die Frage gestellt, ob sie eine Plattenfirma gefunden hätten.

Diese Spekulation darf man angesichts der Tatsache anstellen, daß John Mayall mit einer neuen Platte, die er *Return Of The Bluesbreakers* nennen wollte, bei den unterschiedlichsten Plattenfirmen hausieren ging, ohne auf Interesse zu stoßen. Dies war um so erstaunlicher, als die 1981 aufgenommenen Studio-Aufnahmen, die etwa die Hälfte der LP füllen sollten, von Don Nix produziert waren, während die Live-Aufnahmen, die den Rest der LP bildeten, den Anreiz boten, mit Mick Taylor entstanden zu sein.

Zu den Live-Aufnahmen war es gekommen, als John Mayall gegen Ende 1981 daranging, seine alte Bluesbreakers-Idee noch einmal mit den ehemaligen Bluesbreakers-Musikern umzusetzen. Er nahm deshalb mit einem Teil seiner „Sidemen" aus früheren Tagen Kontakt auf, und bereits im Frühjahr 1982 konnte er mit Mick Taylor, John McVie (Baß) und Colin Allen (Drums) eine größere Tournee unternehmen, die hauptsächlich in Australien stattfand.

Zurück in Amerika, entstand dann am 6. Juni 1982 in Passanic, New Jersey, das sechzigminütige Live-in-Concert-Video „Blues Alive", für dessen Aufnahmen die Bluesbreakers Bluesgrößen wie Sippie Wallace, Buddy Guy & Junior Wells und Albert King einluden. Mick Taylor steuerte meist sitzend ungemein konzentriert fabulöse Gitarrensoli bei, wobei besonders die Gitarrendialoge mit dem kontrastierenden, aggressiven Gitarrenkönnen von Albert King jedem im Gedächtnis bleiben dürften, der dieses Video gesehen hat. Eine kleine Sternstunde des Blues!

Kurz nach diesem Auftritt verließ dann John McVie, der wieder bei Fleetwood Mac gebraucht wurde, die Band und wurde durch Kevin McCormick ersetzt. In dieser Besetzung entstand in Washington, DC, im sogenannten Wax Museum der für das geplante Album bestimmte Live-Mitschnitt. Etwas steril von Don Nix produziert, enthalten diese schließlich auf der australischen LP *Return of The Bluesbreakers* erschienenen Live-Aufnahmen gnadenlos schöne, hervorstechend abgemischte Gitarreneinlagen von Mick Taylor. Er spielt mit so flüssiger Eleganz, daß man wie in *May Time After A While* kaum merkt, wenn er von Slide auf normales Spiel wechselt.

Aber auch auf den Titeln *Ridin' On The Santa Fe* und *Howlin' Moon* kann man sich einmal halbwegs an seinem überirdischen Slidespiel satthören. Ebenso bietet der letzte Titel der LP, das fast zehnminütige *Lookin' For Willie* „Mick Taylor at his best", denn Taylor improvisiert ausgedehnt und mit raffinierten Gitarrensounds, die er mit bestimmten Anschlagtechniken, Feedback und dem subtilen Einsatz eines Wah-Wah-pedalähnlichen Effektgerätes erreicht.

Eines Abends spielten die Bluesbreakers dann im Roxy in Los Angeles. Während des Auftritts saß auch Bob Dylan im Publikum, der nach dem Konzert so begeistert war, daß er Mick Taylor spontan zu den Sessions für seine neue LP einlud, zu denen mit Mark Knopfler noch ein weiterer Ausnahmegitarrist stieß. Diese Sessions gestalteten sich zu den wahrscheinlich besten Sessions von Dylan seit den Tagen mit Bloomfield. Anscheinend hatte Dylans Kreativität mehr mit der künstlerischen Inspiration durch Gitarristen der Sonderklasse als mit vielem anderen zu tun. Leider stellte Dylan aus der Unmenge des bei diesen Sessions eingespielten Materials die die außergewöhnliche Qualität der Sessions größtenteils nicht widerspiegelnde LP *Infidels* zusammen. Denn kurz nach der Veröffentlichung der LP im Jahr 1983 erschienen eine ganze Reihe von Bootlegs, u.a. mit den Titeln *Clean Cut Kid, Julius And Ethel* (mit langen Taylor-Soli), *Ain't No Goin' Back, Someone Gotta Hold On Me, Lord Protect My Child* (mit exzellenter Slidegitarre von Taylor), *Tell Me* (mit Slidetönen wie von Lowell George), *Blind Willie McTell* (prädestiniert zum Dylan-Klassiker), die zeigten, daß Dylan – überspitzt formuliert – auf *Infidels* das Beste ganz einfach weggelassen hatte. Auch viele Gitarrenparts hatte Dylan entweder in den Hintergrund gemischt oder zum Teil weggelassen.

Doch noch im gleichen Jahr hatte man in unseren Breitengraden die Möglichkeit, alle Facetten von Mick Taylors Können in sich aufzusaugen. John Mayall's Bluesbreakers, die sich durch den Neuzugang des Bassisten Steve Thompson mittlerweile sogar in der originalen letzten Mick Taylor/Bluesbreakers-Besetzung präsentierten, reisten vierunddreißig Tage durch Europa und entfachten dabei Begeisterungsstürme.

Ein Jahr später wurde Europa wieder durch die Anwesenheit von Mick Taylor geehrt. Zusammen mit Colin Allen (Drums), Ian McLagan (Keyboards) und Greg Sutton (Baß) gehörte er der Band an, die Bob Dylan auf seiner Europa-Tournee (erstes Konzert: 28. Mai 1984 in Verona, Italien) begleiten sollte. Obwohl die gesamte Band erst kurz vor Beginn so etwas Ähnliches wie Proben durchführte, wurde die Tournee musikalisch ausgesprochen reizvoll. Solange Bob Dylan nicht mit seinem mehr als schrägen und dilettantischen Mundharmonikaspiel begann, war die Balance zwischen Dylans nasal-unmelodischem Gesang und der weichen, einschmeichlerischen Melodiosität von Taylors Gitarrensoli perfekt.

Die aus dieser Tournee resultierende LP *Real Live* (aufgenommen in Rom) litt leider unter der mangelhaften Produktion Gly Johns und der Beschränkung auf die Veröffentlichung als Einzel-LP. Da annähernd sechzig Titel den Einzug in das Live-Repertoire der vierundachtziger Tourneeband gefunden hatten, konnte diese LP nur einen kleinen Ausschnitt bieten. So fiel zum Beispiel der Titel *Got My Mojo Workin'* unter den Tisch, der sicher auf Mick Taylors Initiative hin häufig gespielt wurde. Am Rande sei noch auf folgende Besonderheit hingewiesen: Direkt hinter dem auf dem Live-Album enthaltenen Titel *I And I* (mit einer atemberaubenden Tour de force auf Gitarre) hört man Mick Taylor ein zehn Sekunden dauerndes Akkord-Medley aus Rolling Stones-Titeln spielen, die der geneigte Leser selber heraushören möge.

Im folgenden Jahr war es dann etwas ruhiger um Mick Taylor. Es erschienen nur zwei Schallplatten, auf denen er zu hören ist:

Bob Dylans *Empire Burlesque* (nur ein Titel) und Guido Toffolettis Album *No Compromise*. Guido Toffoletti ist ein allenfalls in seiner Heimat bekannter italienischer Bluesmusiker, dessen Stimme unerträglich maniriert klingt. Dennoch wurde dieser ganz annehmbare Gitarrist auf seiner LP von den erstklassigen englischen Musikern Zoot Money, Ian Stewart, Dick Heckstall-Smith und eben auch Mick Taylor begleitet, die er sicher durch seine Freundschaft mit Alexis Korner kennengelernt hatte. Wenn man die Fähigkeit besitzt, am Gesang vorbeizuhören, sollte man diese LP unbedingt haben, da auf ihr zwei über sechsminütige, langsame Bluesnummern enthalten sind, auf denen man die längsten jemals auf Vinyl verewigten im Studio eingespielten Gitarrenimprovisationen von Mick Taylor hören kann. Muß man noch mehr sagen?!

1986 wußte man dann, warum das Jahr 1985 so ruhig geworden war: Es war die Ruhe vor dem Sturm. Das klingt vielleicht etwas übertrieben, doch nach zwanzigjähriger Tätigkeit als Musiker hatte Mick Taylor seine erste eigene Band gegründet, der zu Beginn Colin Allen (Drums), Roger Troy (Baß, Vocals) und David Cohen (Piano) angehörten. Da Mick Taylor mittlerweile auch nach Amerika umgezogen war, trat er leider nur in Amerika und Kanada auf. Doch was die Band zu bieten hatte, nämlich Blues und Bluesrock vom Feinsten, hätte auch in Europa die Herzen aller Blues- und Mick-Taylor-Fans höher schlagen lassen. Zum Repertoire gehörten z.B. Titel wie *Born In Chicago, The Stumble, Got My Mojo Workin'* und viele langsame Bluestitel. Später fanden auch zunehmend jazzrockgefärbte Titel ihren Weg ins Live-Repertoire, wobei *Can't You Hear Me Knockin'* zum extrem langen Improvisationsstück ausgebaut wurde. Im Oktober 1986 hatte Taylor mit *Red House* und *Third Stone From The Sun* (grandios gebracht!) sogar zwei Hendrix-Kompositionen im Live-Programm. Interessant ist vielleicht noch, daß Mick Taylor im August 1986 am Anti-Crack-Konzert teilnahm, bei dem sich Musiker wie die Allman Brothers, Carlos Santana und viele andere die Bühne teilten.

Diese Aktivitäten konnte man in Europa nur angesichts von kursierenden Live-Tapes und Pressemeldungen verfolgen, so daß man elektrisiert war, als es plötzlich hieß: Im Mai 1987 solle die

Roy Buchanan Band, featuring Mick Taylor, während einer Europa-Tournee auch in die Bundesrepublik kommen. Doch anscheinend war jemand zu voreilig gewesen, denn als es dann soweit war, stand zwar die Roy Buchanan Band, aber nicht Mick Taylor auf der Bühne. Ein Musiker der Band erzählte dem Musikjournalisten Edi Schwager, warum das so war: „Finanzielle Gründe. Auf unsere Konzerte kommen so und so viele Leute. Wenn wir noch Mick Taylor dabeigehabt hätten, wäre halt nicht mehr die nötige Zahl von Leuten gekommen ..." Und Roy Buchanan fügte hinzu: „Wir spielen Blues. Wir machen nie viel Geld damit. Wir können uns keine Fehler leisten." Ob dies nun wirklich der ausschlaggebende Grund war, muß dahingestellt bleiben. Auf jeden Fall spekulierten die Veranstalter auf den Konzertplakaten noch mit der Anziehungskraft des Namens Mick Taylor, obwohl die „Sache", so zumindest ein Begleitmusiker von Buchanan, „bereits im Februar gestorben war".

Wenn es stimmt, was Roy Buchanan und sein Bandmitglied gesagt haben, dann war wieder einmal ein Projekt von Mick Taylor am lieben Geld gescheitert. Wir erinnern uns an den nicht verlängerten Plattenvertrag nach dem relativ erfolglosen Soloalbum, an das ungewollte Bluesbreakers-Album (John Mayall: „Heute sind nur noch Hitparaden-Gesichter gefragt.") und an die vielen unangenehmen Busineß-Geschichten von anderen langgedienten Musikern, die sicher auch Mick Taylor erzählen könnte.

So kamen in den letzten zehn Jahren nur ein Soloalbum, drei Bob-Dylan-LPs, eine halbe John-Mayall-LP und eine Guido-Toffoletti-LP heraus – eine traurige Wahrheit für alle, die von Mick Taylors magischem Gitarrenspiel begeistert sind. In diesem Sinne möchte ich das Mick-Taylor-Kapitel mit dem Titel eines Rolling-Stones-Bootlegs schließen: *Mick Taylor ... we miss you!*

Stan Webb: Der Verkannte

Geb.: 3. Februar 1946 in Kidderminster/England

Man kann es sich einfach machen und Stan Webb (wie Siegfried Schmidt-Joos im Rocklexikon) als jemanden bezeichnen, „der die gesamte Bluesgitarrenliteratur plünderte und bedenkenlos ganze Chorusse, beispielsweise von B. B. King, übernahm". Aber das ist ebenso sträflich verallgemeinernd wie falsch. Denn welcher weiße Gitarrist, der den Blues spielen wollte, hat sich nicht an B. B. King orientiert und dessen Gitarrenlicks in der Anfangszeit kopiert?

Warum sollte also ausgerechnet Stan Webb, der in den über zwanzig Jahren seiner Musikerlaufbahn sich selber und dem Blues treu geblieben ist und der außerdem der Rockgeschichte zusammen mit seiner Formation Chicken Shack einige wirklich klassische LPs des Bluesrock geschenkt hat, derjenige sein, der die Bluesgitarrenliteratur geplündert hat?

Die Geschichte von Chicken Shack beginnt 1946 mit Stan Webbs Geburt in einer Ortschaft namens Kidderminster bei Birmingham. Über seine Jugend ist leider wenig Konkretes bekannt. Deshalb lassen wir Stan Webb am besten selbst zu Wort kommen: „Nach der Schule (1962) wollte ich Koch werden, meine Großmutter brachte mich aber davon ab. Sie war ein eingefleischter Jazzfan, ich hörte bei ihr Schallplatten und entschloß mich, Schlagzeuger zu werden. Mein Vater empörte sich über diese lauten Aussichten – und dann kauften sie mir eine Gitarre. Ein tschechoslowakisches Modell war das, es hat so ungefähr vier Mark gekostet (Lachen), auf jeden Fall hab' ich sie immer noch. Als ich etwa vierzehn Jahr alt war, begann ich dann, Konzerte zu geben. In meinem Heimatdorf Kidderminster gab es zu jener Zeit eine Menge junger Musiker, die in den Parks herumhingen und alle groß rauskommen wollten. Der Grund war, daß es in diesem Dorf nur eine Fabrik gab, die Teppiche herstellte, und niemand dort arbeiten wollte, also versuchte man sich als Musiker. Da waren Jimmy Page, Robert Plant, die Typen von der Climax Blues Band und, und, und …"

In dieser frühen Zeit war er nacheinander Mitglied der lokalen Bands Blue Four und Shades Five. Im März 1964 fragte ihn David Yeats, ob er nicht seiner Band Sounds Of Blue beitreten wolle, die er gerade mit Christine Perfect, Andy Sylvester (Baß) und Chris Wood (Saxophon) gegründet hatte. Stan Webb war mit von der Partie, und während Christine Perfect, die Klavier spielte, später von einer schrecklichen Band sprach, die jeden Sonntag in den Clubs der Umgebung für drei Pfund Gage pro Kopf auftrat, sagte Stan Webb: „Wir hatten eine wundervolle Zeit mit der Band, es war ein großer Spaß (…). David Yeats konnte zwar nicht singen, aber dafür hatte er reiche Eltern, die ihm ein komplettes PA geschenkt hatten."

Dave Yeats heiratete ein Jahr später, so daß Stan Webb im April 1965 mit Andy Sylvester am Baß und Alan Morley, der jedoch schon bald von Dave Bidwell am Schlagzeug abgelöst wurde, die Band Chicken Shack gründete. Christine Perfect war bereits zu Sounds Of Blue-Zeiten ausgestiegen. Im April 1967 traf Andy Sylvester sie zufällig in London, wo sie als Schaufensterdekorateurin arbeitete. Christine Perfect berichtet: „Er erzählte mir von der Band … so trat ich ihr bei, als Pianistin und zweite Sängerin. Ursprünglich hatte ich gar keine Ambitionen mehr, Musik zu machen, tatsächlich hatte ich schon alles vergessen. Doch nach dieser Überraschung machte ich mich über einen Stapel von Freddie-King-Platten her und probierte den Stil des Pianisten Sonny Thompson aus."

Zusammmen mit Christine Perfect nahm die Band das Angebot wahr, im Starclub in Hamburg aufzutreten. „Wir spielten fünf Stunden täglich und verdienten etwa 120 DM die Woche", berichtet Webb. Am 12. August 1967 nahm Chicken Shack neben John Mayalls Bluesbreakers, Ten Years After und Jeff Beck am legendären Windsor Jazz & Blues-Festival teil. Dann tourte die Gruppe durch England. „Stell dir vor, wir hausten dort etwa ein halbes Jahr lang auf der Ladefläche eines kleinen Transporters. Dann plötzlich meldete sich bei uns ein Typ", erinnert sich Stan Webb, „dem wir schon unzählige Demobänder geschickt hatten." Das war Mike Vernon, der mittlerweile sein eigenes Label Blue

Horizon aufgezogen hatte und auf der Suche nach Bluesgruppen war. Er nahm sie unter Vertrag. Mike Vernon beschrieb die Band: „Ich sah, wie sie ihren Namen bekommen hatten: Sie übten in einem Hühnerstall des Bauernhofs, der Andy Sylvesters Eltern gehörte! Was ich sehr interessant an der Band fand, war, daß sie eine Pianistin hatte, die auch sang."

Mike Vernon erzählte auch Peter Green von seiner Neuentdeckung, die er unter Vertrag genommen hatte. Auf Greens Frage, wie denn der Gitarrist dieser Band sei, antwortete Vernon: „Er ist schnell, grausam schnell, aber gut!" Zusammen mit Mike Vernon, der die ersten vier Platten herausbringen sollte, entstanden am 6. Dezember 1967 mit den Titeln *It's Okay With Me Baby* und *When My Left Eye Jumps* die ersten Plattenaufnahmen der Band Chicken Shack. Während auf dem erstgenannten Titel Christine Perfect sang, hörte man auf der B-Seite der im Januar 1968 erschienen Single Stan Webbs hohe Gesangsstimme. Diese beiden Singletracks kamen später auf dem Blue-Horizon-Sampler *Oldies But Goodies* zusammen mit einem weiteren, nur auf Single erschienenen Titel heraus.

Auf den beiden ersten Titeln spielt Stan Webb so zart und gefühlvoll, daß man Schwierigkeiten hat, sich vorzustellen, er habe mit „ewig langen Soli und Gitarrengedröhne" gelangweilt, wie die Chronisten des Starclubs mitteilten, in dem die Gruppe Anfang des Jahres wieder auftrat.

Stan Webb bestätigte jedoch später, daß er zu dieser Zeit durch seine Marshall-Verstärker „grausam laut" gespielt hatte. Vielleicht war das ein Grund dafür, daß die Gruppe trotz eines viermonatigen Engagements „kaum großes Interesse erregte" – jedenfalls behaupteten das die Starclub-Chronisten.

Im Juni 1968 erschien die erste, für ein Debütalbum wirklich grandiose LP der Chicken Shacks *40 Blue Fingers, Freshly Packed And Ready To Serve*, die mit einem erstaunlichen 12. Platz in den britischen Charts den Erfolg hatte, den sie auch verdiente. Dick Heckstall-Smith (Tenor-Saxophon), Johnny Almond (Alt) und Alan Ellis (Trompete) waren, wie schon auf der Single-A-Seite *It's Okay With Me Baby*, als dezente Verstärkung mit von der Partie. Die geschickte Mischung aus Up-tempo-Nummern, langsamen Blues-Titeln und rasanten Instrumentals vermied dabei die

Langeweile, die bei einem derart puristischen Werk sehr schnell aufkommen könnte. Außer zwei Perfect-Kompositionen, die die einzigen sind, bei denen sie singt, und zwei ganz durchschnittlichen Stan-Webb-Kompositionen gab es nur Songs herausragender Musiker, unter ihnen allein vier Freddie-King-Titel. Diese erstklassigen Titel garantierten in gewissem Sinne für das Resultat. Denn dieses Material war für Stan Webb ideal, da sein Gitarrenstil zu dieser Zeit noch besonders stark von Freddie King, aber auch von Buddy Guy und B. B. King geprägt war. Doch das schien zumindest Freddie King nicht zu stören, der während seiner England-Tourneen in der folgenden Zeit des öfteren Chicken Shack als Opening act dabeihatte.

Am stärksten beeindruckte in dieser Phase sicher Webbs gefühlvolle Gitarrenarbeit auf Titeln wie *First Time I Met The Blues, The Letter* und vor allem *I've Been Mistreated*. Die letzte Nummer ist jedoch nicht auf der ersten LP von Chicken Shack, sondern auf der Champion Jack Dupree-LP *When You Feel The Feeling You Was Feeling* zu finden. Diese LP war an einem einzigen Tag, dem 22. April 1968, entstanden. Stan Webb spielte auf ebendiesem Titel seine Gitarre mit starken Anklängen an Peter Green, während auf den übrigen Titeln der Gitarrist Paul Kossoff zu hören ist. Webb schaffte es, mit zarter Schlichtheit das ideale Gegengewicht zu Champion Jack Duprees erdigem Klavierspiel zu bilden.

Im ersten Monat des Jahres 1969 erschien das zweite Chicken-Shack-Album *O.K. Ken,* das mit dem Erreichen des Ranges 9 der Charts sogar noch erfolgreicher als sein Vorgänger wurde. Das war um so erstaunlicher, wenn man berücksichtigt, daß die einzelnen Titel der LP als Persiflage auf das Radio mit witzigen Kommentaren, Interviews und Songvorstellungen eingeleitet wurden, von denen manche von John Peel und Chris Wood (von Traffic) gesprochen wurden. Musikalisch gab es auch eine Änderung, da die vergrößerte Horn-Section, bestehend aus Roderick Lee, Steve Gregory, Buddy Beale, Johnny Almond, Terry Noonan und Don Frey, verstärkt zum Einsatz kam. Auf einem Stück war sogar der legendäre schwarze Harpspieler Walter Shakey Horton mit von der Partie, was man als Zeichen dafür werten kann, daß die Bemühungen von Chicken Shack, authentischen Blues zu spielen, durchaus von alten Blues-Größen anerkannt wurden. Besonders interessant ist vielleicht Webbs wildes Gitarrenspiel auf *Tell Me,* das noch heute eine Facette seiner Live-Qualitäten ausmacht.

Christine Perfect ist auf vier Titeln als Sängerin zu hören, aber im April 1969 erschien ihre letzte Aufnahme als Sängerin von Chicken Shack. Dabei handelte es sich um die atmosphärisch dichte Cover-Version des Etta-James-Titels *I'd Rather Go Blind,* die den 14. Platz der Single Charts erreichte. Im August stieg Christine dann aus, um sich mehr ihrem frisch angetrauten Ehemann, dem Fleetwood-Mac-Bassisten John McVie, zu widmen. Bereits zu Chicken-Shack-Zeiten hatte sie auf dem Fleetwood-Mac-Album *Mr. Wonderful* mitgewirkt.

Schon auf dem ebenso erfolgreichen Single-Nachzieher *Tears In The Wind,* auf dem Webb seine Stimme sehr der von Christine Perfect ähneln läßt, ist der neue Organist und Pianist Paul Raymond mit von der Partie. Zwei Monate später, im Oktober 1969, erschien die dritte LP *Hundred Ton Chicken,* auf der nur die Horn-Section weggefallen war. Stan Webbs exaltierter Gesang war deutlich gereift, und das Album strahlte eine erfrischende, relaxte Spontaneität aus. Zudem vernahm man von Webb nicht nur erstmalig Bottleneck-Klänge (auf *The Road Of Love),* sondern auch Akustik-Gitarrenspiel auf dem zu kurz geratenen *Anji* (von Davy Graham, der durch Simon & Garfunkel bekannt geworden ist).

Am faszinierendsten waren vielleicht die gefühlvollen, ungemein flüssigen Gitarreneinlagen auf dem aufwühlenden Blues *The Way It Is.* Wie Webb hier ohne viel Technik und mit häufigen Pausen Gänsehaut erzeugt – das ist große Schule!

Obwohl Webb sehr oft erklärt hatte, daß er nur reinen Blues spielen wolle, was er auf dem Album *Hundred Ton Chicken* wohl auch am eindrucksvollsten verwirklichte, schien ihm mit Beginn der 70er Jahre die Zeit reif, sein verändertes, härteres, aber auch abwechslungsreicheres Chicken-Shack-Konzept mit der im Juni 1970 erscheinenden LP *Accept Chicken Shack* vorzustellen. Diese LP war zugleich die letzte, die Mike Vernon mit der Gruppe produzierte. Man merkte ihr jedoch an, daß Vernon diese Art von Musik nicht mit Leib und Seele produzieren wollte und konnte.

„Wir haben einige gute LPs zusammen gemacht," sagte Mike Vernon, „einige wirklich gute. Aber ich glaube, daß *Accept* der Band nicht den richtigen Weg aufwies. Ich meine, die Musik war ein bißchen zu heavy. Tatsächlich kam für die Band und mich nichts anderes als die Trennung unserer Wege in Betracht, deshalb wechselte Chicken Shack zu Decca."

Dieser Stellungnahme kann man nur beipflichten, denn mit einer ruhigen, balladesken Seite (*Maudie, Tired Eyes, Andalusian Blues*), einer poppigen Seite (*She Didn't Use Her Loaf, Some Other Time, Never Ever*) und einer wilden, rockigen (*Pocket, Telling Your Fortune*) wurde die Platte zwar abwechslungsreich, war jedoch weder Fisch noch Fleisch. Die LP wirkte irgendwie halbherzig. Wenn man bedenkt, wie die Band auf den vorhergegangenen Alben aus vollem Herzen (Chicago-)Blues eindrucksvoll zelebriert hatte, war die Platte auch durch das Fehlen der mitreißenden Schärfe von Webbs Gitarrenspiel irgendwie unbefriedigend. Nur auf *Telling Your Fortune* war etwas von dem alten Webb zu spüren. Die Platte dokumentierte, wie man bald feststellen sollte, ein Übergangsstadium.

Denn nachdem Dave Bidwell, Andy Sylvester und Paul Raymond sich dem kommerziell interessanteren Unternehmen Savoy Brown angeschlossen hatten, nahm Stan Webb mit Paul Hancox (Drums) und John Glasscock (Baß) den Bluesrock-Edelstein *Imagination Lady* auf. Das war jedoch erst 1971, das heißt, daß zwischen *Accept* und *Imagination Lady* rund zwei Jahre vergangen waren. In dieser Zeit verkündete Webb, der durch den Weggang seiner Mitstreiter enttäuscht war, das Ende von Chicken Shack.

Danach stand er nicht nur zusammen mit Faye Dunaway vor der Kamera, sondern schrieb auch den Hauptsong für den Film „Doc" namens *Kate's Waltz*. Leider fing er in dieser Zeit auch an, gut zwei Flaschen Wodka pro Tag zu trinken. Bis heute kämpft er mit diesem Problem, was dazu führt, daß seine Live-Präsenz sehr schwanken kann. „Aber ich bin immer noch da! Ich war nie ein Drogenabhängiger", beteuert Stan Webb.

Imagination Lady wurde ein, vor allem in der Bundesrepublik sehr erfolgreicher, Geniestreich, der seine Faszination aus dem besessenen Spiel jedes seiner Mitwirkenden bezog. Stan Webb jagte mit der Urgewalt einer durch Wah-Wah-Pedal- und Echogerät-Einsatz verzerrten Gitarre durch das Dickicht aus dröhnenden Baßlinien und exzessivem Getöse zweier Baßdrums und zusätzlichen Beckenzischens. Doch trotz aller manischen Wildheit bot das Album eine Fülle musikalischer Finessen. Erstaunlich war besonders das für ein Studio-Album ungewohnt lange Drum-Solo auf Stan Webbs *Telling Your Fortune,* das bereits von *Accent Chicken Shack* bekannt war. Der von Webb komponierte Titel *Poor Boy,* der in der Bundesrepublik unter die Top 50 gelangte, demonstrierte vielleicht am eindrucksvollsten, wie gnadenlos und gleichzeitig differenziert man Bluesrock spielen kann: Auf magisch beschwörende Textzeilen, die von Webbs brüchiger Stimme vorgetragen werden, und drohende Stimmungen folgt der eruptive Ausbruch eines gitarristischen Soundgewitters. Stan Webb schuf mit diesem Album einen echten Klassiker des Bluesrock, so daß der oft geäußerte Vorwurf, Webb hätte sich nur auf von schwarzen Bluesmusikern vorgezeichneten und ausgetretenen Pfaden bewegt, spätestens mit diesem Album jede Gültigkeit verloren hat.

Leider hielt diese exzellente Trio-Besetzung nicht lange, denn im März verabschiedete sich Glasscock, der dann durch Bob Daisley ersetzt wurde. Stan Webb war klug genug, auf *Imagination Lady* kein weiteres hartes Bluesrock-Album folgen zu lassen. Auf diesem Sektor hatte er für sich sein Nonplusultra erreicht. Statt dessen bildete er mit dem Saxophonisten Chris Mercer und dem Pianisten Tony Ashton, für den er bei dem Album *The Worst Of Ashton, Gardner + Dyke* auf dem Titel *Let It Roll* als Gastgitarrist mitgewirkt hatte, eine neue Formation und nahm das nächste, angenehm abwechslungsreiche Album *Unlucky Boy* (1973) auf. Der Opener *You Know You Could Be Right* erinnerte zwar noch an das *Imagination*-Konzept, doch auf den restlichen Titeln spendierte er sich weder Effektgeräte für seine Gitarre, noch gab er sich allzu wilden, langen Gitarrensoli hin. Seine Gitarrensoli waren meistens kurz und prägnant. Mittlerweile mußte er auch nicht mehr Freddie-King-Kompositionen bemühen, wenn er auf einfallsreichen Instrumentals glänzen wollte, sondern komponierte sie, wie das hübsche *Prudence's Party*, selbst. Die Bandbreite des Albums ging von dem ruhigen *Too*

Late To Cry bis zu den treibenden Boogienummern *Stan The Man* und *He Knows The Rules*.

Doch auch die Besetzung dieses Albums hielt nicht lange, und Webb mußte sich wieder nach neuen Mitmusikern umsehen. Er fand sie in dem Pianisten Dave Wilkinson, dem Schlagzeuger Alan Powell, mit dem er bereits 1972 zusammenkommen wollte, und dem Bassisten Rob Hull. In dieser Formation entstand das erste Chicken-Shack-Live-Album, *Goodbye Chicken Shack*. Ein Live-Album war angesichts der enormen Qualitäten von Chicken Shack und Stan Webb längst überfällig.

Die Aufnahmen zu dieser LP stammten von einem Auftritt, der am 26. Oktober 1973 auf dem Gelände der Brunel-Universität stattfand. Die LP wurde jedoch nicht so überragend, wie man es von der ersten Live-LP Chicken Shacks erwartet hätte. Das lag wahrscheinlich an zwei Ursachen: Zum einen hatte Webb von Kim Simmonds das Angebot erhalten, bei einem Bandprojekt mitzumachen, aus dem die LP *Boogie Brothers* hervorgehen sollte, mußte aber zuvor seine vertraglichen Verpflichtungen mit Chicken Shack erfüllen. Zum anderen spielte möglicherweise das eine Rolle, was auf dem Innen-Cover abgebildet war, nämlich eine Unzahl von Bierflaschen. Das soll jedoch nicht heißen, daß die LP schlecht war, ganz im Gegenteil. Aber sie hätte besser sein können, wenn Brunel zu einem dieser magischen Abende geworden wäre. Die Höhepunkte der LP bildeten sicher der leidenschaftliche Slow Blues *You Take Me Down* und das ekstatische *Poor Boy*.

Das Ärgste war vielleicht, daß man sich beim Anhören mancher Titel wie *Every Day I Have The Blues, Thrill Is Gone* und *You're Mean* zu sehr an die Originale, sprich B. B. King, erinnert sah. Möglicherweise liegt es daran, daß Musikkritiker, die sich durch ein Live-Konzert das Anhören von Chicken-Shack-Alben ersparen wollten, Stan Webb allzu leichtfertig als billigen B. B. King-Epigonen abtaten, da solche Konzerte leider keine Einzelfälle blieben.

Im April 1974 erschien dann das Savoy-Brown-Album *Boogie Brothers,* bei dem Stan Webb neben Miller Anderson und Kim Simmonds, der ihm 1970 noch seine ganze Mannschaft abgeworben hatte, in einer Gitarrenfrontlinie spielte. Stan Webb konnte

173

auf dieser Platte nicht als Sänger beeindrucken, aber sein wildes Solo auf *My Love's Lying Down* und das „Höllenschlund"-Wah-Wah-Gitarrensolo auf dem Titelsong blieben im Gedächtnis haften. Das von ihm komponierte *My Love's Lying Down* deutete bereits an, was er nach der etwa ein Jahr bestehenden Zusammenarbeit mit Simmonds und Anderson im Auge hatte: sich von den Blueswurzeln in stärkerem Maße als bisher zu entfernen.

Die neue Ausrichtung kam mit einer neuen Band, Broken Glass, zum Tragen. Sie bestand neben Stan Webb aus Mac Poole (Drums), Rob Rawlinson und einem weiteren Gitarristen, Robbie Blunt. Auf dem in zweiundzwanzig Tagen im November 1975 eingespielten, bei Capitol erschienenen Album *Broken Glass* wirkten außerdem Miller Anderson und der Produzent der LP, Tony Ashton, mit. Der Versuch, sich kreativ von den Bluespfaden zu lösen, gelang so überzeugend wie abwechslungsreich: Da gab es – damals noch nicht so populäre – Reggaerhythmen (*Keep Your Love*), schwere atmosphärische Bluesharmonien (*Can't Keep You Satisfied*), gelungene Rocktitel (*Standing On The Border, Crying Smiling*) ebenso wie Folkklänge (*Broken Glass*) und Funkrhythmen (*Ain't No Magic, Take The Water*). Stan Webbs brüchige Stimme verlieh vielen Titeln die gewisse Rauheit, und Blunt steuerte nicht nur atmosphärische Slide-Einlagen bei, sondern fungierte darüber hinaus bei der Hälfte der Songs neben Webb als Koautor.

Die LP-Hülle enthielt keinen ausgeprägten Hinweis auf Stan Webb. Wahrscheinlich wollte man es einerseits vermeiden, das puristische Chicken-Shack-Blues-Publikum zu interessieren und dann gegebenenfalls zu enttäuschen, und andererseits verhindern, das Rockpublikum abzuschrecken, das den Namen Stan Webb sicherlich mit Blues verbunden und deshalb die Hände von *Broken Glass* gelassen hätte. Da das Publikum aber leider genau das tat, gab es die Band (die in der Bundesrepublik übrigens denkbar ungünstig im Vorprogramm von Uriah Heep aufgetreten war) schon 1977 nicht mehr. 1976 war Stan Webb noch für eine Englandtour bei Canned Heat für den kurzfristig ausgeschiedenen Gitarristen Jerry Shane eingestiegen. Nach der Tour lehnte er das Angebot von Canned Heat, der Band beizutreten, dankend ab, weil ihm Broken Glass wichtiger war.

Über diese und die folgende Zeit sagte Webb später: „Die schrecklichste Phase meines Lebens war dann von 1976 bis 1980. Es sah so aus, als wollte niemand auf der ganzen Welt von mir in irgendeiner Art etwas wissen."

Tatsächlich sollten die nächsten Studio-LPs alle auf deutschen Plattenlabels erscheinen, da man weder in England, wo ganz andere musikalische Modewellen tobten, noch in Amerika, wo die Band selbst in ihren erfolgreichsten Tagen so gut wie unbekannt geblieben war, das geringste Interesse an Chicken Shack oder Stan Webb hatte. Allein in der Bundesrepublik hat Stan Webb/Chicken Shack bis heute eine kleine Fan-Gemeinde und gehört mittlerweile zum festen Bestandteil der Club-Szene.

Obwohl auch auf den beiden nächsten Alben nicht nur Robbie Blunt weiterhin dabei war, sondern auch der mit *Broken Glass* begonnene Weg weiter fortgesetzt wurde, grub man den Namen Chicken Shack (allerdings mit dem Zusatz „Stan Webb's") wieder aus, um überhaupt noch beachtet zu werden. Neben den beiden genannten Musikern bildeten der Drummer Edd Spevock (Ex-Graham Bond, Babe Ruth), der Bassist Paul Martinez (Ex-Hackensack, Paice, Ashton & Lord) und der Saxophonist Dave Winthrop (Ex-Supertramp) die neue Chicken-Shack-Besetzung, die im November 1977 das Album *The Creeper* in dem Tonstudio Hiltpoltstein (bei Nürnberg) aufnahm. Tony Ashton, der auch an den Keyboards saß, produzierte das Album wieder. Das Endergebnis klang noch überzeugender als bereits *Broken Glass*.

Das ganze Album verzichtete vollkommen auf kommerzielle Anbiederungsversuche wie die Aufnahme aktueller Modeströmungen; dennoch war es weit entfernt davon, ein Bluesalbum zu sein. Ganz im Gegenteil, nur ein Titel, die Buster-Brown-Komposition *Dr. Brown*, erinnerte an die Bluesvergangenheit von Chicken Shack. Die anderen, meist vom Team Webb/Blunt geschriebenen Nummern bestanden aus hundertprozentig überzeugenden Funk-gefärbten Rocktiteln. Die meisten Titel waren ungemein sparsam in Szene gesetzt, wodurch ihre Schönheit noch stärker zum Ausdruck kam. Neben der Rockballade *Stop Knokking On My Door*, die zum Besten gehört, was Webb je geschrieben hat, gibt es einprägsame Songs voller fesselnder

Schlichtheit (*Delilah*), präzise Rock'n'Roll-Titel (*Red Haired Lady*), hypnotische Akkordwechsel (*It's Easy If You Are Lonely*), knappe, rhythmisch wogende Titel mit zwingenden Akkordfolgen (*Blue Vein*) und, und, und ...

Das Album präsentierte selbstbewußt vorgetragenen Rock ohne Halbherzigkeiten, Klischees oder modische Zugeständnisse. Kurzum, Stan Webb hatte sich eindrucksvoll und mit ungeheurer Kreativität von den Blueswegen entfernt.

Dennoch war und ist er für viele, die etwas daran ändern könnten, daß seine Alben wenig beachtet werden, nach wie vor ein Fossil aus vergangenen Tagen. Die Band tourte natürlich ausgiebig, und am 1. Juli 1978 trat sie mit Steve York als neuem Bassisten (Paul Martinez war ausgestiegen) als Vorgruppe von Eric Clapton und Bob Dylan vor 70 000 Menschen auf dem Nürnberger Zeppelinfeld auf. Doch auch das kurbelte die Verkaufszahlen von *The Creeper* und dem neuen Album, trotzig *That's The Way We Are* genannt, nicht an, obwohl man eine funktionierende Mischung aus der Boogie-Vergangenheit und der Raffinesse des letzten Albums präsentieren konnte. Die Webb/Blunt-Songs waren wieder erstklassig, die Cover-Versionen von Albert-King- und Willie-Dixon-Titeln mitreißend, und ein Titel, *Blunt's Sillyness,* wies sogar beschwingte Countryklänge auf.

Leider war das das vorerst letzte Produkt der kreativen Partnerschaft zwischen Webb und Robbie Blunt. Auch die anderen Musiker verließen Stan Webb's Chicken Shack, und so mußte er sich nach einer neuen Besetzung umsehen. Diese fand er Anfang 1980 mit dem Gitarristen Paul Butler (Ex-Jellybread), dem Bassisten Alan Scott und Keef Hartley (ehemals bei John Mayall's Bluebreakers).

Im Mai ersetzte dann der lange Zeit untätig gebliebene Ric Lee (vorher bei Ten Years After) den ausgestiegenen Keef Hartley. In dieser Besetzung plus Tony Ashton erschien dann im April 1981 das eindrucksvolle Live-Album *Roadies Concerto,* das jedoch wenig von der Live-Atmosphäre einfangen konnte.

Doch das größte Manko der LP ist ganz sicher der brachiale Sound, an dem es auch liegt, daß die Gitarre sehr oft zu einem nuancenlos röhrenden Etwas verkommt. Vielleicht hängt das mit der Tatsache zusammen, daß Stan Webb erstmals als Koproduzent auftrat.

Doch auch diese Besetzung hielt nicht lange. Nachdem Webb Alan Scott durch Andy Pyle (Ex-Kinks, Savoy Brown) ersetzt hatte, stellte er eine vollkommen neue Formation auf die Beine, die er Stan Webb's Speedway nannte und der neben Andy Pyle noch Ross Elder (Drums) und der schon bekannte Miller Anderson (Gitarre) angehörten. Doch mit dieser Band entstand trotz reger Clubtätigkeit ebensowenig eine LP wie mit den nachfolgenden Stan Webb's Chicken Shack-Besetzungen.

Erst 1986 gab es dann mit der auf Bellaphon erschienenen *39 Bars* die vorerst letzte LP, die trotz konventioneller Blues-Höhepunkte wie *A Blues Song, Tore Down, Every Day I Have The Blues* erstaunlich unentschlossen klang. Da mischten sich besagte Bluestitel mit wenig überzeugenden Neueinspielungen (*I'd Rather Go Blind*) und diffus produzierten Keyboard-mächtigen Nummern (*Who Cares, Hold On*). Das vom Climax-Blues-Band-Gitarristen Pete Haycock produzierte Album machte den Eindruck, als wüßte selbst Stan Webb nicht mehr, wie es weitergehen sollte, hatte er doch in letzter Zeit weder mit Blues noch mit erstklassigem Rock Erfolg gehabt.

Irgendwie entläßt einen das Album mit einem bitteren Nachgeschmack, und man fragt sich, wie es nun mit Stan Webb weitergehen wird. Wenn er bei seinen Live-Shows mit einem achtzig Meter langen Kabel an seiner Les Paul-Gitarre durch das Publikum geht, wird ihm nach wie vor unterstellt, er vollführe „Animationstricks" (Rock-Lexikon). Das muß einen Gitarristen wie Webb, der als einer der zähesten und beständigsten weißen Bluesmusiker gelten kann und auf eine über zwanzigjährige bewegte Musikerlaufbahn zurückschaut, die meistens „on the road" stattgefunden hat, natürlich schmerzen. Vielleicht hat er ja tatsächlich recht, wenn er sagt, daß ihm seine Häßlichkeit im Wege stünde.

Johnny Winter: Der Unbeirrbare

Geb.: 23. Februar 1944 in Leland/USA

„Ein hundertdreißigpfündiger, schielender Albino mit langem Haar, der so ziemlich die flüssigste Gitarre spielt, die man je gehört hat." So berichtete der „Rolling Stone" 1968 über den bis dahin unbekannten Johnny Winter. Nach diesem Artikel wurde Johnny Winter vom Insidergitarristen aus Texas zum neuen Stern am Gitarristenhimmel geputscht. Doch Johnny Winter war mehr als ein kurzzeitig angesagter Gitarren-Hero. Er gehört vielmehr zu den wenigen charismatischen weißen Bluesgitarristen Amerikas, wenn seine Karriere auch nicht ohne Tiefpunkte blieb. Doch noch heute steht Johnny Winter auf der Bühne, um seine Leidenschaft zu zelebrieren: Blues und Rock'n'Roll.

John Dawson Winter wurde in Leland, Mississippi, geboren und wuchs in Beaumont, Texas, auf, einem Ort, von dem er später sagte, daß es der ideale Platz zum Weggehen gewesen sei. Ob ihm und seinem Bruder die Musikalität in die Wiege gelegt worden ist, kann nicht eindeutig entschieden werden. Jedenfalls spielte ihre Mutter Klavier, während der Vater in College-Bands Saxophon und Banjo spielte und auch im Kirchenchor sang. Beide Elternteile machten das nur aus Spaß, und so gehörten für Johnny schon in seinen Jugendjahren Spaß und Musik eng zusammen. Natürlich wollte er auch Spaß haben und versuchte sich deshalb schon mit fünf Jahren auf der Klarinette.

Johnny Winter erzählt: „Als ich klein war, sang ich fortwährend, und dann fing ich an, Klarinette zu spielen; aber der Zahnarzt sagte, daß ich einen schlimmen Überbiß bekäme und daß ich besser damit aufhören solle. Das brach mir für Monate das Herz, aber ich beherzigte den Rat und fand eine Ukulele im Haus, auf der mir mein Vater ein paar Akkorde beibrachte. Ich hatte einen Hasen, den ich sehr liebte, und als dieser Hase starb, hatte mein Großvater Mitleid mit mir und kaufte mir eine Baritone Uke. Die spielte ich dann einige Jahre, und zusammen mit meinem Bruder Edgar machte ich dann diese ‚Barber Shop Quartet Harmony'-Sachen, das waren spontane Singorgien beim Herrenfriseur, die uns unser Vater beigebracht hatte, so wie *Ain't She Sweet* und *Bye-bye Blackbird*. Ich wollte lange Zeit nicht Gitarre spielen, weil meine Hände zu klein waren, und diese Fingerpositionen waren zu seltsam. Aber mein Vater sagte: ‚Die einzigen berühmten Ukulele-Spieler, an die ich mich erinnern kann, sind Ukulele-Ike und Arthur Godfrey. Du hast wirklich nicht allzu viele Chancen, Ukulele zu spielen. Du solltest lieber versuchen, Gitarre zu spielen!' Und dann, als der Rock'n'Roll kam und keine Ukulele-Spieler im Rock'n'Roll auszumachen waren, da dachte ich: ‚Okay, ich will es mit der Gitarre versuchen.'

Ich war elf Jahre, als ich meine erste Gitarre bekam. Ein Typ namens Luther Nelly verkaufte mir die Gitarre und gab mir gleich noch zwei oder drei Unterrichtsstunden. Luther war ein echter Countrygitarrist, und er zeigte mir als erstes ein paar Chet-Atkins-Sachen. Ich konnte erst nicht kapieren, wie man diese Stücke spielt, ich meine, wie man mit den Fingern die Melodie spielt und mit dem Daumen die Akkorde und die Baßlinien. Es fiel mir schwer, mit der einen Hand zwei oder drei Dinge gleichzeitig zu spielen und mit der anderen Hand zu greifen. Aber das ist der Grund dafür, warum ich heute noch mit Thumbpick spiele, anstelle eines normalen Picks. Luther Nelly war wohl schuld. Später, als ich dann mehr und mehr in den Blues kam, merkte ich, daß es auch in dieser Stilrichtung klappt."

Seine Liebe zur Gitarre war also durch den Rock'n'Roll geweckt worden, und so kann er sich natürlich noch heute an die erste Single erinnern, die er sich kaufte: *Long Tall Sally* von Little Richard. Doch mit der Musik von Fats Domino, Chuck Berry, Bo Diddley und unzähligen anderen Rock'n'Rollern entdeckte er eine andere musikalische Welt: den Blues.

Johnny Winter erzählt: „Es war keine bestimmte Person, die das auslöste. Es war allein die ganze Idee der Bluesmusik, die mich sofort dafür begeisterte. Ich hatte nie irgendwelchen Blues gehört, und dann ganz plötzlich wollte ich jeden hören, der Blues spielte." Doch da man Bluesplatten nur schlecht oder recht umständlich durch die Mailorder-Versände von kleinen 50 000-

179

Watt-Radiostationen bekommen konnte, rief er zusätzlich den farbigen Diskjockey der Radiostation KJET in seinem Heimatstädtchen Beaumont, Clarence Garlow, an und bat ihn, bestimmte Bluesplatten in seinen Bluessendungen zu spielen. Doch Clarence Garlow, mit dem er sich bald angefreundet hatte, war nicht nur Diskjockey, sondern auch ein Bluesmusiker, der ihm eine Menge beibrachte. Johnny Winter: „Er war der erste, der den Blues wirklich spielte, so daß ich damit in Kontakt kam. Er spielte eine Mixtur aus Blues- und Cajun-Material wie Clifton Chenier – französisch orientierten Blues. Er war ein sonderbarer Kerl, aber er war nett und cool ... Durch ihn wurde ich in die Clubszene von Beaumont eingeführt, und ich war so eine Art Protegé von ihm."

Von ihm erfuhr Johnny auch, warum Bluesgitarristen wie Otis Rush und Bobby Bland ihre Saiten so weit ziehen konnten: Es lag ganz einfach an der Dünnheit der Saiten. Johnnys Saitensatz sah deshalb nach einigen Zwischenstationen folgendermaßen aus: Für die erste Saite nahm er eine Tenor-Banjo-Saite, die zweite Saite bestückte er mit seiner ersten Saite, und für die dritte Saite zog er die zweite Saite auf. Johnny Winter: „Das war wirklich cool, wirklich *hot lick,* und es half eine ganze Menge."

Doch außer Clarence Garlow und seinen Bluesplatten (Johnny: „Ich kaufte mir Platten, noch ehe ich an so etwas wie Essen dachte.") hatte Johnny noch einen weiteren Gitarrenlehrer, von dem er folgendes erzählte: „Für eine Weile war da noch ein anderer Typ, Seymore Drugan (gemeint ist wohl Seymour Drugeon), der mit Luther zusammen in dem Musikladen in Womack Jefferson County arbeitete. Seymore war ein jazzorientierter Gitarrist, der in den dreißiger und vierziger Jahren mit diesen ganzen Radio-Orchestern gespielt hatte, die ständig live über NBC oder CBS zu hören waren. Außerdem hatte er in den alten Tagen noch eine Zeitlang für Rickenbacker gearbeitet. Ich nahm drei oder vier Stunden Unterricht bei ihm, als ich dreizehn war, und lernte einige Akkorde und unterschiedliche Sachen. Ich wollte mich nicht mit Jazz beschäftigen, aber ich dachte, daß es okay sein würde, einige Sachen zu lernen, die er mir zeigen konnte. Sein Sohn, Dennis, wurde dann Bassist in meiner ersten Rock'n'Roll-Band, Johnny and the Jammers."

Als er etwa fünfzehn Jahre war, gründete Johnny diese Band mit seinem jüngeren Bruder Edgar, wenngleich sich dieser nur für Jazz erwärmen konnte. Johnny Winter: „Edgar war nie ein Bluesman. Er konnte Blues nicht ausstehen. Er spielte mir seine John-Coltrane- und Dave-Brubeck-Platten vor und sagte: ‚Nun, ist das nicht großartig?‘ Und dann spielte ich ihm meine Muddy-Waters- und Lightnin'-Hopkins-Platten vor und sagte: ‚Nun, ist *das* nicht großartig?‘ Und dann spielte ich einige Platten, auf denen die Gitarre verstimmt war und irgendeiner schrie, und er sagte: ‚Das ist ja auch keine Musik! Das ist schrecklich, Mann, die Gitarre ist nicht gestimmt, da gibt es keine Melodielinie, niemand spielt zusammen …‘ Und ich sagte: ‚Yeah, but it feels so good!‘ Worauf er antwortete: ‚It just makes me feel sick!‘“ Zu einer anderen Gelegenheit führte Johnny Winter auch einmal aus, wie sich Edgars Abneigung auch körperlich äußern konnte: „Wir gingen zusammen in einen Club, und Edgar, der damals erst elf oder zwölf Jahre alt war, erzählte mir von Anfang an: ‚Die Band ist gräßlich, völlig verstimmte Instrumente, ich halte das nicht aus.‘ Ich wollte was trinken und den Mädchen nachschauen und sagte: ‚Edgar, wir gehen bald nach Hause, wirst dich schon dran gewöhnen.‘ Er meinte dann: ‚Wenn wir noch länger hierbleiben, muß ich mich übergeben.‘ Und genau das tat er dann auch – das hat mich dann überzeugt." Doch wenngleich beide Brüder aus diesem Grund später eigene Wege gingen, so waren die beiderseitigen Schicksale in den ersten Jahren noch sehr miteinander verknüpft. So gehörte Edgar als Saxophonspieler auch zu der ersten Band seines älteren Bruders, nämlich zu der schon erwähnten Gruppe Johnny & the Jammers. Dennoch spielte Edgar bei Johnny & the Jammers Saxophon, und Ende der fünfziger Jahre nahm die Band an einem lokalen Talentwettbewerb teil. Johnny Winter erinnerte sich an eine seltsame Duplizität: „*Johnny B. Goode* war eines der ersten Stücke, das ich zu spielen versuchte. Jeder auf der Welt spielte *Johnny B. Goode*. Mit der ersten Platte, die ich machte, war es sehr sonderbar, weil ich – ähnlich wie in dem *Go Johnny Go*-Film – mit *Johnny B. Goode* einen Talentwettbewerb gewann. Der Gewinner bekam einen großen Plattenvertrag mit Dart Records in Houston. Und als ich den Talentwettbewerb gewann, war das wirklich sonderbar. Die ganze Geschichte meines frühen Aufstiegs stand in Verbindung mit *Johnny B. Goode.*"

Nach diesem Sieg nahmen Johnny & the Jammers in Bill Halls Aufnahmestudio in Beaumont den von Johnny Winter komponierten Rock'n'Roll-Titel *Schoolday Blues* auf. Als Dart Records diesen Titel, auf dem sich Johnny die für einen sensiblen Menschen wie ihn unvermeidlichen Schulfrustrationen vom Herzen sang, als Single veröffentlichte, erreichte sie sogar Platz 8 der lokalen Hitparade in Beaumont. Das war 1959, doch bereits kurz vorher hatte Johnny sein Plattendebüt als Leadgitarrist auf Burl Boykins Single *Let Me Come Your Way* gegeben, die ebenfalls ein Dart Records-Produkt war.

Diese Plattenfirma war nur die erste von vielen kleinen texanischen Plattenfirmen, die Johnny aufgrund seines schon damals unübersehbaren Talents in den folgenden knapp neun Jahren meist kurzzeitig unter Vertrag nahmen. Plattenfirmen wie Frolic, Diamond, Jin und K.R.C.O. gehörten dazu und produzierten mit Johnny eine Menge Singles, die musikalisch zwischen Blues und dem jeweiligen Zeitgeschmack (d.h. über die Jahre hinweg Twist, Beat, Soul und Psychedelic) angesiedelt waren und „von denen", so Johnny, „nicht mehr als vierhundert oder fünfhundert Stück verkauft wurden". Anfang der 70er Jahre, also nach Johnnys Popularitätsschub durch den medienträchtigen CBS-Vertrag, wurde dann ein Teil dieser Singleaufnahmen auf den LPs *Early Times, About Blues* und *Before The Storm* veröffentlicht, worüber Johnny nicht unbedingt froh war – dokumentieren doch einige Aufnahmen, daß er sich damals nicht immer so puristisch als *Bluesman* in Szene setzen konnte, wie er wollte.

Von Interesse sind diese Aufnahmen dennoch, da sie zeigen, wie souverän er die verschiedenen „angesagten" Musikstile präsentieren konnte, was u.a. daran lag, daß er bei seinen unzähligen Clubauftritten unter dem Künstlernamen Texas Guitar auch Top-Forty-Hitparaden-Material spielen mußte, um das Publikum zufriedenzustellen.

Da Winter am Besitz dieser Platten kein Interesse hatte, lernte man die Songs über Radio. Johnny Winter: „Da ich mir nicht all diese Platten kaufen wollte, denn es gab keinen Grund, sie zu besitzen, lernte ich zusammen mit meiner Band Top 40 Material durchs Radiohören."

Obwohl Johnny nach seinen Angaben bis zu seinem vierundzwanzigsten Lebensjahr keinen Freund fand, der den Blues so liebte wie er, so lernte er doch immer wieder neue Musiker kennen, die mit ihm und seinem Bruder spielen wollten. Meistens traten sie im angrenzenden Bundesstaat Louisiana auf, der nur eine halbe Autostunde entfernt lag und einige wesentliche Vorteile zu bieten hatte. Johnny Winter: „Wir spielten sehr oft in Louisiana, bevor ich Texas verließ, weil die Alkoholgesetze besser waren. Die Clubs durften länger geöffnet haben, und sie konnten gemixte Drinks servieren. Du durftest schon mit achtzehn in Louisiana trinken, während du dazu in Texas einundzwanzig sein mußtest. Die Clubbesitzer konnten es sich leisten, Bands viel besser zu bezahlen, so daß wir, wie viele andere Bands, letztendlich öfters in Louisiana als in Texas spielten. So wurden wir stark von der Musik Süd-Louisianas und New Orleans' beeinflußt, in der R & B, Cajun und Hillbilly verschmolzen. Diese Art von Musik, die nach Fats Domino klang, hatte einen riesigen Einfluß auf alle in dieser Region."

Dennoch, Johnnys Liebe galt vor allem dem Chicago-Blues, und wenn Johnny später immer wieder als typischer Vertreter des Texas-Blues bezeichnet wurde, so ist dies bis auf die lokale Bestimmung nicht korrekt. Johnny Winter meint dazu: „Nun, der alte Chicago- ist wohl so eine Art von elektrifiziertem Mississippi-Blues und für mich einfach viel bluesiger als der Texas-Stil. Texas-Blues war mehr ‚sophisticated'. Er hatte mehr von anderen Einflüssen, wie Country- & Western-Music, Jazz und Western Swing. Später konntest du das von Leuten wie T-Bone Walker und Gatemouth Brown hören. ... Aber ich stand schon immer mehr auf Chicago-Blues. Im Texas-Blues waren für mich etwas zu viele Wiederholungen."

Insofern war es nur logisch, daß es Johnny zur Geburtsstätte des Chicago-Blues zog. Hatte er doch mittlerweile in Clubs wie dem Raven Bluesgitarristen wie Junior Parker, Bobby Bland und B. B. King gesehen. Mit letzterem hatte er sogar zusammen gejammt, was damit zusammenhing, daß Johnny viele Freunde hatte, die in Sprechchören B. B. King aufforderten, ihn doch mitspielen zu lassen. Als das tatsächlich passierte, war Johnny der glücklichste Mensch auf der Welt. Nun, im Jahr 1962, beschloß er dorthin zu gehen, wo die harte, urbane Bluesmusik ihre Wiege hatte: Chicago.

Dort besuchte er erst einmal alle Bluesclubs der Stadt, wie das Peppers oder im besonderen das Fickle Pickle, in dem er viele gleichgesinnte Bluesenthusiasten wie Charlie Musselwhite, Barry Goldberg, Paul Butterfield, Harvey Mandel und natürlich Mike Bloomfield traf und mit ihnen jammte. Johnny Winter: „Als ich erwachsen war, wartete ich nur darauf, mit der Schule [angeblich das Lamar College of Technology] fertig zu werden, um nach Chicago gehen zu können, wo alle guten Bluesmusiker waren."

Doch irgendwann zog es ihn wieder nach Texas zurück, was vielleicht damit zusammenhing, daß das wirkliche Chicago nicht seinen rosaroten Traumvorstellungen entsprach. So war die farbige Bevölkerung z.B. mittlerweile gar nicht mehr so an dem alten, ihnen unwürdig erscheinenden Blues interessiert. Johnny Winter erinnert sich: „Mit der Zeit verschwanden die Lightnin' Hopkins- und Muddy Waters-Platten und wurden durch Nina-Simone-Alben ersetzt oder was auch immer gerade als cool galt."

Daheim in Texas begann er dann mit seinem Bruder und weiteren Musikerfreunden unter dem Gruppennamen It and Them (später Johnny Winter & the Black Plague) durch Texas und Louisiana zu touren. Dabei stieß er auf die ersten Musiker, die seine Bluesleidenschaft teilten: den Schlagzeuger Uncle John „Red" Turner und den Bassisten Tommy Shannon! Johnny Winter erinnerte sich: „Sie waren die ersten Musiker, die zu mir kamen und sagten: ‚Wir lieben das, was du machst. Wir kümmern uns nicht darum, ob wir Geld machen, wir wollen nur puren Blues spielen, ob wir es schaffen oder nicht.' Es war das erste Mal, daß ich eine pure Blues-Band hatte. Bis zu diesem Punkt hatte ich Soulmusik, Top 40, Beatles-Musik, halt ein bißchen von allem gespielt."

Der Schritt zu einer reinen Bluesband machte sich zunächst einmal nicht bezahlt. Damit ist jedoch nur die finanzielle Seite gemeint, denn das Trio entwickelte eine so außergewöhnliche

Spielfreude, daß der Produzent Bill Josey sofort eine Platte mit ihnen produzieren wollte. Sie willigten ein und nahmen in Austin, Texas, live, ohne Publikum und mit Hilfe eines transportablen Tonbandgerätes das – natürlich erst nach Johnnys aufsehenerregendem CBS-Vertrag veröffentlichte – Album *The Progressive Blues Experiment* auf, das Johnnys Stil von 1968 charakterisiert. Anschließend reisten Johnny und sein Bruder Edgar in das Land des Bluesbooms, nach England, da sie gehört hatten, die besseren Bluestitel kämen aus England. Johnny hatte keine Arbeitserlaubnis und durfte also nicht auftreten, aber er spielte die Acetates seines Albums vielen Leuten vor, u.a. auch Mike und Richard Vernon. Die beiden bekundeten großes Interesse, und Johnny fuhr kurz vor den geplanten Plattenaufnahmen für Blue Horizon in London noch einmal nach Amerika, um dort die letzten Vorbereitungen zu treffen.

Doch alles kam ganz anders. Was damals geschah, erzählte Johnny Winter so: „Ich hatte bei Blue Horizon nicht unterzeichnet, und als ich in die Staaten zurückkam, gab es diesen Artikel über mich im ‚Rolling Stone‘, über Musiker aus Texas, in dem drinstand, wie viele bekannte und erfolgreiche Musiker aus Texas kommen und wie viele Leute noch in Texas sitzen und dort halb verhungern. Und ich gehörte – so stand es da – zu diesen Leuten, die gut waren, aber am Hungertuch nagten und immer noch in Texas hockten. Da war auch ein Bild von mir mit drin, und als der Artikel erschienen war, riefen Leute von beiden Küsten und aus Europa an und boten mir Verhandlungen an ... und die Angebote wurden immer besser. ... Ich habe mit niemandem einen Kontrakt gemacht, ich habe mich vielmehr zurückgelehnt und abgewartet. Und so kam bald etwas zusammen. Was ich durchsetzen wollte, war künstlerische Freiheit und ein Label, wo ich machen konnte, was ich wollte – ohne Restriktionen. Damals war Clive Davis bei CBS, und Clive ließ mir von sich aus die Freiheit. Also, obwohl mir noch höhere Angebote vorlagen, erschien mir die Plattenfirma CBS als die Gesellschaft, die sich um alles kümmert."

Der Vertrag, den Johnny Winter 1968 im New Yorker CBS-Gebäude unterschrieb, war seinerzeit sensationell und bescherte Johnny Winter, einem bis dahin unbekannten Bluesmusiker, nicht nur künstlerische Freiheit, sondern auch einen Fünfjahresvorschuß in der Höhe von 600 000 Dollar. Doch Johnny war plötzlich nicht nur finanziell gut ausgestattet, er hatte auch eine neue Heimat gefunden. Er blieb in New York und fand dort die Möglichkeit, mit den unterschiedlichsten Musikern zu jammen, wobei das Scene sein bevorzugter Club wurde. In diesem Club entstand auch ein nie zur Veröffentlichung vorgesehener Konzertmitschnitt (mit Hilfe eines Stereo-Tonbandgerätes), der Anfang der achtziger Jahre legal als *Woke Up This Morning And Found Myself Dead* erschien. Auf dieser ausgelassenen Jam-LP, die deutlich von Jimi Hendrix' Gitarrenspiel bestimmt wird, soll laut den Covernotes auch Johnny Winter mit von der Partie sein, was dieser jedoch – aus welchen Gründen auch immer – später nicht bestätigte. Es steht jedoch fest, daß Jimi und Johnny in dieser Zeit öfters gejammt haben.

Johnny Winter erzählte: „Wir spielten auf einem Benefizkonzert für Tim Leary im Village Gate in New York und im Scene Club. Wenn der Club geschlossen wurde, gingen wir öfter in ein Studio, wo er regelmäßig Aufnahmezeit gebucht hatte. In dieser Zeit war Jimi wirklich fasziniert vom alten Bottleneck-Blues-Stil. So spielten wir dort einige Stunden, ließen den Engineer einfach die Tonbänder rollen und jammten drauflos. Wir spielten keine bestimmten Stücke, es war einfach ein ausgedehntes Gitarren-Work-Out. Ich meine, du konntest dem Mann einfach nichts Neues zeigen. Es war einfach so, daß Jimi zuschaute, was ich mit dem Bottleneck machte, wenn ich spielte. Alles, was ich machte, war nicht weniger und nicht mehr, als ihm die Basistechnik zu demonstrieren. Wir saßen tatsächlich nie herum und sprachen über den Sinn des Lebens oder über die Frau und die Kinder. Es ging immer beträchtlich mehr um Musik. Wenn wir spielten, hatten wir das Problem, daß der eine das Gitarrenspiel des anderen so stark respektierte, daß wir uns beide zurücklehnten und darauf warteten, daß der ander Lead spielte."

Johnny bedauert noch heute, daß aus diesen Jamsessions nie Aufnahmen veröffentlicht wurden, weil Titel wie *The Things I Used To Do* (nur auf Bootleg veröffentlicht) „wesentlich besser waren als so manches Material, was nach seinem Tod veröffentlicht wurde" (Johnny Winter). In einem Interview mit dem „New Musical Express" aus dem Jahr 1971 betonte Johnny Winter sogar, daß er keine Tantiemen-Forderungen stellen würde, falls diese Aufnahmen irgendwann einmal veröffentlicht werden sollten, da er froh wäre, wenn dies überhaupt geschehen würde.

Doch zurück ins Jahr 1969, in dem es für Johnny einige erfreuliche Auswirkungen seines medienträchtigen CBS-Vertrags und einige weniger erfreuliche Ereignisse zu verzeichnen gibt. Zu den erfreulichen Dingen gehört Johnnys Auftritt vor dem sicherlich größten Publikum, das er jemals haben sollte. Er spielte nämlich beim Woodstock-Festival, was ihm zudem noch eine extrem hohe Gage einbrachte. Einen Monat vorher war er bereits beim altehrwürdigen Newport-Jazz-Festival aufgetreten, wo er das Publikum mit einer der besten Liveversionen seines weit über zehnminütigen Blues' *It's My Own Fault* zu wahren Begeisterungsstürmen hinriß. Außerdem traf er dort erneut auf B. B. King, der ihn immer unterstützt hatte und mit dem er wiederum jammte.

Johnny Winter: „Damals hatte B. B. King zu mir gesagt: ‚Mann, du bist großartig! Mach so weiter, und du wirst eines Tages erfolgreich sein.' Jetzt erinnerte er sich sofort an mich, umarmte mich und sagte all diese großartigen Sachen in all den Interviews über mich. Er half mir wirklich sehr – eine großartige Person."

Doch, wie gesagt, es gab auch weniger Erfreuliches. So brachte z.B. die Plattenfirma Liberty Anfang des Jahres, also noch vor dem Erscheinen des ersten CBS-Albums, die schon genannte LP *The Progressive Blues Experiment* heraus, die das kurzzeitig hochgepuschte Interesse des Rockpublikums fürs erste befriedigte. CBS war jedoch klug genug, diesen Tiefschlag einzustecken und nicht das erste „echte" Johnny-Winter-Album auf CBS in einer Kurzschlußreaktion in einen sinnlosen Konkurrenzkampf zu schicken. Erst ein halbes Jahr später brachte CBS das eigentliche – selbstsicher *Johnny Winter* getaufte – Debütalbum heraus, das aufgrund der klugen Marketingstrategien einen für ein solch puristisches Blueswerk (auf einem Titel wirken sogar Willie Dixon und Walter Horton mit) erstaunlichen Erfolg verbuchen konnte.

Vielleicht konnte es sich Johnny Winter deshalb leisten, seine Ehrlichkeit als Bluesmusiker auf seinem zweiten Album, *Second*

Winter, auch auf das Plattenkonzept auszudehnen. Will heißen, Johnny bot auf diesem sicher ersten Doppelalbum der Musikgeschichte mit nur drei Seiten – wie er selber auf den Covernotes schrieb – nicht mehr und nicht weniger als alle Songs, die man in Nashville eingespielt hatte. In diesen Covernotes berichtet Johnny darüber hinaus, daß man „geplant hatte, soviel Material aufzunehmen wie nur möglich, um daraus das Beste auszuwählen und ein reguläres Einzelalbum zusammenzustellen". Natürlich stellte sich am Ende heraus, daß man nichts fortlassen konnte und wollte, und um das Material nicht dynamiklos auf einer Einzel-LP zu verpulvern (Dynamikverlust wird zum Problem, je enger die Füllschrift wird), veröffentlichte man es in der eben genannten Form. Nun stellt sich natürlich die Frage, ob sich das gelohnt hat. Im Prinzip ja, denn bis auf die ein wenig zu originalgetreu interpretierten Rock'n'Roll-Klassiker *Slippin' And Slidin', Miss Ann* und *Johnny B. Goode* bot das Album Bluesrock vom Feinsten und eine einzigartige Häufung von Johnny-Winter-Kompositionen (insgesamt fünf), von denen besonders *I Love Everybody* und *Hustled Down In Texas* mehr als hervorragend waren. Zwei der anderen Johnny-Winter-Titel waren dagegen zum einen kompositorisch (das jazzige *I Hate Everybody)* und zum anderen instrumental (das spinettartige Keyboard auf *I'm Not Sure)* von seinem Bruder Edgar geprägt, der bereits auf drei Stücken des vorhergegangenen Albums mitgewirkt hatte. Die letzte Komposition aus Johnnys Feder ist *Fast Life Rider,* die auf einem holperigen Trommelrhythmus basiert, den Johnny zu ausgedehnten Gitarrenimprovisationen, z.T. mit dem Wah-Wah-Pedal, nutzt. Dieses Effektgerät kam auch auf den Titeln *Hustled Down In Texas* und *The Good One* eindrucksvoll zum Einsatz.

Dennoch verbannte er das Wah-Wah-Pedal wenig später wieder aus seinem Equipment, da es ihm für seine Spielweise zuviel Verzierungscharakter hatte. Doch es gab auch noch einen anderen Grund für diese Entscheidung, wie Johnny 1979 erzählte: „Vor Jahren habe ich das Wah-Wah-Pedal für ein Album und eine Tour benutzt, aber irgendwie gehen die Effekte zu oft kaputt. ... immer läuft was nicht, und wenn du 'ne Menge Effektgeräte hast, sitzt du immer da und versuchst herauszufinden, was mit den Dingern los ist, und das kann ich nicht brauchen. Ich mag es, wenn die Dinge einfach sind. Ich benutzte schon mal einen MXE Phase Shifter; sie machen keinen Ärger und sind irgendwie ganz nett. Damit kannst du diesen Orgel-Vibrato-Ton hinkriegen oder so einen Spacy-Effekt. In diese Richtung gehen die Effekte, die ich schätze."

Doch während wir auf dem Album *Second Winter* zum letzten Mal die Spielweise mit Wah-Wah-Pedal hören sollten, kam der Spielweise mit Bottleneck auf den Titeln *I Love Everybody, Slippin' And Slidin'* und der beschleunigten Coverversion des Bob-Dylan-Klassikers *Highway 61 Revisited* erstmalig tragende Funktion zu. Der letztgenannte Song wurde dabei zu dem bis heute auf Tourneen bevorzugten „Vehikel" für seinen einzigartigen Slidestil, dessen Rasanz mit der Verwendung von offenen Stimmungen und eines über den kleinen (!) Finger gestülpten Bottlenecks zusammenhing. Bereits Robert Johnson hatte diese Technik, die es erlaubt, mit den anderen drei Fingern Akkorde greifen zu können, benutzt, doch erst Johnny erreichte damit eine schwindelerregende Schnelligkeit. Da Johnnys Slidespiel, für das er seit Ende der sechziger Jahre das stets gleiche Rohrstückchen benutzt, ein ständiges Wiederaufsetzen eben dieses Bottlenecks auf die Saiten voraussetzt, muß Johnny mit einer extrem hohen Saitenlage spielen, damit die Saiten nicht „scheppernd" die Bühne berühren. Zu diesem Zweck spielte er eine lange Zeit auf zwölfsaitigen Fender-Gitarren, die jedoch nur mit sechs Saiten bestückt waren. Interessant ist in diesem Zusammenhang auch, daß Johnny einen eigenständigen Bottleneckstil entwickelte, wenngleich er erst recht spät mit dem Bottleneckspiel begonnen hatte. Nach seinen eigenen Angaben war er erst 1967/68 soweit, daß er das Wichtigste im Bottleneckspiel beherrschte. Zu dieser Zeit hatte er übrigens auch sein Fingervibrato entwickelt, nachdem er jahrelang alles mit dem Tremolo bewerkstelligt hatte. Doch zurück zu dem Album *Second Winter*. Es ist erstaunlich und erklärlich zugleich, daß zwei Stücke ausgeblendet wurden, obwohl noch genügend Platz auf dieser dreiseitigen Doppel-LP vorhanden war.

Dennoch hat Johnny mit dieser Platte bis auf die drei etwas schwachbrüstigen Rock'n'Roll-Stücke sein sicher schönstes Bluesrock-Album vorgelegt.

Doch die Tage mit der alten Blues-Rhythmusgruppe, mit Tommy Shannon und „Uncle" John Turner, die auch auf den beiden CBS-Alben mitwirkten, waren gezählt, da Johnny Winter sich musikalisch weiterentwickeln wollte und mit der Band dazu keine Möglichkeit sah. Ein anderer, vielleicht sogar wichtigerer Grund für Johnnys Trennung von seinen Mitstreitern war in den Auswirkungen der Superstar-Rolle zu finden, in die sie gerieten. Johnny Winter kommentiert: „Wir starteten als weiße Country-Blues-Gruppe, aber dann kam dieser ganze unechte Mist. ... Die Leute dachten, wir wären eine neue Jimi Hendrix Experience oder Cream. Aber wir waren es nicht. Wir waren nur eine Bluesgruppe, und die Band war für das wirklich gut. Die Leute machten sie kaputt, weil die Publicity sie glauben gemacht hatte, daß sie so etwas wie eine Supergruppe war." Das war um so trauriger, als die nächste Bandformation nicht annähernd so überzeugend im Aufnahmestudio musizierte wie die vorhergegangene. Wahrscheinlich lag das an der entscheidenden, eigentlich vielversprechenden Änderung der Bandkonzeption, die Johnny folgendermaßen umriß: „Ich will eine Band, in der die anderen Musiker ihre Ideen und Kompositionen einbringen und keine Sidemen sind wie Tommy und Uncle John."

Leider suchte er sich für die Realisation dieser vielversprechenden Idee mit den von Steve Paul betreuten McCoys, die aus Rick Derringer (Leadgitarre), Randy Hobbs (Baß) und Randy Z. (Drums) bestanden, die falsche Besetzung aus. Falsch, weil die erste, 1971 erschienene LP *Johnny Winter And* (Hinter dem And verbargen sich die McCoys) zum künstlerischen Desaster geriet. Besonders Rick Derringer schien der Forderung nach „eigenen eingebrachten Ideen und Songs" so massiv nachgekommen zu sein, daß er Johnny Winter auf seiner eigenen Platte zum Mitmusiker und Sänger degradierte. Zudem hatte Rick Derringer auch bei der Produktion seine Finger im Spiel (wie auch Edgar Winter), und während die ersten beiden von Johnny Winter produzierten CBS-Alben ausgesprochen ehrlich, ungekünstelt und voller Atmosphäre waren, so klang dieses Album kraftlos, als wäre die Energie der Band in den Korkwänden der Studios sinnlos verpufft. Die irgendwie verkrampfte Produktionsweise verstärkte den fragwürdigen Eindruck noch, den die seltsam im Niemandsland zwischen Rock'n'Roll und Blues und der Nachahmung von anderen Rockbands angesiedelte LP beim Hörer hinterließ.

Selbstbewußt sagte Rick Derringer später, „daß er Johnny bei der Verwirklichung dessen geholfen habe, was er aufgrund seines fehlenden technischen Wissens nicht machen konnte". Ob dem wirklich so wahr? – Rick Derringer war es jedenfalls auch, der dem seinerzeit immer noch auf einer alten Fender Mustang spielenden Johnny Winter die Gibson Firebird empfahl, die für etwa ein Jahrzehnt seine absolut präferierte Gitarre wurde.

Die LP *Johnny Winter And* war weder Blues noch Rock'n'Roll. Gerade auf diesen beiden musikalischen Gebieten war Johnny jedoch immer am eindrucksvollsten, und so kann man rätseln, ob nun das der Grund war, weshalb diese LP zur schlechtverkauftesten LP in Johnnys Karriere wurde, oder ob es daran lag, daß ein Großteil des Rockpublikums mit seinem Schubladendenken davon ausging, daß Johnny Winter mit der „Bubblegum"-Band The McCoys (ihr größter Hit war *Hang On Sloopy*) künstlerischen Ausverkauf betreibe. Eindeutig ist jedoch, wie Johnny Winter später (1987) über dieses Album dachte: „Diese Platte hat mich ins Krankenhaus gebracht."

Was ihn ins Krankenhaus brachte, war Heroin, und vielleicht ist auf Johnnys Heroinkonsum auch die Unentschlossenheit und Kommerzialität zurückzuführen, von der die Platte geprägt war. Die Droge schien ihm ein Fluchtweg aus dem unnatürlichen Leben als Superstar zu sein. Johnny Winter erinnert sich: „Es war eine einsame Zeit. Die Leute, die ich traf, waren alle hinter irgend etwas her. Sie saugten einen seelisch und körperlich aus: Leih mir was, gib mir was von deinem Haar, schlaf mit mir, zeig mir, wie man Gitarre spielt, wie machst du dies und das? Es gab keine Zeit zum Schlafen, für die Freunde oder für normale Sachen wie Fernsehen gucken und essen. Nachdem ich drei Jahre so gelebt hatte, erkannte ich, daß ich nicht mehr in der Lage wäre, mit mir klarzukommen, wenn ich nicht alles, das Busineß, die Leute, die Drogen und den ganzen Rest, wenigstens für eine Weile hinter mir ließe."

Tatsächlich zog Johnny Winter Mitte 1971 die Konsequenzen und ging aus eigener Kraft in ein Krankenhaus, um eine Entziehungskur mit Psychotherapie durchzuführen.

In dem knappen Jahr, in dem sich Johnny von seiner Heroinsucht befreite, erschien zur Überbrückung das in einem Vergnügungspark in Florida und im Fillmore East aufgenommene Album *Live Johnny Winter And*, das vollkommen zu Recht zu dem bestverkauften Johnny-Winter-Album überhaupt wurde. Johnny Winters Band And, die zum Zeitpunkt des Konzertmitschnitts bereits einen neuen Schlagzeuger namens Bobby Caldwell aufwies (Johnny Winter: „Randy Z. war durchgedreht und lag im Krankenhaus."), agierte mit ungestümer Präzision, was Johnny zu erfindungsreichen und atemberaubend rasanten Gitarrensoli animierte.

Der Opener der LP, *Good Morning Little Schoolgirl*, enthielt schon alles, was die LP auszeichnete: ungestüme Energie und Spielfreude. Auf diesem Titel kam noch hinzu, daß sich Johnnys und Derringers Gitarrensoli spannungsvoll überlagerten. Auf dieser LP fand man z.B. eine kraftstrotzende, mit fingerflinken Gitarrensoli aufgeladene Version von *Jumpin' Jack Flash*, die die Live-Version der Rolling Stones in puncto Energie und Wucht weit hinter sich ließ. Doch den eigentlichen Höhepunkt der LP bildete der zwölfminütige langsame Blues *It's My Own Fault*, auf dem Johnny sein meisterhaftes Können zelebrierte, durch die Kraft von anschwellenden Notenkaskaden und aberwitzigen Läufen durch die Bluestonleitern emotionale Klimaxbögen zu schaffen, die ihre Wirkung auf den Zuhörer nicht verfehlten: Man wünschte sich, daß dieser Blues noch länger dauerte, was er in der originalen Live-Version auch tat. Rick Derringer erzählte nämlich, daß dieses Live-Album zuerst als Doppelalbum geplant gewesen sei. Da sich die Studio-LP *Johnny Winter And* jedoch so schlecht verkaufte, mußte man die Doppel-LP auf Geheiß der Plattenfirma auf eine Einzel-LP zusammenschneiden. *It's My Own Fault* schrumpfte dabei von zweiundzwanzig Minuten auf weniger als die Hälfte!

Erst 1972 betrat Johnny wieder eine Konzertbühne. Ein Konzert seines Bruder Edgar und dessen Band White Trash gab ihm dazu Gelegenheit. Johnny Winter: „Ich hatte seit 6 Monaten vor keinem Publikum mehr gespielt. In der Tat hatte ich noch nicht einmal für mich selbst Gitarre gespielt: Erst 3 oder 4 Tage bevor ich wußte, daß ich nach New York fahren würde, um Edgar zu sehen. Bis dahin wollte ich nicht spielen. Es war wirklich erschreckend. Ich hatte immer gespielt, wirklich immer." Daß Johnny tatsächlich noch etwas „ungeübt" auf der Gitarre war, konnte man anhand des Doppel-Live-Albums *Roadwork* überprüfen, auf dem mit *Rock'n'Roll Hootchie Coo* der Titel enthalten war, den Johnny zusammen mit White Trash spielte. Witzigerweise erzählte er später von diesem Titel, der in seiner Studioversion einen der wenigen Höhepunkte auf *Johnny Winter And* darstellte, daß er „ihn nicht leiden konnte".

Jedenfalls hatte sich Johnny Winter mit diesem Titel zurückgemeldet. Nun hatte er wieder Blut geleckt, jammte noch in demselben Jahr mit den Allman Brothers im Hollywood Bowl (6.8.1972), und bereits im folgenden Jahr wurde eine neue Johnny-Winter-LP mit dem beziehungsreichen Titel *Still Alive And Well* veröffentlicht. Allerdings ist der von Rick Derringer komponierte Titelsong der LP (eine Live-Version findet sich auch auf *Roadwork)* nicht – wie oft behauptet – Johnny und seiner erfolgreichen Gesundung gewidmet. Vielmehr ging es um den Komponisten selber, was Johnny so erzählte: „Rick schrieb den Song mit einer gewissen Prahlerei. Er handelte von Leuten wie mir, Duane [Allman] und Jimi [Hendrix]. Rick wollte sagen, daß er stolz darauf war, daß er nicht die Probleme hatte, die wir hatten."

Rick Derringer trat auf den ersten drei Alben, die auf Johnny Winters Entziehungskur folgten, z.T. als Komponist und als Musiker und bei den ersten beiden Alben sogar als Produzent in Erscheinung. Das konnte natürlich nicht ohne Folgen für die Musik bleiben, die Johnny Winter zusammen mit seinen Mitmusikern Randy Jo Hobbs (Baß) und Richard Hughes (Drums) präsentierte. Relativ harte Rockrhythmen dominierten und zwangen den subtilen Bluesrock, zu dem Johnny, wie *Second Winter* zeigt, durchaus fähig war, nicht selten in die Knie.

Was die Bewertung der Alben *Still Alive And Well* (1973), *Saints And Sinners* (1974) und *John Dawson Winter III* (1974) angeht, so kann man auf ein nur allzu wahres, im „New Musical Express" überliefertes Zitat von Johnny Winter zurückgreifen: „Entweder die Leute mögen mich oder sie hassen mich. Sie denken entweder, daß ich Gott oder daß ich Schund bin." Genau das prägte auch die journalistische Rockkritik. Es gab nur die beiden Extreme. Entweder wurden die Platten himmelhoch gelobt oder von vorn bis hinten verrissen, sofern sie nicht einfach ignoriert wurden.

Wie so oft, lag die Wahrheit in der Mitte, denn alle drei LPs hatten sowohl ihre unbestreitbaren Stärken, aber auch ihre Schwächen. Das Problem war der Abwechslungsreichtum der einzelnen LPs, der zuwenig von Johnny Winter selbst motiviert schien. In Titeln mit härterem Rockeinschlag, wie z.B. *All Tore Down* (auf *Still Alive And Well),* spürt man den nicht gerade positiven Einfluß von Rick Derringer, zu dem sich auf den folgenden LPs *Saints And Sinners* und *John Dawson Winter III* noch der schädliche Einfluß des „kleinen" Bruders Edgar gesellt, der mit unangenehmen Bläser-, Streicher-, Chor- und Keyboard-Arrangements einige Titel richtiggehend kaputtmacht. Auf den Einfluß seines Bruder muß es auch zurückzuführen sein, daß sich Johnny des Songmaterials von Komponisten wie Allen Toussaint, Cynthia Weil & Barry Mann und sogar Van Morrison annahm, was natürlich nicht immer sehr glücklich ausging.

Am überzeugendsten war Johnny immer dann, wenn er unverfälscht sein eigenes Material interpretierte, weshalb es erstaunlich war, daß sich Johnny selber für keinen begabten Songschreiber hielt. Der Country-Titel *Love Song To Me (*von *John Dawson Winter III),* die Bluesrocktitel *Bad Luck Situation* (von *Saints & Sinners)* und *Rock'n'Roll* (von *Still Alive And Well)* sowie die grandiose Ballade *Stranger* (von *John Dawson Winter III)* bewiesen das schlagend.

Den Grundstock der LPs bildeten jedoch Kompositionen aus der Feder von Chuck Berry, Jerry Leiber & Mike Stoller, Mick Jagger & Keith Richards (deren *Silver Train* er noch vor ihnen aufnehmen durfte; auf *Still Alive And Well),* Mark James, Rick Derringer und einigen anderen. Besonders zwei Coversongs waren außergewöhnlich gelungen: zum einen John Lennons *Rock'n'Roll People* und zum anderen *Led It Bleed* von den Rolling Stones, dessen reizvolle Bluesperspektiven man erst in seiner Version entdeckt. Wenngleich Johnny zu stärkeren Alben fähig gewesen wäre, so waren diese Platten wesentlich überzeugender und urwüchsiger als vieles, was in der ersten Hälfte der

Siebziger Jahre den Plattenmarkt unter dem Prädikat „Erdiger Rock" überschwemmte. Und zu guter Letzt waren da ja immer noch, vor allem auf *John Dawson Winter III,* Johnny Winters einzigartige Gitarrensoli!

Mit dem Stichwort Gitarrensoli sind wir schon bei Johnnys nächster LP, die – wie der Titel *Captured Live* schon ausdrückt – live, und zwar an drei verschiedenen Orten aufgenommen wurde. Diese 1976 erschienene LP präsentierte erstmalig Floyd Randford, der bereits seit 1973 als Rhythmus- und Leadgitarrist zu Johnny Winters Tourneeband gehörte und Johnny Winter live aufgrund seiner außergewöhnlichen Virtuosität zu schwindelerregend beschleunigter Gitarrenarbeit inspirierte. Genau das hielt die außergewöhnlich gut produzierte Live-LP in allen Facetten fest, wobei das Zusammenspiel zwischen Floyd Randford und Johnny Winter sowie der Rhythmusgruppe absolut ideal war. Spielfreude sprüht aus jeder Vinylrille, und wenn man diese LP unter die zehn besten gitarrenorientierten Live-LPs der Rockgeschichte einordnet, liegt man absolut richtig. Was Johnny z.B. auf der zehnminütigen Live-Version von *Highway 61 Revisited* auf der Slidegitarre anstellt, ist unbeschreiblich und ganz und gar einzigartig. Mit dem von Johnny komponierten *Sweet Papa John,* das in der Studio-Version auf *John Dawson Winter III* zu finden ist, gibt es auch einen langsamen Blues, der mit der Länge von zwölf Minuten alle Gelüste nach langen Gitarrenmonologen befriedigen kann. Traurig war an diesem Album eigentlich nur, daß es mal wieder kein Doppel-Live-Album geworden war. Wer von Johnny Winter noch nie etwas vernommen hatte, war nach dem Hören dieser LP entweder ein absoluter Fan oder jemand, der Johnnys Art von Musik nicht ausstehen konnte.

Wer ein Fan geworden war, der konnte seinen Durst nicht gerade durch die im gleichen Jahr erschienene Live-LP *Edgar & Johnny Winter Together* stillen, die kurz gesagt so schlecht wie *Captured Live* großartig ist. Denn außer *Jimmy Reed Blues, Baby Watcha Want Me To Do,* auf dem Johnny mit einigen schönen Soli brilliert, werden fast ausschließlich Rock'n'Roll-Klassiker, die durch die lärmende Besetzung mit zwei Schlagzeugern, drei Gitarristen (J. Winter, R. Derringer und F. Radford) und dem nervenden manierierten Gesang von Edgar viel von ihrer Subtilität verloren haben, zum besten gegeben. Nach dieser Platte wußte man ziemlich genau, warum Johnny und Edgar musikalisch so wenig unternahmen: Während Johnnys Musik aus dem Bauch kam, ging bei Edgar alles über den Kopf. Doch es gab noch einen anderen Unterschied zwischen ihnen, der deutlich wird, wenn man die Solo-LPs der beiden Brüder vergleicht. Edgar war jemand, der sich beim Publikum anbiederte und über alle Maßen kompromißbereit war, nur um dem Publikum zu gefallen, während Johnny kompromißlos nur die Musik machte, die ihm gefiel und zu der er auch hundertprozentig stehen konnte, selbst wenn sie nicht das war, womit man großartige Plattenverkäufe erzielen konnte.

Sein nächster Lebensabschnitt, in dem Muddy Waters in jeder Beziehung eine zentrale Rolle spielen sollte, macht das sehr deutlich. Denn obschon der Chicago-Blues von Muddy Waters in der zweiten Hälfte der siebziger Jahre unpopulärer denn je war, nahm Johnny Winter die Blueslegende Muddy Waters 1976 für sein eigenes Label Blue Sky unter Vertrag. Bereits ein Jahr vorher hatten sich die beiden nach einer längeren Zeit wiedergesehen und dabei festgestellt, wie gut sie menschlich und musikalisch harmonierten. Aus der anfangs von tiefem Respekt geprägten Freundschaft wurde mit der Zeit ein richtiggehendes Vater-Sohn-Verhältnis, das sich außergewöhnlich positiv auf die vier Muddy-Waters-LPs auf Blue Sky auswirkte. Johnny Winter fungierte auf diesen Alben als Gitarrist und geschickter Produzent, der es fertigbrachte, den klassischen Chicago-Bluessound mit den moderneren Aufnahmegeräten zu erzeugen. Doch nicht nur der Produktionssound, sondern auch die Produktionsmethode beschwor die Zeiten des alten Chicago-Blues herauf. Die erste LP, *Hard Again,* von 1977 wurde beispielsweise innerhalb von zwei Tagen ohne jegliche Overdubs eingespielt. Interessanterweise hielt Muddy Waters dieses Album, das auch mit einem Grammy ausgezeichnet wurde, zusammen mit der LP *The Best of Muddy Waters* für sein bestes Plattenwerk überhaupt. Auch die folgenden Alben *I'm Ready* (1978), *Muddy „Mississippi" Waters* (1979) und *King Bee* (1981) wurden mit dem Grammy ausgezeichnet, was wieder einmal deutlich macht, daß man auch Erfolg haben kann, ohne kommerzielle Kompromisse einzugehen.

Für Johnny Winter wurde die Zusammenarbeit mit Muddy Waters, die nicht nur die Plattenproduktionen, sondern auch eine ausgedehnte Tournee im Jahr 1977 umschloß, zu einer wesentlichen Inspirationsquelle, die ihn zu seinen musikalischen Wurzeln zurückführte. Johnny Winter erklärte: „Ich hatte eigentlich nie aufgehört, Blues zu spielen. Ich gestaltete ihn nur etwas rockiger. Am Anfang fand ich das gar nicht mal so schlecht. Ich mochte die Rockmusik mit Rick [Derringer], aber nach ein paar Jahren merkte ich, daß es doch nicht sehr viel mit Musik zu tun hatte, was ich da machte. Ich begann den Blues zu vermissen. Bis ich anfing, Muddy Waters zu produzieren, hatte ich auch gar nicht darüber nachgedacht, ob es irgend jemanden kümmerte, daß ich keinen reinen Blues mehr machte. Aber die Arbeit mit Muddy Waters bestärkte mich darin, daß das einzige, was mich glücklich machen konnte, der Blues war. Ich hatte zwar immer Blueselemente benutzt, aber nicht mit der Intensität, wie ich es eigentlich wollte und … ich brauchte es wieder!"

Dementsprechend hieß die musikalische und in Vinyl gepreßte Umsetzung dieses Statements *Nothin' But The Blues*. Obwohl sich dieses mit der Muddy-Waters-Band eingespielte Album mit nur 150 000 Exemplaren nur halb so oft verkaufte wie die vorhergegangenen Rock/Bluesrock-Alben, konnte Johnny Winter vollauf zufrieden sein. Ein puristischeres Bluesalbum hatte in den siebziger Jahren wohl kaum ein weißer Blueskünstler veröffentlicht. Doch das eigentlich Erstaunliche war, daß das Album in keiner Weise verkrampft, aufgesetzt oder gezwungen wirkte, und das, obwohl Johnny nicht auf Nummer Sicher gegangen war und auf Klassiker zurückgegriffen hatte, sondern bis auf eine Ausnahme seine eigenen Kompositionen eingespielt hatte. Darüber hinaus war das Album sehr abwechslungsreich und enthielt sogar zwei Titel, auf denen er seine National Steel Gitarre spielte. Seit dem Titel *Dallas* von der ersten CBS-LP hatte man ihn nicht mehr auf dieser „Mülltonne mit Saiten" (Johnny Winter) gehört.

Doch seine neuerwachte Liebe zum Blues zeigte sich nicht nur auf diesem Album. Auch live spiegelte sie sich stark wider. Nach der schon erwähnten Tournee mit Muddy Waters und seiner Band suchte sich Johnny Winter mit dem Schlagzeuger Bob „T" Torello und dem Bassisten Jon Paris zwei extrem fähige Sidemen, mit denen er auf den Tourneen des Jahres 1978 außergewöhnlich viele langsame Bluestitel brachte. Im selben Jahr erschien auch die LP *White, Hot & Blue,* auf der Johnny die letzten Zweifler davon überzeugte, daß der authentische Chicago-Blues auf dem LP-Vorgänger nicht nur durch seine Mitmusiker motiviert war. Auch mit Bobby Torello, der live zum manischen Energiebündel werden konnte, und mit Edgar Winter am Piano gelang es Johnny Winter, ein schönes, originäres, wenngleich nicht unbedingt originelles Bluesalbum zu machen. Das kann jedoch nur bedingt als Kritikpunkt angebracht werden, da Johnny die vielen Blues-klassiker, wie *Walkin' By Myself, Divin' Duck, Messin' With The Kid, Honest I Do* und *Last Night,* die auf diesem Album zu finden sind, in ihren ursprünglichen Versionen viel zu sehr liebte, um sie drastisch umzugestalten. Außerdem darf man eins nicht verges-sen: Viele, die sich Johnny-Winter-Platten kauften, konnte man eher zum Rockpublikum zählen, was sicher noch an seiner durch Rick Derringer und Edgar Winter beeinflußten Zeit lag. Diese kannten weder den Blues allzugut, noch hatten sie die Original-versionen dieser Titel schon gehört, so daß Johnny sie mit dem unverfälschten Blues dieser und der vorhergegangenen LP in eine neue Welt entführte und sie vielleicht sogar zu frischgebackenen Bluesenthusiasten machte.

Wie viele Rockfans Johnny Winter auch in Europa hatte, zeigte das für Johnnys Plattenverkäufe in Europa sehr wichtige TV-Konzert anläßlich der vierten Rockpalast-Nacht in der Essener Grugahalle. Johnny hatte eigentlich vorgehabt, ein reines Blues-konzert zu geben, doch da das Publikum lautstark nach Songs wie *Johnny B. Goode* verlangte und, je rockiger es wurde, um so frenetischer klatschte, ließ sich Johnny dazu animieren, ein über zweistündiges Mischkonzert aus Blues- und Rock'n'Roll-Titeln zu geben, dessen hochenergetische Kraft auch noch am Bildschirm absolut unübliche Ausmaße hatte.

Leider verlor dieses auf der Bühne so hochexplosive Trio im Studio viel von seiner Kraft, was Johnny Winters letztes CBS-Album nur zu deutlich belegt. *Raisin' Cain,* wie diese 1980 erschienene LP heißt, besitzt zwar kleine Glanzlichter, wie das an Johnnys texanische Herkunft erinnernde *Bon Ton Roulet* (von Clarence Garlow!) und das mit atmosphärischer Slidegitarre aufgewertete *New York, New York* (von R. Stoner), doch die saft- und kraftlose Coverversion des Bob-Dylan-Klassikers *Like A Rolling Stone* war exemplarisch für die LP, der das gewisse Etwas fehlte. Vielleicht empfand man das aber auch nur deshalb so stark, weil der Rockpalast-Auftritt ein Trio der Sonderklasse präsentiert hatte. Vor allem der auf der Bühne nur so wirbelnde und trommelnde Berserker Bobby Torello entfaltete auf dieser LP gar keinen Charme mehr, obgleich er doch auf Rock-Stücken wie *Don't Hide Your Love* jede Sekunde dazu Gelegenheit gehabt hätte.

1981 erschien dann die schon erwähnte Muddy-Waters-LP *King Bee,* die zur letzten CBS-LP wurde, auf der Johnny Winters Gitarrenspiel zu hören war. CBS verlängerte den Vertrag mit Johnny Winter nicht mehr, und Johnnys Ende der siebziger Jahre in einem Interview geäußerten Wünsche, z.B. Otis Rush für das Blue-Sky-Label unter Vertrag zu nehmen, lösten sich deshalb in Rauch auf. CBS nahm Johnny nicht länger unter Vertrag, weil er Blues spielen wollte. Dieser Wunsch war, zumindest nach Auskunft seines Managements, auch dafür verantwortlich, daß Johnny bis 1984 keine neue Plattenfirma fand. Etwas ungehalten über den Zustand, seine Bluesbotschaft nicht in Vinyl pressen zu können, sagte Johnny 1983: „Wenn mein Management mir bis Ende des Jahres keinen bedeutenden Plattenvertrag vorlegen kann, dann werde ich beginnen, mir ein neues Management zu suchen. Die sagen: ‚Wenn du ein reines Blues-Album machen willst, hat keine Plattenfirma Interesse.' Vielleicht ist das wahr, vielleicht haben sie wirklich kein Interesse, aber es ist für mich schwer zu glauben."

In dem Jahr, in dem Johnny dies sagte, starb Muddy Waters (30. April 1983). Johnny war deshalb eine Zeitlang wie verändert. Auf der Konzertbühne hastete er zusammen mit Jon Paris und seinem neuen Schlagzeuger zwischen Rock'n'Roll und Blues hin und her. Irgendwie wirkte er in den ersten Monaten nach Muddys Tod auf der Bühne wie benommen, kopierte sich in seinem Spiel sehr oft selbst, was er wohl auch selbst merkte, so daß er neue Songs, wie *Red House* oder *Black Cat Bone*, in sein Repertoire nahm, um sich zu motivieren. Johnny Winter erklärt: „Es war, als hätte man seinen Vater verloren. Er war ein so herzlicher und liebenswerter Mensch. Ein Teil meines Herzens wird immer leer sein – und niemand wird diese Leere jemals ausfüllen können, egal mit wie vielen großartigen Bluesleuten ich spiele – Muddy war der eine unter Millionen."

Winter wollte das Gefühl der Ziellosigkeit nach Muddys Tod überwinden, indem er ein gemeinsames Projekt mit Carlos Santana ins Auge faßte. Ähnlich hatte er auch in seiner rastlosen Drogenzeit reagiert, als er 1971 mit Jorma Kaukgnen eine Band namens Kangaroo gründen wollte. Beide Projekte verliefen aber im Sande. Einen Erfolg brachten jedoch die Verhandlungen von Johnny Winters Management mit Bruce Iglauer von Alligator Records. Johnny Winter unterschrieb Anfang 1984 bei Alligator Records, und sein erstes Plattenprojekt wurde dort die in drei Tagen eingespielte Sonny-Terry-LP *Whoopin'*, auf der Johnny Winter als Gitarrist und Produzent fungierte. Auf den Covernotes von Bruce Iglauer war zu lesen, daß Sonny Terry diese Platte als sein Lieblingsalbum bezeichnete, womit Johnnys Einstand gelungen war.

Im selben Jahr erschien mit *Guitar Slinger* seine erste Solo-LP für Alligator, die deutlich von der positiven Stimmung eines Neubeginns geprägt war. Während Johnny auf der Bühne – übrigens bis heute – von Jon Paris und Tom Compton begleitet wurde, unterstützten ihn auf diesem Album und den folgenden Alben Ken Saydak (Keyboards), Johnny B. Gayden (Baß) und Casey Jones (Drums). Diese Musiker liefern einen unaufdringlichen Rahmen, in dem sich Johnnys Gitarrenspiel angenehm entfalten kann, doch daß diese LP so gelungen ist, liegt auch an dem überwiegend erstklassigen Songmaterial, unter dem sich jedoch keine Winter-Komposition befindet. Nach Johnnys Angaben hat man das Bruce Iglauer zu verdanken, der den Coverversionen den Vorzug gab. Bruce Iglauer konnte mitentscheiden, weil die Arbeitsmethode bei Alligator folgendermaßen aussah: „Nachdem wir alles aufgenommen haben – und wir nehmen immer mehr als genug auf –, kommen Bruce, Dick Shurman und ich zusammen und entscheiden, was für die LP am besten ist." (Johnny Winter)

Tatsächlich war die Arbeitssituation für Johnny bei Alligator eine völlig andere als bei CBS, da Bruce Iglauer nicht nur Songs vorschlug und später bei der Auswahl mitbestimmte, sondern auch bei allem anderen, was mit den Plattenprodukten zusammenhing, ein gewichtiges Wörtchen mitzureden hatte. Johnny Winter beschrieb die neue Situation folgendermaßen: „In der Vergangenheit brauchte ich niemanden nach irgend etwas zu fragen. Mein Vertrag mit CBS sicherte mir die totale künstlerische Kontrolle über alles. Bei Alligator kämpfen Bruce Iglauer und ich um alles und jedes. Wir sind beide sehr verbohrt und haben sehr unterschiedliche Meinungen. Bruce hatte zu oft das letzte Wort (Lachen). Wenn da drei Produzenten an einer Sache arbeiten [J. Winter, Bruce Iglauer und Dick Shurman zeichneten für alle drei Alligator-Platten als Produzenten verantwortlich], dann will jeder seinen Teil beitragen, so daß auch jeder zufrieden ist. Und da liegt das Problem. Manchmal gingen wir uns sogar auf die Nerven, wenn ich diesen Drumsound haben wollte, Bruce aber wieder ganz andere Vorstellungen davon hatte. Am Ende mußten wir mit Kompromissen leben, so daß jeder den Drumsound einigermaßen gut fand. Das ist jetzt nur ein Beispiel, aber so geht das."

Während Johnny auf seinem Debütalbum auf Alligator ganz sicher vieles von seinen Soundvorstellungen realisieren konnte, litt die zweite Alligator-Platte *Serious Business,* die ein Jahr später erschien, deutlich darunter, daß Bruce Iglauer bezüglich des Sounds mehr zu sagen hatte. Die Sterilität, die Bruce Iglauer durch seine Produktionsvorstellungen schon auf Platten anderer Alligator-Künstler gefördert hatte (z.B. bei Lonnie Mack), war auch auf diesem Album ausgeprägt. Doch daß *Serious Business* nicht den Charme seines Vorgängers erreicht, hat auch damit zu tun, daß Iglauers Produktionssound den kühlen, leblosen Klang von Johnny Winters neuer Lazer-Gitarre betont, der auf *Guitar Slinger* noch seinen Reiz hatte.

Daß Johnny Winter selber eine höchst zwiespältige Beziehung zu dieser Gitarre hatte, mit der er bis auf Slidestücke seine Gibson Firebird ersetzte, zeigt folgender Interviewausschnitt aus dem „Fachblatt": „Mark Erlewine, der auch für ZZ Top schon so manches Instrument gebaut hat, gab mir ein paar Gitarren, u.a. auch diese Lazer. Er nahm mir dafür doppelt soviel Kohle ab, wie das verdammte Ding überhaupt wert ist .... Und dann hatte er auch noch die Frechheit, mich zu fragen, ob ich nicht Endorser für das Teil spielen wollte. Im Ernst, mir gefiel das Ding deshalb, weil es so schön klein ist und man damit auch in Flugzeugen oder in Bussen spielen kann, wo es bekanntlich sehr eng ist. Zuerst dachte ich gar nicht daran, die Gitarre auch live einzusetzen, aber als ich *Guitar Slider* aufnahm, da kam mir während der Sessions der Gedanke – nachdem mir bei meiner Firebird eine Saite gerissen war –, daß ich diese Lazer ja noch nie über einen Verstärker gehört hatte. Ich schloß das Ding an, und jeder im Studio wunderte sich nur noch, denn der Sound war *just great!* Die Gitarre brachte unheimlich viele Höhen und Transparenz. Für den Rest der Platte habe ich dann die Firebird nicht mehr gebraucht. Klar, da sind ein paar Dinge, die mich stören, es ist ja im Grunde eine vollkommen billige Gitarre. Zuerst fiel immer das Kabel aus der Buchse, und ich hätte gern einen zweiten Pickup, denn ich mochte den Sound des Halspickups schon immer. Die wichtigsten Dinge haben wir dann repariert, so daß die Lazer auf der Bühne gespielt werden kann. Es ist aber immer noch der gleiche Pickup drin. Für Slidesachen ist die Gitarre wiederum zu höhenreich, so daß ich dann immer wieder die Firebird nehme. Ehrlich, ich würde keine Werbung für die Lazer machen, es ist wirklich ein billiges Stück Scheiße, aber ich spiele sie nun, weil ich mich daran gewöhnt habe."

Tatsächlich hatte sich Johnny Winter so schnell an diese Gitarre gewöhnt, daß er schon auf dem Album *Serious Business* wie ein Demonstrationsgitarrist von Lazer klang, der dem staunenden Publikum zeigen will, wie schnell man auf dieser Gitarre sein kann. Ein Titel der LP heißt *Master Mechanic,* und dies umschreibt treffend, wie Johnnys Gitarrenspiel auf dieser LP wirkt. Wenn Johnny immer schon dazu neigte, in allzu beschleunigtes Gitarrenspiel zu verfallen, so wurde er durch diese Gitarre, die auf der Bühne sein zerbrechliches Äußeres unterstrich, dazu verleitet, mit den Fingern so hyperrasant über das Griffbrett zu huschen, daß die typischen Johnny-Winter-Licks nicht selten wie mechanisch reproduziert und ausgespuckt wirkten. Das Problem war, daß diese Gitarre nicht nur äußerlich und soundbezogen jeglichen Charme vermissen ließ, sondern auch in der Bespielbarkeit nicht den geringsten Widerstand entgegenbrachte. Doch da der Blues nun einmal von menschlichen Ecken und Kanten lebt, war es nur eine Sache der Zeit, bis Johnny von dieser Gitarre genug hatte. Dennoch war es für ihn nicht einfach, von dieser Gitarre wegzukommen, wie ein Ausschnitt aus einem Interview zeigt, das kurz nach dem Erscheinen seiner gelungenen LP *3rd Degree* geführt wurde: „Ich halte nach einer neuen Gitarre Ausschau. Nach drei Jahren ermüdet mich der immer gleiche Sound allmählich. Ich versuchte einige andere Gitarren während der Sessions, aber es endete damit, daß ich die Lazer auf den meisten Stücken benutzte, weil ich an sie so gewöhnt war. Ich konnte auf keiner der anderen Gitarren, die ich hatte, spielen (lacht)."

Doch den Abstand, den Johnny zu seiner Lazer-Gitarre gewonnen hatte, spürte man auf der 1986 erschienenen LP *3rd Degree* sehr positiv. Noch eine Reihe weiterer Faktoren formten sie zu einem abwechslungsreichen und inspirierten Bluesalbum. Zum einen standen Johnny auf drei Titeln seine ehemaligen Bluesmitstreiter „Uncle" John, „Red" Turner und Tommy Shannon zur Seite, zum anderen hatte er für zwei Titel zu seiner alten National-Steelgitarre gegriffen, auf der er, wie er in den Cover-notes berichtet, „einen Monat (in einem Interview mit dem ‚Guitar Player' sind es drei Monate) vor der Aufnahme üben mußte, da sie viel schwerer als elektrische Gitarren zu spielen war".

Doch besonders erfreulich war, daß Bruce Iglauer an dieser LP nur als Executive Producer in Erscheinung trat. So war der Sound der LP urwüchsiger und nicht mehr so stark von den kommerziellen Überlegungen Bruce Iglauers geprägt. Woran das lag, erzählte Johnny folgendermaßen: „Mittlerweile haben wir uns nach einigen Diskussionen darauf geeinigt, daß Bruce mehr den geschäftlichen Bereich betreut, den er wirklich gut in der Hand hat, während für den produktionstechnischen Teil Dick und ich zuständig sind, weil wir beide uns wiederum ergänzen, optimal zusammenarbeiten können. Wenn Bruce bei der eigentlichen Produktion mitzureden hat, prallen immer gegensätzliche Meinungen aufeinander, und dann gibt es schon mal Situationen, die von Aggressivität durchzogen sind."

Zwei Jahre nach *3rd Degree* zog Johnny die Konsequenzen aus seinen Meinungsverschiedenheiten mit Bruce Iglauer. Er verließ für seine neue LP *The Winter Of 88* das Alligator Label und ging zur Major Company MCA. Zusammen mit Tom Compton und Jon Paris, also in klassischer Trio-Besetzung, nahm er das leider nur in negativer Hinsicht klassische Album auf. Neue Ideen erschöpften sich in der total deplazierten Verwendung von Drum-Synthesizer-Rhythmen zu Beginn des LP-Openers *Close To Me,* den man damit anscheinend für eine Single-Auskopplung reif machen wollte. Von diesem Song bis zu dem Schlußtitel *Look Away,* hinter dem sich musikalisch nichts anderes verbirgt als eine ziemlich ungeschickte Adaption des Klassikers *Susie Q,* fehlen der LP neue zündende Ideen. So ragen allein der ruhige Song *Rain* und die Jerry Williams-Komposition *Anything For Your Love* aus dem durchschnittlichen Allerlei hervor. Die Tatsache, daß Clapton ein Jahr später für sein Album *Journeyman* auf die Williams-Komposition zurückkam und sie auch noch der Winterschen Version ziemlich ähnlich werden ließ, unterstützen diesen Eindruck. Insgesamt zeigen die sechzehn Alben und die 1988 erschienene Kopplung alter, zum großen Teil unveröffentlichter Tracks aus den Jahren 1965 bis 1968 mit Namen *Birds Can't Row Boats* sehr deutlich, daß Johnnys Qualität und die Art seiner Musik im Studio immer sehr stark davon abhingen, welche Personen und Musiker auf ihn Einfluß hatten. War die erste Hälfte der siebziger Jahre durch den Einfluß von Rick Derringer und Edgar Winter geprägt, so war es Ende der siebziger Jahre die starke Persönlichkeit von Muddy Waters. Die Qualität seiner vorletzten LP, auf der neben den schon erwähnten Mitstreitern auch Dr. John mit von der Partie war, zeigt sehr deutlich, daß Johnny seine besten Arbeiten im Studio abliefert, wenn er von künstlerischen Inspirationsquellen umgeben ist. Insofern ist nur zu hoffen, daß er in den kommenden Jahren auf ähnlich kreative, inspirierende Personen wie Muddy Waters treffen wird, denn sein wahres Talent als Gitarrist entfaltet er fast ausschließlich im Blues: „Für mich ist die Hauptsache, den Blues zu spielen. Aber ich will auch versuchen, irgend etwas zu machen, das kommerziell genug ist, um im Rundfunk gesendet zu werden und vielleicht ein nettes Video zu bekommen. Ich will versuchen, die Musik zu machen, die ich liebe."

Last, but not least

Es ist sehr betrüblich, daß nach den späten Sechzigern, die eine Unmenge von stilbildenden Gitarristen hervorgebracht haben, die sich dem Bluesrock mehr als verpflichtet fühlten, in den Siebzigern und Achtzigern so gut wie keine Gitarristen dieser Sparte hervorgetreten sind. Hype-Aktionen, wie die um den an sich begabten Robert Cray, gaukelten dem normalen Plattenkonsumenten vor, daß auch auf dem Feld der Bluesmusiker keine neuen begabten Bluesgitarristen zu sichten wären. Zwar gibt es tatsächlich bei weitem nicht so viele neue Gitarristen wie in den sechziger Jahren, unter denen jedoch finden sich mittlerweile eine ganz erstaunliche Zahl von neuen Bluesgitarristen-Talenten, zu denen auch einige weiße Gitarristen gehören.

Bereits seit Mitte der sechziger Jahre deutet sich der Trend an, daß sich ein großer Teil der schwarzen Bevölkerung nicht mehr durch den Blues angesprochen fühlt. Die Musik der unterjochten Großväter interessiert sie heute nicht mehr; man empfindet den Blues als alte, überholte Musikform, die dem neugefundenen Selbstwertgefühl nicht mehr entspricht. Viele weiße Bluesmusiker dagegen haben diese Musiktradition weitergeführt. In den Siebzigern wurde der Bluesrock, der in den sechziger Jahren neben vielen modischen Psychedelic-Bands die musikalischen Grundlagen der Rockmusik geliefert hatte, von pompösem Musikgetöse und Musikbombast verdrängt. Gute Gitarristen wie Bugs Henderson und Robben Ford wuchsen in dieser Zeit weitgehend unbemerkt auf.

Da die Aktien der Bluesmusik und somit auch der Bluesrock-Musik mit der Zunahme der Sterilität und Gleichheit der Alltagsmusik steigen müßten, kann man annehmen, daß bald ein großes Blues/Bluesrock-Revival stattfindet. Der relative Erfolg von Robert Cray und Stevie Ray Vaughan sind deutliche Anzeichen einer periodischen Besinnung auf den Blues, der nie

sterben wird. Im folgenden sollen noch einige nicht zu vergessen-
de Gitarristen der alten Sixties-Garde genannt werden, mit der
Hoffnung, daß das Lesevergnügen die Zeit bis zum nächsten
Blues-Revival wesentlich verkürzt.

Ry Cooder

Geb.: 15. März 1947 in Los Angeles/USA

Ry Cooder gehört zu den wenigen Slidegitarristen mit einer
eindeutig identifizierbaren Slidegitarrensprache. Wenngleich er
auf seinen LPs oft als perfektionistischer Blues-, Folk-, Cajun-,
Tex-Mex-Archivar in Erscheinung tritt, so besitzt doch seine
Bottlenecktechnik eine eigene Ästhetik, die das Anhören vieler
dieser gesäuberten, steril klingenden Solo-LPs dennoch reizvoll
macht.

Mit seiner Slidegitarre kann er – wie alle großen Bottleneck-
spieler – Momente absoluter Magie entfachen: Wer aufgrund
seiner intellektuellen oder manchmal auch vollkommen irritierenden Fusionsmusik bis heute Schwierigkeiten hatte, dem Ry-
Cooder-Bazillus anheimzufallen, der sei auf nur zwei Stücke mit
überragendem charismatischem Slidespiel verwiesen: *Struttin'
Down Main Street* von der Fusion-LP *Border Town* und *If Walls
Could Talk* von Ry Cooders LP *Live*. Daß der letztere Titel – wie
einiges, was Ry Cooder gemacht hat – eine Atmosphäre verbrei-
tet, die an Little Feat erinnert, liegt nicht nur daran, daß Lowell
George und Ry Cooder ähnliche musikalische Wurzeln haben,
sondern auch daran, daß sie beide einmal zusammen gespielt
haben. Sie beide nahmen zusammen mit Russ Titelman 1969 die
originale Demo-Version von *Willin'* auf. Außerdem begleitete
man die GTO's auf zwei Titeln ihres Albums.

Doch beginnen wir mit Ry Cooders musikalischer Laufbahn
ganz am Anfang. Ry Cooder erzählt: „Meine Eltern hatten eine
ganze Menge Schallplatten, und die Freunde meines Vaters waren
alle Freunde der Folkmusik. Er spielte ein bißchen viersaitige

Tenor-Gitarre." Ry Cooder war damals gerade vier Jahre alt. Vier Jahre später besaß Cooder bereits seine erste Standard-Gitarre, mit der er zu Platten von Huddie Leadbelly, Woody Guthrie, Sonny Terry und Brownie McGhee spielte, die ihm ein befreundeter Briefträger besorgte. Über die Lehren, die er aus diesen Übungen zog, erzählte er später: „Wenn man kein armer schwarzer Mann aus dem Mississippi-Delta ist, sondern ein weißer Mittelklasse-Junge aus Santa Monica, dann nimmt man die Musik anders in sich auf. Es braucht Jahre, ehe man begreift, was hinter der Musik steckt. Es ist ein Prozeß von Trial and error. Man kann nicht einfach sagen: ‚Jetzt habe ich es, weil ich meine Finger bewegen kann.' Ich arbeitete z.B. an einem Blind-Blake-Song sechs Monate, weil ich sah, daß es sechs Monate brauchen würde, ehe ich überhaupt ich selbst sein und ihn nicht imitieren würde. So gewöhnte ich mich daran, sechs, sieben Stunden dazusitzen und zu spielen."

Ry Cooders Besessenheit wurde so groß, daß er in der Schule „nur auf die Uhr guckte und nichts mehr lernte". Mit vierzehn Jahren fand er dann in Clarence White den ersten Freund, mit dem er auch zusammen spielen konnte. Ry Cooder erinnert sich: „Er war zwei Jahre älter, und er hatte das Talent. Ich versuchte es, aber kriegte nie das Timing hin. Es war meine Ungeschicktheit. Ich saß mit ihm zusammen und spielte mit ihm. Er machte seine Sache und ich meine, und jeder Stil ergänzte den des anderen."

Für Ry Cooder bedeutete das eine wichtige Erfahrung, da man in den fünfziger Jahren nicht viele Möglichkeiten besaß, das Gitarrenspiel anders als durch Platten und Gleichgesinnte zu lernen. Ry Cooder: „Heute kann man Videos darüber bekommen, wie man Slidegitarrenspiel lernen kann. Ich weiß nicht, ob sie überhaupt gut sind, aber in den fünfziger Jahren existierten sie noch nicht einmal. Das Gute an den 50er Jahren war, daß es so schien, als wüßte niemand irgend etwas über irgendwas, was die Sache unheimlich einfach machte."

So spielte es für Ry Cooder eine wichtige Rolle, Künstler live zu erleben, und schon mit vierzehn Jahren sah er im Ash Grove Club Musiker wie Reverend Gary Davies, der ihm auch einige Stunden gab.

Daß sich Cooder so besessen in die Blueswelt vertiefte, hatte mit einer ganz bestimmten Platte zu tun. Ry Cooder erzählt: „Irgendwann bekam ich eine Platte von Big Joe Williams in die Finger, auf der er mit einer neun-saitigen elektrischen Gitarre zu hören ist. Der Kerl war zahnlos, betrunken und drosch nur so auf seiner Gitarre rum – es klang, als wenn er ein Brett schlägt. Und das schlug mich in seinen Bann, weil ich wußte, da steckt was drin. Ich sagte: ‚Das ist gut. Es ist elektrisch verstärkt, laut, und es ist ungewöhnlich und primitiv. Es ist nicht diese pedantische ordentliche Finger-nach-Finger-Geschichte.'"

Ältere Freunde, wie der Musikexperte und Gitarrist John Fahey und der spätere Dr. Demento (Barry Hansen), schärften Cooders Interesse für alle Formen der traditionellen Musik. Die Beschäftigung mit allen wurzelorientierten Musikstilen sollte dann in seinen späteren Solo-LPs eine beherrschende Rolle spielen. Sich musikalisch weiterzubilden, das hieß damals, alle möglichen Clubs aufzusuchen. Genau das tat Cooder natürlich. Er besuchte alle Clubs in der Gegend um Los Angeles, wobei er auch auf Jackie de Shannon stieß, mit dem er eine Zeitlang spielte.

Nachdem er mit einer ganzen Menge lokaler Musiker gejammt hatte, traf er 1965 den farbigen Gitarristen, Sänger und Harpspieler Taj Mahal, mit dem er die Rising Sons gründete. Mit dieser Band zog man „äußerst hoffnungslos" (Cooder) durch die Clubszene von Los Angeles. Ry Cooder erinnert sich: „Dann, eines Abends, hörte ich plötzlich eine rauhe Stimme von der anderen Seite der Bühne: Es war Captain Beefheart. Er lebte in der Wüste und hatte seine Gruppe. Aber er fragte mich, ob ich zu seiner Band stoßen wolle, weil er gerade einen Plattenvertrag bekommen hatte und ohne Gitarrist war, weil der einen Nervenzusammenbruch hatte – später fand ich heraus, warum (lacht)." Aus diesem kurzen Intermezzo bei Captain Beefheart resultierten mit *Safe As Milk* und *Drop Out Boogie* zwei Alben, auf denen zum ersten Mal Ry Cooders Slidespiel zu hören ist.

Im gleichen Jahr, nämlich 1967, erschien dann mit der Debüt-LP *Taj Mahal* ein Album, das Ry Cooder als ein kleines Stück Busineß für Columbia bezeichnete. Ry Cooder spielte nur auf der Hälfte diese LP als Rhythmusgitarrist mit, während Jesse Ed

Davis die Leadgitarre oder Slidegitarre spielt. Dies ist insofern interessant, weil es Berichte gibt, nach denen Duane Allman sein Interesse fürs Slidegitarrenspiel durch einen Bottleneckgitarre spielenden Ry Cooder entdeckte. Pete Carr erzählte dagegen, daß Duane Allman ihm berichtet hätte, Jesse Ed Davis habe seine Liebe zur Slidegitarre geweckt. Wer es auch war, der den späteren Slidemaestro auf den richtigen Weg gebracht hat: Tatsache ist, daß beide außergewöhnliche Slidegitarristen waren.

Im Falle von Ry Cooder hatte das mittlerweile ein Mann bemerkt, der für ihn wichtig werden sollte: Terry Melcher, der Produzent der Byrds. Ry Cooder: „Eines Abends sagte Terry: ‚Komm mal mit, du kannst mir helfen. Ich mache Platten, und du kannst darauf spielen.‘ Ich sagte: ‚Okay, aber wer, was, wie? Wie soll ich das machen?‘ Es war wirklich sehr lustig. Ich ging nämlich mit meinem Verstärker und meiner Gitarre ins Studio, ohne daß ich eine Ahnung hatte, daß die Typen vierundzwanzig Stunden am Tag vor sich hin braten. Irgendeiner gab mir nun ein Stück Papier mit Noten drauf. ‚Und eins, zwei, drei …‘ – ‚Stop!‘ rief ich. Ich hielt meine Hand hoch, und alle guckten in meine Richtung. Ich fragte: ‚Was soll ich spielen?‘ – ‚Mann, spiel einfach!‘ bekam ich zur Antwort. ‚Aber um was geht es? Über was wird hier gesprochen?‘ Der Typ neben mir, der Gitarrist Mike Deasy, sagte darauf zu mir: ‚Mach dir keine Sorgen. Ich werde …‘ – ‚Aber in welcher Tonart spielen wir?‘ – ‚Guck aufs Notenblatt.‘ – ‚Ich kann das aber nicht lesen!‘ Sie zählten nochmal an und spielten so etwas wie einen Song, aber es war eigentlich kein Song, da keiner sang – und so sagte ich: ‚Was geht hier, verdammt noch mal, vor? Was ist die Ursache für diese verrückten Aktivitäten?‘“

So wurde Ry Cooder Sessiongitarrist – und zwar ein sehr gefragter. Ry Cooder beschrieb diese Periode, die bis zum Ende des Jahrzehnts dauerte, als eine wichtige Lehrzeit, in der er die Fähigkeit zum Füllen musikalischer Lücken lernte. Diese Fähigkeit, sein rundes, fett klingendes Slidespiel immer optimal in kurzen Passagen in Szene zu setzen, sollte später seine Arbeiten als Solokünstler prägen. Von den unzähligen Sessionarbeiten sind besonders zwei hervorzuheben. Zum einen spielte Cooder auf Randy Newmans Alben bei zwölf Songs von 1970 mit, und zum anderen entspann sich durch Cooders Mitwirkung auf dem

Soundtrack zu dem Mick-Jagger-Film „Performance" eine kurze, aber interessante Zusammenarbeit mit den Rolling Stones.

So stammt z.B. das Yank-Rachel-artige Mandolinenspiel auf *Love In Vain* (auf *Led It Bleed)* von Ry Cooder. Darüber hinaus entstand die musikalisch ziemlich gehaltlose Jam-LP *Jammin' With Edward,* die – obwohl Ende der sechziger Jahre entstanden – erst 1972 aufgrund von Mick Jaggers Fürsprache veröffentlicht wurde. Nach bis heute unbestätigten Gerüchten soll das kompositorische Fundament von *Honky Tonk Woman* von Ry Cooder stammen. Laut Mick Taylor soll es auf jeden Fall Ry Cooder gewesen sein, der Keith Richards das Open Tuning für *Honky Tonk Woman* gezeigt hat. Darüber hinaus soll Ry Cooder längere Zeit in der engeren Wahl als Ersatz für Brian Jones gewesen sein. Doch Ry Cooders Musikerlaufbahn sollte – aus welchen Gründen auch immer – nicht im Schatten einer großen Band, wie den Rolling Stones, stattfinden, da sie ja bekanntlich Mick Taylor den Vorzug gaben. So arbeitete Ry Cooder – was er auch in den siebziger Jahren beibehielt – weiter als Sessionmusiker.

Eine weitere Wendung in seiner Karriere beschrieb Ry Cooder wie folgt: „Dann, eines Tages bei einer Session, da fragte mich der Produzent Lenny Waronker: ,Vielleicht hast du Lust, eine Platte mit deinem eigenen verrückten Zeug aufzunehmen?'" Natürlich hatte Ry Cooder Lust, so daß 1971 die erste von bisher insgesamt zwölf Soloalben veröffentlicht wurde. Diese Alben, die sich meist schlecht verkauften, legten den Grundstein seines Rufs in Insiderkreisen. Diese von der Musikpresse meist enthusiastisch gefeierten Alben, auf denen er sich als ernstzunehmender Schatzgräber längst vergessener ethnischer Musikformen betätigt, sah er selbst jedoch in einem anderen Licht: „Ich weiß, daß ich nicht solche Alben mache wie Elvis – Platten, die die Zeiten überdauern und eine kulturelle Bedeutung besitzen. Da ich so etwas nicht produzieren kann, sind meine Platten eine sonderbare zusätzliche Unterstützung für meine persönlichen Bedürfnisse. Das heißt, daß sie veröffentlicht werden und die Leute sie mögen oder nicht. Mir macht das nicht viel aus, weil ich keine Hits habe und ich deshalb nicht soviel Geld damit verdiene. Aber die Platten erlauben mir, auf Tournee gehen zu können und Spaß zu haben."

Da Ry Cooder seit jeher, wie er selber sagt, nicht in den Kategorien von dreiminütigen Hit-Songs denken kann, mußte das Medium Soundtrack auf ihn zwangsläufig eine große Faszination ausüben. Auf den sechs bisher erschienenen Soundtracks konnte er seine Liebe zu atmosphärisch dichten Soundteppichen ausleben. Eine seiner sicher schönsten Arbeiten ist für den Film „Paris, Texas" von Wim Wenders entstanden, wobei Ry Cooder erzählt, daß ihm bei der Optimierung des Soundtracks der Zufall zur Hilfe kam. Ry Cooder war nämlich während der Sessions die Gitarre heruntergefallen, so daß sie verstimmt war. Da Cooder feststellte, daß sie so viel besser klang, benutzte er sie fortan verstimmt weiter. Eric Clapton war von dem stimmungsvollen Soundtrack so begeistert, daß er sich 1985 zusammen mit Michael Kamen zum ersten Mal an einem Soundtrack für die BBC-Serie „Edge of Darkness" versuchte. Ein besseres Beispiel für die Faszination, die von Cooders zwischen flüssiger Eleganz und urwüchsiger Rauheit hin und her pendelndem Slidespiel ausgeht, kann man kaum finden.

Lowell George

Geb.: 13. April 1945 in Los Angeles/USA
Gest.: 29. Juni 1979 in Arlington/USA

Ein Grund dafür, daß Lowell George nie die ihm gebührende Anerkennung erfahren hat, liegt ganz sicher darin, daß die Klasse seines Slidespiels im Subtilen zu finden ist. Der Nuancenreichtum seines mit lang ausgehaltenen Tönen angereicherten Slidestils erklärt die Faszination, die er auch auf andere begnadete Slidegitarristen, wie Mick Taylor, ausübte.

Mick Taylor war es auch, der 1980 in einem Interview auf die Frage: „Haben Sie irgendwelche Tips fürs Slidegitarrenspiel?" folgendermaßen antwortete: „Yeah, man muß sich Elmore James und Lowell George anhören. Lowell George war ein großartiger Slidegitarrist."

Tatsächlich hatte Lowell George eine ganz eigene Slidepoesie, die in ihrer Unaufdringlichkeit etwas von seiner schüchternen Persönlichkeit enthielt. Wie Duane Allman, Johnny Winter und eben Mick Taylor besaß Lowell George als Slidegitarrist eine eigene Faszination. Für die, die Little-Feats-Musik liebten, war Lowell Georges Slidespiel die Sahne auf einer wohlschmeckenden Torte. Und für die, die mit der Musik von Little Feat nichts anfangen konnten, war Lowell Georges Slidegitarre der einzige, aber triftige Beweggrund, die Alben von Little Feat zu hören. Die stille Größe von Lowell Goerges gläserner Slidepoesie wird auf jeden Fall ein über die Jahre hinweg beständiges und nichts von ihrem Reiz einbüßendes Element der Musik von Little Feat bleiben.

Doch Lowell George war nicht nur Slidegitarrist, sondern auch Gründer und treibende Kraft der Band. Ehe er Little Feat im Oktober 1969 ins Leben rief, hatte er bereits in der Folkrock-Gruppe The Factory gespielt, der noch Martin Kibbee (Baß) und Richie Hayward (Drums) angehörten.

In der Zeit ihres Bestehens, zwischen 1965 und 1966, nahmen sie drei von Frank Zappa produzierte Titel auf, die jedoch nie veröffentlicht wurden. Nach Auflösung der Band studierte Lowell George erst einmal weiter und stieß 1968 zu den Standells. In dieser Zeit sah ihn Frank Zappa wieder, und als George die Band Ende 1968 verließ, holte ihn Frank Zappa als Ersatz für seinen Mothers-of-Invention-Sänger Ray Collins. Ehe George sich im Spätsommer 1969 von den Mothers of Invention trennte, entstanden unter seiner Mitwirkung die Alben *Hot Rats* und *Weasels Ripped My Flesh*. Während dieser Zeit nahm Lowell George ein Demo seines bald zum populären Coversong avancierenden Titels *Willin'* auf, das er Russ Titelman von Warner Brothers schickte.

Als Lowell George zusammen mit Bill Payne (Keyboards, Vocals), Richard Hayward (Drums, Vocals) und Roy Estrada (Baß, Vocals) im Oktober 1969 Little Feat gründete, meldete Warner Brothers Interesse an. Man unterschrieb bei Warner Brothers, die jedoch in den kommenden zehn Jahren nicht allzuviel unternahmen, um den schwachen Plattenverkauf und das Interesse des Rockpublikums anzuheizen. Schon im Oktober

1974 führte das dazu, daß sich die Band auflöste, die seit Mai 1972 zusätzlich aus Paul Barrere (Gitarre, Vocals), Sam Clayton (Congas) und Kenny Gradney (Baß), dem Ersatzmann für Roy Estrada, bestanden hatte. Bis dahin hatte sie drei weitgehend unbemerkt gebliebene Alben, *Little Feat* (Dezember 1970), *Sailin Shoes* (März 1972) und das mit der endgültigen Besetzung eingespielte *Dixie Chicken* (Februar 1973), veröffentlicht. Lowell George arbeitete in der Zeit, in der sich die Mitglieder von Little Feat in alle Winde zerstreuten, als Sessiongitarrist für Van Dyke Parks, Carly Simon, John Sebastian, John Cale, Harry Nilsson, Bonnie Raiz, Carl Palmer und viele andere.

Im Mai 1974 fanden sich dann die Mitglieder von Little Feat wieder zusammen, um die zweite, rosigere Phase ihrer Karriere zu starten. *Feat's Don't Fail Me Now* (August 1974), *The Last Record Album* (November 1975), *Times Loves A Hero* (April 1977) und das Live-Doppel-Album *Waiting For Columbus* (Februar 1978) waren die aus diesem Karriereabschnitt resultierenden Alben, deren Verkauf nach einen Auftritt von Little Feat anläßlich der ersten Rockpalast-Nacht im Jahr 1977 in Europa stark anzog. Doch die zunehmende Anerkennung, die Little Feat zuteil wurde, verdeckte die Tatsache, daß der kräftezehrende Weg zum Erfolg vor allem den Gitarristen, Komponisten, Produzenten, Wortführer und Kopf von Little Feat, Lowell George, geschwächt hatte. Als Ergebnis der enormen Belastungen, die George in seinen Multifunktionen für Little Feat auf den Tourneen und im Plattenstudio auszuhalten hatte, war er ganz allmählich in den Bann von Drogen geraten. Im April 1979 löste sich Little Feat auf.

Noch im gleichen Monat erschien Georges erste, innerhalb von zweieinhalb Jahren entstandene Solo-LP mit dem Titel *Thanks, I'll Eat It Here,* auf der die Slidegitarrenparts jedoch noch spärlicher gesät waren als bereits auf den Little Feat-Alben. Zusammen mit einer achtköpfigen Band startete Lowell George im Juni 1979 eine Tournee durch Amerika. Doch nach zwei Wochen mußten die weiteren Tourneedaten abgesagt werden: Im Alter von vierunddreißig Jahren war der sensible, schüchterne und psychisch labile Musiker Lowell George an Herzversagen gestorben.

Mit seinem frühen Tod starb auch die Hoffnung, irgendwann einmal Aufnahmen zu hören, die vor allem den Gitarristen Lowell George gezeigt hätten. Daß Lowell George die Eleganz seines Bottleneckspiels nie in den Vordergrund gerückt hat, zeigt aber die Radikalität eines großen Musikers, dem der Gesamteindruck der Musik, die er (mit Little Feat) machte, wichtiger war als seine Reputation als Ausnahme-Slide-Gitarrist. Seine Liebe zur Bottleneckgitarre hatte er übrigens als Liebe auf den ersten Blick erfahren, wie folgende Aussage Lowell Georges zeigt: „Es war während einer Session. Ich spielte eine Menge in offener D-Stimmung, als ein Freund von mir sagte: ‚Schau mal dies hier!' Er stimmte die A-Saite herunter bis auf ein G, und es war tatsächlich eine offene G-Stimmung! Dann ging es weiter – ‚Guck das!' – und er nahm eine alte Blumenvase, und dann ging es Wheeee!!! Ich sagte zu mir selber: ‚Das ist es!'"

Alvin Lee

Geb.: 19. Dezember 1944 in Nottingham/Großbritannien

So manche musikalische Bewertung aus der Woodstock-Ära wirkt heute – angesichts veränderter musikalischer Maßstäbe – überholt.

Ein ganz besonderes Beispiel für diese These liefert unter den Gitarristen Alvin Lee, der mit seiner – oberflächlicher Reize nicht entbehrenden – Schnellspieltechnik den damaligen Bewertungskriterien von Publikum und Presse sehr entgegenkam.

Hört man heute das abwechslungsreiche, 1967 erschienene fantastische Debütalbum der Band Ten Years After, deren Gitarrist und Kopf Alvin Lee war, sowie das im folgenden Jahr erschienene großartige Live-Album *Undead*, das auf einem ungemein relaxt swingenden Fundament die Grenzen zwischen Blues und Jazz aufhob, so kann man nachträglich jede Aufwertung von Alvin Lee, ja die Erwähnung seines Namens in einem Atemzug mit Jeff Beck, Jimmy Page und Eric Clapton unterstützen. Aber interessanterweise erfuhr der Gitarrist Alvin Lee diese Aufwertung zu einem Zeitpunkt, als er bereits jegliche innovativen Tendenzen als Gitarrist und Kopf von Ten Years After abgelegt hatte. Dieser Zeitpunkt kam für Alvin Lee, als er mit seiner Band beim Woodstock-Festival auftrat und der Titel *I'm Going Home*, der Versatzstücke aus Rock'n'Roll-Klassikern kombinierte, in den Woodstock-Film aufgenommen wurde.

Sicher war es nicht nur der plötzliche Erfolg von Ten Years After, der Alvin Lee dazu bewegte, nach dem pseudo-psychedelischen LP-Machwerk *Stoneaged* die bizarre, mit langen unverwechselbaren Gitarrenimprovisationen aufgeladene Blues/Jazz-Fusionsmusik aufzugeben und zu einer uninspirierten, leichter in Amerika zu vermarktenden Rock'n'Roll/Blues und Boogie-Band zu mutieren. So wirkten Alvin Lees mittlerweile in fingerfertigen Klischees erstarrten Gitarrensoli ohne jegliches Feeling allenfalls noch auf Live-LP's wie *TYA Recorded Live* (1973), *Alvin Lee In Flight* (1974) und der Live-Seite von *Alvin Lee Rides On* (1979).

Doch daß trotz der Unmenge an mißratenen und glatten Studioproduktionen von Ten Years After (die sich 1975 endgültig trennten) und Alvin Lee noch immer mit Lee zu rechnen ist, zeigte die bis heute ohne LP-Dokumentation gebliebene kurze Tournee, die Alvin Lee 1981 mit Mick Taylor unternahm, dessen runde und emotionsgeladene Spielweise Alvin Lee zu gefühlvollen und ungemein spannungsreichen Soli inspiriert hat. Letzten Endes bleibt Alvin Lee aber ein Gitarrist, dessen Ruhm in dem Maße verblaßte, in dem sich die Zahl fingerakrobatischer Gitarristen (vor allem im Heavy-Metal-Bereich) vermehrte. Und er hat es bis heute im großen und ganzen versäumt, den Unterschied zwischen diesen Gitarristen und sich selbst herauszustellen.

Schlußbemerkung

Musik ist Musik, wenn sie Seele hat,
wenn nicht, sind es bloß Noten
Stevie Ray Vaughan, 1986

Stellvertretend für die vielen Gitarristen, auf die näher einzugehen den Rahmen dieses Buches gesprengt hätte, die aber die
Beschäftigung mit dieser speziellen Art der Rockmusik erst so
abwechslungsreich und unerschöpflich machen, sollen im folgenden einige Gitarristen und Stücke genannt werden, die zeigen,
daß gitarristische Sternstunden nicht nur auf die mit der Zeit
festgeschriebenen Größten der Großen beschränkt sind.

Leadgitarre:	Titel:	Interpret/ Gruppe:	LP-Titel:
Elvin Bishop	Prisoner Of Love	Elvin Bishop Group	Crabshaw
Dave Edmunds	Blues Helping	Love Sculpture	Blues Helping
Bugs Henderson	Hound Dog/Giggle-bush Boogie	Bugs Henderson Group	At Last
Miller Anderson	Born To Die	Keef Hartley Band	Halfbread
Robben Ford	Black Night	The Charles Ford Band	The Charles Ford Band
Johnny La Porte	Every Night There's Another Dream	Barrelhouse	Who's Missing
Melvin Taylor	Blues Dues	Eddie Shaw	Movin' And Groovin' Man
Stevie Ray Vaughan	First We Take Manhattan	Jennifer Warners	Famous Blue Raincoat
Jim Kahr	Little Red Rooster	Jim Kahr Group	Jim Kahr Group
Tony McPhee	Eleventh Hour	Groundhogs	Crosscut Saw
Pete Haycock	Seventh Son	Climax Blues Band	A Lot Of Bottle
Henry Vestine	You Know I Love You	Canned Heat	V.A. Early L.A.

Diskographien

Die Diskographien enthalten nur LPs. Wenn nicht anders vermerkt, bezeichnen die Daten die Aufnahmejahre. Die Gitarristen nach „Last but not least" haben keine Diskographie.

Mike Bloomfield

The Paul Butterfield Blues Band

1965	What's Shakin'	V.A. Elektra, released 1966
1965	The Paul Butterfield Blues Band	Elektra
1966	East West	Elektra

Electric Flag

1967	The Trip	Soundtrack
1967	A Long Time Comin	CBS
1967	Groovin' Is Easy	Thunderbolt Records, Live issued 1983
1974	The Band Kept Playing	Atlantic

Mike Bloomfield

1969	Live At Bill Graham's Fillmore West	CBS
1969	It's Not Killing Me	CBS
1969	The Live Adventures Of Mike Bloomfield And Al Kooper	CBS
1973	Try It Before You Buy It	CBS
1973	Triumvirate	CBS

1976	If You Love These Blues	Guitar Player
1977	Analine	Takoma
1977	I'm With You Always	Takoma, issued 1987 by Demon Rec.
1978	Count Talents And The Originals	Clouds
1978	Michael Bloomfield	Takoma
1979	Bloomfield Harris	Kicking Mule
1979	Between A Hard Place And The Ground	Takoma
1980	Livin' In A Fast Lane	Waterhouse
1980	Live In Italy	Mama Barley
1981	Cruisin' For A Bruisin'	Takoma
1983	Bloomfield A Retrospective	CBS

KGB

| 1976 | KGB | MCA |

Session Work

1963	Chicago Breakdown	(V.A.) Takoma, issued 1980
1963	Mandolin Blues (Yank Rachell's Tennessee Jug Busters)	Delmark
1963	Broke And Hungry (Sleepy John Estes)	Delmark
1965	Peter, Paul & Mary Album (Peter, Paul & Mary)	Warner Brothers
1965	Sings Where It's At (Dick Campbell)	Mercury
1966	Highway 61 Revisited (Bob Dylan)	Columbia
1966	So Many Roads (John Hammond)	Vanguard
1967	What Now My Love (Mitch Ryder)	Dyno-Voice
1967	Cherry Red (Eddie „Cleanhead" Vinson)	Bluesway Records
1968	Super Session (Al Kooper)	CBS
1968	Mirrors (John Hammond)	Vanguard
1969	Grape Jam (Moby Grape)	Columbia
1969	Fathers And Sons (Muddy Waters)	Chess

218

1969	Two Jews Blues (Barry Goldberg)	Buddah
1969	Living With The Animals (Mother Earth)	Mercury
1969	Moogie Woogie (Moogsicians)	Chess
1969	My Labours (Nick Gravenites)	Columbia
1969	I Got Dem Ol'Kozmic Blues Again Mama! (Janis Joplin)	Columbia
1969	Weeds (Brewer & Shipley)	Kama sutra
1969	Barry Goldberg Friends (Barry Goldberg)	Record man
1970	In Bluesland (Sam Lay)	Blue Thump
1971	Brand New (Woody Herman)	Fantasy Records
1971	Gandharva (Beaver & Krause)	Warner Brothers
1972	Take Me As I Am (Tim Davis)	Metromedia Records
1972	Feels The Spirit (Millie Foster)	MGM Records
1973	Casting Pearls (The Mill Valley Bunch)	Verve
1973	Melton, Levy And The Devy Brothers (Barry Melton)	Columbia
1973	A Wing And A Prayer (Matt Kelly)	Relix, issued 1985
1973	Kingfish (Kingfish)	Relix, issued 1985
1973	Steelyard Blues (Soundtrack)	Liberty
1974	Takin' Care Of Business (James Cotton)	Capitol
1974	Broken Rainbows (Michael D'Abo)	A&M
1974	Blast From My Past (Barry Goldberg)	Buddah
1975	Al's Big Deal (Unclaimed Freight)	CBS
1975	Leave The Blues To Us (Charlie Musselwhite)	Capitol
1976	Recorded Live (Barry Goldberg & Friends)	Buddah

Sampler

1965	The Newport Folkfestival, 1965 (V.A.)	Vanguard, 1 Titel
1965	Folksong '65	Elektra, 1 Titel
1969	You Are What You Eat (V.A., Soundtrack)	Columbia, 1 Titel
1976	San Francisco Blues Festival (V.A.)	Jefferson Rec., Live, 1 Titel
1981	The Usual Suspects (V.A.)	Tomista, 1 Titel

Roy Buchanan

Roy Buchanan

1960	The Early Years Krazy Kat	(issued 1989, mit frühen Sessionaufnahmen)
1972	Roy Buchanan	Polydor
1973	Second Album	Polydor
1974	That's What I'm Here For	Polydor
1974	Rescue Me	Polydor
1975	Live Stock	Polydor
1976	A Street Called Straight	Atlantic
1977	Loading Zone	Atlantic
1978	Live In Japan	Polydor
1978	You're Not Alone	Atlantic
1980	My Babe	Waterhouse
1985	When A Guitar Plays The Blues	Alligator
1985	Guitar Player Magazin Aug. '85 With Flexi-Disc: „Blues For Jimmy Nolen"	
1986	Dancing On The Edge	Alligator
1987	Hot Wires	Alligator

Eric Clapton

The Yardbirds

1963	Sonny Boy Williamson And The Yardbirds	Fontana, issued 1966
1964	Five Live Yardbirds	Columbia, issued 1965
1964	Shapes Of Things	Charly, issued 1984.

220

John Mayall's Bluesbreakers

1965	Primal Solos	Decca, Live, issued 1977
1966	Bluesbreakers With Eric Clapton	Decca
1966	Loockin' Back	Decca, Live, issued 1970

Cream

1966	Fresh Cream	Reaction
1967	Disraeli Gears	RSO
1968	Wheels Of Fire	Polydor
1968	Live Cream	Polydor, issued 1970
1968	Live Cream Volume II	Polydor, issued 1972
1969	Good-Bye Cream	Polydor

Blind Faith

| 1969 | Blind Faith | Polydor |

Delaney And Bonnie & Friends

| 1970 | On Tour | Atlantic |

Derek And The Dominos

1970	Layla And Other Assorted Love Songs	Polydor
1970	In Concert	RSO, issued 1973
1970	Guitar Player Magazine, with Flexi-Disc	Little Wing, issued 1988

Eric Clapton

1970	Eric Clapton	Polydor
1973	Eric Clapton's Rainbow Concert	RSO
1974	461 Ocean Boulevard	RSO
1974	E. C. Was Here	RSO, issued 1975, letzter Titel der LP stammt von 1975, Live
1975	There's One In Everey Crowd	RSO
1976	No Reason To Cry	RSO
1977	Slowhand	RSO
1978	Backless	RSO
1979	Just One Night	RSO, issued 1980, Live
1981	Another Ticket	RSO
1983	Money And Cigarettes	Warner Brothers
1985	Behind The Sun	Warner Brothers
1985	Edge Of Darkness	BBC Records
1986	August	Warner Brothers
1989	Journeyman	Warner Brothers

Session Work

1964	The Blues Of Otis Spann (Otis Spann)	Decca
1965	From New Orleans To Chicago (Champion Jack Dupree)	Decca
1968	We're Only In It For The Money (The Mothers Of Invention)	Verve
1968	Lady Soul (Aretha Franklin)	Atlantic
1968	Wonderwall Music (George Harrison)	Apple
1968	White Album (The Beatles)	Apple
1969	Is This What You Want? (Jackie Lomax)	Apple
1969	Fly (Yoko Ono)	Apple, issued 1971
1969	Encouraging Words (Billy Preston)	Apple
1969	Contribution (Shawn Philips)	A&M, issued 1970
1969	Fiends And Angels (Martha Velez)	Sire

1969	That's The Way God Planned It (Billy Preston)	Apple
1970	Jonathan Kelly (Jonathan Kelly)	Parlaphone
1970	Leon Russell (Leon Russell)	A&M
1970	Anthology (Duane Allman)	Capricorn, issued 1972
1970	Stephen Stills (Stephen Stills)	Atlantic
1970	All Things Must Pass (George Harrison)	Apple
1971	Leon Russell And The Shelter People (Leon Russell)	A&M
1971	Rockin' 50's Rock'n'Roll (The Crickets)	CBS
1971	Doris Troy (Doris Troy)	Apple
1971	The Worst Of Ashton, Gardner And Dyke (Ashton, Gardner And Dyke)	EMI
1971	Stephen Stills 2 (Stephen Stills)	Atlantic
1971	Play The Blues (Buddy Guy & Junior Wells)	Atco, issued 1972
1971	Jesse Davis (Jesse Davis)	Atlantic
1971	Back To The Roots (John Mayall)	Polydor
1971	Sun Moon and Herbs (Dr. John)	Atlantic
1971	The London Sessions (Howlin' Wolf)	Rolling Stones Records
1971	London Revisited (Muddy Waters & Howlin' Wolf)	Chess, issued 1974, Outtakes von „London Sessions"
1972	Bobby Keys (Bobby Keys)	Warner Brothers
1972	Bobby Whitlock (Bobby Whitlock)	CBS
1972	Raw Velvet (Bobby Whitlock)	CBS
1972	The Concert For Bangla Desh (George Harrison)	Apple
1975	Desire (Bob Dylan)	CBS
1976	Lasso From El Paso (Kinky Friedman)	Epic
1976	1934 – 1976 (Freddie King)	RSO
1976	Rotogravure (Ringo Starr)	Polydor
1976	First Album (Arthur Louis)	Polydor, nur in Japan erschienen
1976	Stingray (Joe Cocker)	A&M

1976	Careless (Stephen Bishop)	ABC Records
1977	Rough Mix (Ronnie Lane, Pete Townshend)	Polydor
1977	Makin' It On The Street (Corky Laing)	Elektra
1978	White Mansions (White Mansions)	A&M
1978	Rick Danko (Rick Danko)	Arista
1979	Night Eyes (Danny Douma)	Warner Brothers
1979	Lost In Austin (Marc Benno)	A&M
1979	George Harrison (George Harrison)	Dark Horse
1980	Red Cab To Manhattan (Stephen Bishop)	Warner Brothers
1980	Party Album (Alexis Korner)	Intercord
1980	See Mee (Ronnie Lane)	RCA
1981	Lead Me To The Water (Gary Brooker)	Mercury
1981	Face Value (Phil Collins)	Virgin
1981	Glorious Fool (John Martyn)	WEA
1983	Old Wave (Ringo Starr)	Bellaphon
1984	Christine McVie (Christine McVie)	Warner Brothers
1984	The Pros And Cons Of Hitch-Hiking (Roger Waters)	Harvest
1984	Corey Hart (Corey Hart)	EMI
1985	Dancing On The Ceiling (Lionel Ritchie)	Motown
1986	Deep In The Heart Of Nowhere (Bob Geldof)	Mercury
1986	Back To The Center (Paul Brady)	Phonogram
1986	Persona (Liona Boyd)	CBS
1987	Everyone Loves The Pilot (Jon Astley)	Atlantic
1987	Nothing Like The Sun (Sting)	A&M
1987	Cloud Nine (George Harrison)	Warner Brothers
1987	Guitar Player Magazin Mai '87 With Flexi-Disc: Phone Booth E.C. + R. Cray	
1988	Tina Live In Europe (Tina Turner)	Capitol
1988	Down In The Groove (Bob Dylan)	CBS
1988	The Corporate World (Gail Ann Dorsey)	WEA
1989	Some Come Running (Jim Capaldi)	Island
1989	Taking It Home (Buckwheat Zydeco)	Island
1989	City Streets (Carol King)	Capitol
1989	A Night To Remember (Cindy Lauper)	Epic
1989	But Seriously (Phil Collins)	WEA

1989	Oro, Incenso & Birra (Zucchero Sugar Fornaciari)	Polydor
1989	Willpower (Jack Bruce)	Polydor
1989	Five O'Clock Shadows (Brendan Croker)	Silverstone

Sampler

1964	Rock Generation (V.A.)	BYG, Live mit den Yardbirds, 4 Titel, issued 1972
1966	What's Shakin' (V.A.)	Elektra, 3 Titel der Studio Band Powerhouse
1966	Anthology Of British Blues Vol 1/2 (V.A.)	IMAL, issued 1967/68, 7 Titel
1966	Raw Blues (V.A.)	Ace of Clubs, issued 1967, 2 Titel
1968	Savage Seven (V.A., Soundtrack)	Atco
1972	History Of Eric Clapton	Polydor, 1 unveröffentlichter Titel und Single-Titel
1972	Music From Free Creek (V.A.)	Charisma, 3 Titel
1975	Tommy (V.A., Soundtrack)	Polydor, 2 Titel
1978	The Last Walz (V.A., Soundtrack)	Warner Brothers, Live, 2 Titel
1982	Time Pieces Vol. I	RSO, 1 Single-Titel
1982	The Music – The Secret Policeman's Other Ball (V.A.)	Springtime, Live, 3 Titel
1983	Time Pieces Vol. II	RSO, Live, 1 Titel
1987	Lethal Weapon (V.A. Soundtrack)	Warner Brothers
1987	Hail, Hail Rock'n'Roll (V.A. Soundtrack)	WEA, Live, 1 Titel
1987	The Prince's Trust Concert 1987 (V.A.)	A&M, Live, 1 Solo-Titel
1988	The Prince's Trust 10th Anniversary Birthday Party (V.A.)	A&M, Live

1988	Buster (V.A. Soundtrack)	1 Titel
1988	One Moment In Time (V.A.)	Arista, 1 Titel
1988	Crossroads	Polydor, 73 Titel
1989	Lethal Weapon 2 (V.A. Soundtrack)	Warner Brothers
1989	Homeboy (V.A. Soundtrack)	Virgin, 14 Titel, 4 nur auf CD

Rory Gallagher

Taste

1967	In The Beginning	Emerald Records, issued 1974
1968	In Concert	Ariola, issued 1977, Live
1969	Taste	Polydor
1970	On The Boards	Polydor
1971	Live Taste	Polydor
1972	Live At Isle Of Wight	Polydor

Rory Gallagher

1971	Rory Gallagher	Polydor
1971	Deuce	Polydor
1972	Live In Europe	Polydor
1973	Blueprint	Polydor
1973	Tatoo	Polydor
1974	Irish Tour 74	Polydor
1975	Against The Grain	Chrysalis
1976	Calling Card	Chrysalis
1978	Photo Finish	Chrysalis
1979	Top Priority	Chrysalis
1980	Stage Truck	Chrysalis, Live

| 1982 | Jinx | Chysalis |
| 1987 | Defender | Da Capo Records |

Session Work

1967	Pop For The Showbands (Art Supple And the Victors)	
1971	Bring It Back Home (Mike Vernon)	Blue Horizon
1972	The London Sessions (Muddy Waters)	Chess
1972	London Revisited (Muddy Waters & Howlin' Wolf)	Chess, issued 1974
1973	The Session Recorded In London (Jerry Lee Lewis)	Mecury
1973	The Complete Sessions Vol. 1 u. Vol. 2 (Jerry Lee Lewis)	Bear Family, issued 1987
1973	Drat That Fratle Rat (Chris Barber)	Freedom
1975	Live Blues (Albert King)	Utopia/Tomato, issued 1978
1977	Gaodhal's Vision (Joe O'Donell)	Polydor
1978	Puttin' On The Style (Lonnie Donegan)	Chrysalis
1979	Tarot Suite (Mike Batt and Friends)	Epic
1984	Box Of Frogs (Box Of Frogs)	Epic
1985	Echoes In The Night (Gary Brooker)	RCA
1986	Strange Land (Box Of Frogs)	Epic
1989	Out Of The Air (Dare Spillane Band)	Tara Records

Sampler

| 1973 | Reading Festival (V.A.) | GM Records, Live, 1 Titel |
| 1986 | Blues On Two (V.A.) | BBC Records, Live, 1 Titel |

Peter Green

John Mayall's Bluesbreakers

1967	Hard Road	Decca
1967	So Many Roads	Decca, Non-LP-Singles, issued 1969
1967	Rare Tracks 1	Teldec, Non-LP-Singles, issued 1981
1967	Rare Tracks 2	Teldec, Non-LP-Singles, issued 1981
1967	Thru The Years	Decca, unissued Tracks, issued 1971

Fleetwood Mac

1967	The Original Fleetwood Mac	CBS, issued 1971
1968	Peter Green's Fleetwood Mac	Blue Horizon
1968	Live In London '68	Thunderbolt, issued 1986
1968	Mr. Wonderful	Blue Horizon
1969	Blues Jam At Chess	Blue Horizon
1969	The Pious Bird Of Good Omen	Blue Horizon
1969	Then Play On	Reprise
1969	Live In Boston	Shanghai, issued 1984, Live
1969	Cerulean	Shanghai, issued 1985, Live

228

Peter Green

Year	Title	Label
1970	End Of The Game	Reprise
1979	In The Skies	PVK Records
1980	Little Dreamer	PVK Records
1981	Watcha Gonna Do	PVK Records
1981	Blue Guitar	Creole, 2 unveröffentlichte Titel und akustische Version von „Apostle"
1982	White Sky	Headline
1983	Kolors	PVK, Titel stammen aus verschiedenen Perioden

Session Work

Year	Title	Label
1967	Eddie Boyd And His Bluesband (Eddie Boyd)	Decca
1968	Trackside Blues (Brunning Sunflower Blues Band)	Saga
1968	I Wish You Would (The Brunning Sunflower Blues Band)	Saga, issued 1970, nur der Titel mit P.G. stammt aus der „Trackside"-Session
1968	Smiling Like I'm Happy (Duster Bennett)	Blue Horizon
1968	7396 South Rhodes (Eddie Boyd With Peter Green's Fleetwood Mac)	Blue Horizon
1968	Blues From Laurel Canyon (John Mayall's Bluesbreakers)	Decca
1969	Long Overdue (Gordon Smith)	Blue Horizon
1969	Jeremy Spencer (Jeremy Spencer)	Reprise, issued 1970
1969	Bright Lights ... (Duster Bennett)	Blue Horizon

1969	The Biggest Thing Since Colossus (Otis Spann with Fleetwood Mac)	Blue Horizon
1970	Peter Bardens (Peter Bardens)	Transatlantic, issu- ed 1971, die zwei Titel mit P.G. stammen aus der „The Answer"- Session
1970	Gass (Gass)	Polydor
1970	Blue Memphis (Memphis Slim)	Barclay
1971	Dave Kelly (Dave Kelly)	Mercury
1971	B. B. King In London (B. B. King)	Probe
1973	Penguin (Fleetwood Mac)	Reprise
1973	From Now Until Then (Richard Kerr)	Warner Brothers
1980	The Disappearing Boy (Duffo)	PVK
1981	Bob The Birdman (Duffo)	PVK
1981	A Dark Horse (Brian Knight)	Creole
1981	The Visitor (Mick Fleetwood)	RCA

Sampler

1967	History Of British Blues Vol. 1 (V.A.)	Sire, 1 Titel, issued 1973

Lonnie Mack

Lonnie Mack

1964	The Wham Of That Memphis Man	Fraternity
1969	… Glad I'm In The Band	Elektra
1969	Whatevers's Right	Elektra
1971	The Hills Of Indiana	Elektra
1977	Home At Last	Capitol

1978	Lonnie Mack And Pismo	Capitol
1985	Strike Like Lightning	Alligator
1986	Second Sight	Alligator

Session Work

1970	Morrison Hotel (The Doors)	Elektra
1974	Hey Dixie (Dobie Gray)	MCA
1977	From A Radio Engine To Photon Wing (Michael Nesmith)	Island

Harvey Mandel

Barry Goldberg Blues Band

1965	Blues From Chicago	Cherry Red
1965	Chicago Anthology	Together
1966	Blowing My Mind	Epic

Charley Musselwhites South Side Band

| 1967 | Stand Back | Vanguard |

Barry Goldberg Reunion

1968	Barry Goldberg Reunion	Buddah
1968	Barry Goldberg And Friends	Record man
1969	Recorded Live	Buddah, issued 1976

Harvey Mandel

1968	Christo Redentor	Philips
1969	Righteous	Philips
1970	Games Guitars Play	Philips
1971	Baby Batter	Janus, identisch mit „Electronic Progress"
1972	Get Off In Chicago	Ovation
1972	The Snake	Janus
1973	Shangrenade	Janus

Canned Heat

1970	Future Blues	Liberty
1970	Canned Heat Concert	Liberty

John Mayall

1970	U.S.A. Union	Polydor
1971	Back To The Roots	Polydor

Pure Food & Drug Act

1972	Choice Cuts	Epic

Session Work

1972	Historical Figures & Ancient Heads (Canned Heat)	United Artists
1972	Rock'n'Roll Forever (Ventures)	United Artists
1972	Music From Free Creek (V.A.)	Charisma
1976	Black And Blue (Rolling Stones)	EMI

232

Sampler

1970	Woodstock Festival	WEA, Live, 1 Titel mit Canned Heat

Kim Simmonds

Savoy Brown

1967	Shake Down	Decca
1968	Getting To The Point	Decca
1969	Blue Matter	Decca
1969	... A Step Further	Decca
1970	Raw Sienna	Decca
1970	Looking In	Decca
1970	Just Live ...!	Line, issued 1981
1971	Street Corner Talking	Decca
1972	Hellbound Train	Decca
1972	Live In Central Park	Relix, issued 1985
1972	Lion's Share	Decca
1973	Jack The Toad	Decca
1974	Boogie Brothers	Decca
1975	Wire Fire	London
1976	Skin'n'Bone	London
1978	Savage Return	London
1981	Rock'n'Roll Warriors	Capitol
1981	Greatest Hits Live	A&M
1986	Slow Train	Relix
1988	Make Me Sweat	GNP Crescendo
1989	Kings Of Boogie	GNP Crescendo

Session Work

1984   Live From The Open Road (Blues Blasters)   Right on Red

Sampler

1965   Anthology Of British Blues Vol. 1/2 (V.A.)   Immediate, 4 Titel, issued 1968
1968   World Of Blues Power Vol. 1 (V.A.)   Decca, 2 Titel

Mick Taylor

John Mayall's Bluesbreakers

1967	Crusade	Decca
1968	The Diary Of A Band, Vol. I	Decca, Live-Aufnahmen von 1967, Oktober bis Dezember
1968	The Diary Of A Band, Vol. II	Decca, Live-Aufnahmen von 1967, Oktober bis Dezember
1968	Bare Wires	Decca
1968	Primal Solos	Decca, Live-Aufnahmen von 1968, Mai bis Dezember, eine LP-Seite, issued 1977
1968	Blues From Laurel Canyon	Decca
1971	Back To The Roots (John Mayall)	Polydor
1983	Return Of The Bluesbreakers	A&M, issued 1985

Rolling Stones

1969	Let It Bleed	Decca
1969	Metamorphosis	Decca, issued 1975
1969	Get Yer Ya-Ya's Out!	Decca, Live von November 1969, issued 1970
1971	Sticky Fingers	Rolling Stones Records
1972	Exile On Main Street	Rolling Stones Records
1973	Goat's Head Soup	Rolling Stones Records
1974	It's Only Rock'n'Roll	Rolling Stones Records

Mick Taylor

| 1979 | Mick Taylor | CBS |

Session Work

1969	Slim's Got His Thing Goin'On (Sunnyland Slim)	Liberty
1969	ScoobyDoobyDoo (Champion Jack Dupree)	Blue Horizon
1970	The Battle Of North West Six (Keef Hartley Band)	Deram
1970	Toronto (Jack Grunsky)	Kuckuck
1971	Workers Playtime (B. B. Blunder)	United Artists
1971	Reg King (Reg King)	United Artists
1971	Tucky Buzzard (Tucky Buzzard)	Capitol
1973	The Tin Man Was A Dreamer (Nicky Hopkins)	CBS
1973	Billy Preston's Live European Tour (Billy Preston)	A&M, Live, issued 1974

1974	London Underground (Herbie Mann)	Atlantic
1974	Reggae (Herbie Mann)	Atlantic
1974	I've Got My Own Album To Do (Ron Wood)	Warner Brothers
1975	Fine Old Tom (Tom Newman)	Virgin
1975	Now Look (Ron Wood)	Warner Brothers
1976	Sirkel & Co. (Sirkel & Co.)	Charly
1977	Just A Story From America (Elliot Murphy)	CBS
1978	Waiting For Columbus (Little Feat)	Warner Brothers
1978	Expresso II (Gong)	Virgin
1979	Downwind (Pierre Moerlen's Gong)	Arista
1983	Infidels (Bob Dylan)	CBS
1984	Real Live (Bob Dylan)	CBS
1985	Empire Burlesque (Bob Dylan)	CBS
1985	No Compromise (Guido Toffoletti's Blues Society)	Appaloosa

Sampler

| 1969 | Oldies But Goodies Ch. J. Dupree Session (V.A.) | Blue Horizon, 1 Titel |
| 1981 | Rare Tracks Vol. II (Bluesbreakers) | Teldec, 3 Titel |

Stan Webb

Chicken Shack

1968	40 Blue Fingers, Freshly Packed And Ready To Serve	Blue Horizon
1969	O.K. Ken?	Blue Horizon
1969	Hundred Ton Chicken	Blue Horizon
1970	Accept Chicken Shack	Blue Horizon

1971	Imagination Lady	Deram
1973	Unlucky Boy	Deram
1974	Goodbye Chicken Shack	Nova, Live

Savoy Brown

| 1974 | Boogie Brothers | Nova |

Broken Glass

| 1976 | Broken Glass | Capitol |

Stan Webb's Chicken Shack

1977	The Creeper	Ariola
1978	That's The Way We Are	Shark, erschien 1979 als „Chicken Shack" in England
1981	Roadies Concerto	RCA, Live
1986	39 Bars	Bellaphon

Session Work

1968	Blues In The Pot (Errol Dixon)	Decca
1968	When You Feel The Feeling You Was Feeling (Champion Jack Dupree)	Blue Horizon
1970	Fiends And Angels (Martha Velez)	Blue Horizon
1971	The Worst Of Ashton, Gardner And Dyke (Ashton, Gardner and Dyke)	Capitol

Sampler

| 1970 | In Our Own Way, Oldies But Goodies (Chicken Shack) V.A. | Blue Horizon, 3 Titel |
| 1980 | In The Can | CBS, 1 Titel: „I'd rather go blind" |

Johnny Winter

Johnny Winter

1959–1966	Before The Storm	Janus, issued 1973
1959–1966	Early Winter	President Records, issued 1984
1959–1966	Early Winter	Crazy Cajun, issued 1980
1965–1968	Birds Can't Row Boats	Relix Records, issued 1988
1968	The Progressive Blues Experiment	Liberty, issued 1969
1969	Johnny Winter	CBS
1970	Second Winter	CBS
1970	Johnny Winter And	CBS
1971	Live Johnny Winter And	CBS
1972	Still Alive And Well	CBS
1974	Saints And Sinners	CBS
1974	John Dawson Winter III	Blue Sky
1976	Johnny And Edgar Winter Together	Blue Sky
1976	Captured Live	Blue Sky
1977	Nothin' But The Blues	Blue Sky
1978	White, Hot And Blue	Blue Sky
1980	Raisin' Cain	Blue Sky

238

1984	Guitar Slinger	Alligator
1985	Serious Business	Alligator
1986	3rd Degree	Alligator
1988	The Winter Of '88	MCA

Session Work

1968	Woke Up This Morning And Found Myself Dead (Jimi Hendrix)	Red Lightning, issued 1980
1970	Entrance (Edgar Winter)	Epic
1971	White Trash (Edgar Winter)	Epic
1972	Roadwork (Edgar Winter)	Epic
1973	Can't Get No Grinding (Muddy Waters)	Chess
1973	Takin' Care Of Business (James Cotton Blues-Band)	Capitol
1974	Second Coming (Jerry La Croix)	Mercury
1975	Jasmine Nightdreams (Edgar Winter)	Blue Sky
1975	Spring Fever (Rick Derringer)	Blue Sky
1977	Hit It Again (Tornader)	Polydor
1977	Hard Again (Muddy Waters)	Blue Sky
1978	I'm Ready (Muddy Waters)	Blue Sky
1979	Muddy „Mississippi" Waters Live (Muddy Waters)	Blue Sky
1979	Blast (Blast)	CBS
1981	„King Bee" (Muddy Waters)	Blue Sky
1984	Mad Albino/Whoopin' (Sonny Terry)	Alligator
1986	Wound Up Tight (Lonnie Brooks)	Alligator

Sampler

| 1959 | The Sound Of The Gulf Coast (V.A.) | Ace, issued 1971, 1 Titel |
| 1970 | The First Great Rock Festivals Of The Seventies (V.A.) | CBS, Live, 1 Titel |